講談社選書メチエ

717

西田幾多郎の哲学＝絶対無の場所とは何か

中村 昇

MÉTIER

はじめに

本書は、西田幾多郎の解説書ではないし、ましてや研究書などではない。自身の書を「悪戦苦闘のドッキュメント」(『自覚における直観と反省』序)といった哲学者に敬意を表していえば、——大変おこがましいことではあるけれども——この巨大で豊饒な野人・西田に触発された私自身の「悪戦苦闘のドッキュメント」とでもいっておきたい。

私がとった方法は、ゲリラ戦である。西田幾多郎というとてつもなく高く険しい山に、さまざまな登山道や脇道や獣道から登攀《とはん》を試みた。西田の専門家ではないから辿ることのできた道もあった。あらゆる道具を使って、いろんな道を見つけて登っていった。だから、説明が前後しているところもある。勝手なお願いではあるが、それぞれの章や節を、基本的に一話完結ものとして読んでいただきたい。

途中そこかしこに待ち構えている底なしの「幾多郎沼」に何度も引き摺《ず》りこまれた。もしかしたら、未だに脱けだしていないかもしれない。西田の考えを俯瞰《ふかん》しているところもあれば、その懐に入って消耗戦を余儀なくされているところもある。お読みいただければ、わかると思う。たいへんな高峰だった。お楽しみいただきたい。

目次

序　悲哀について

最初に、西田自身の「哲学」について探ってみよう。『無の自覚的限定』所収の「場所の自己限定としての意識作用」という論文の掉尾《ちょうび》に、つぎのような有名な文がある。

哲学の動機は「驚き」ではなくして深い人生の悲哀でなければならない。（五－92、以下『西田幾多郎全集』は巻数〔漢数字〕と頁を示す）

何という痛切な叫びだろう。八人の子供のうち五人に先立たれ、最初の妻も五年間病に伏して、西田幾多郎が五四歳のときに亡くなった。こうした想像を絶する人生を生きた、この哲学者にとって「悲哀」というのは、この上なく大きな意味をもっているにちがいない。同じような経験をしたものでなければ、決してわからないだろう。だから、私には、とうていわからない。この苦悩、この悲哀は想像を絶する。それに、このような生涯を送りながら、あれだけの著作群を残したことは、空前にして絶後ではないか。心の底からそう思う。

たとえば、上田閑照《しずてる》は、この西田の言葉について、つぎのようにいっていた。

よく知られているように、西田は「哲学の動機は人生の悲哀でなければならない」と言う。悲哀が存在の深みへの通路となる。「われわれの平凡な日常の生活を最も深くつかむことによって最も深い哲学が生まれるのである」。「人生の悲哀」が世界における生の営みに裂け目を入れ、その裂け目が、生の営み自体が覆いになって見えなくしていた生と世界の底知れぬ底を問わしめる。(『哲学コレクションV　道程』70頁、以下、文献の頁は数字のみで示す)

何も特別のことが起こらない普段の生活では、この世界のゲームに否応なく浸り、われわれは、何の問題も感じずに生きていく。無意識の反応を繰りかえし、笑い、悲しみ、しゃべり、それらを跡形もなく忘れて、たんたんと生活していく。だが、その平穏に、大きな「悲哀」が襲ってくることがある。その平穏は、こなごなに粉砕され、いままでの生存の無意味さが、ぽっかりと現れるというわけだ。意味もなく、ただ生きていただけだったということが、はっきりわかるのである。無意識の生活が、一気に意識化される。いったい、われわれは、何をしているのか。

西田の文の主語は、「哲学の動機」であり、哲学の出発点はかならず「悲哀」だといっているに等しい。哲学全般のことなのである。そうだとすると、この文は、ちがった様相を呈するだろう。あらためて、どういう意味なのだろうか。哲学をする者は、「深い人生の悲哀」から歩きはじめるというのだから、もっと普遍的なことではないのか。哲学に携わる者は、誰でも、大きな悲哀を経験するのか。本当にそうだろうか。そんなことが、なぜいえるのか。

ここで否定されている「驚き」は、プラトンとアリストテレスが念頭にあるのだろう。西田は、偉大な古代ギリシアの哲学者を、きっぱり否定したことになる。強くとれば、西洋哲学の始源を、一刀のもとに斬り捨てたといえるかもしれない。

「驚き」に大きな意味を見いだしていた哲学者は、もちろん、この二人だけではない。ごく最近も一人いた。西田幾多郎より十九歳年下のウィトゲンシュタインだ。つぎのようにいっていた。

> 「すぐれてわたしの経験」(my experience *par excellence*)をのべる最善の方法だと私が思うのは、この経験をするとき、私は世界の存在に驚きの念をもつ、ということです。そして、その場合、私は、「何かが存在するとは、どんなに異常なことであるか」とか、「この世界が存在するとはどんなに異常なことであるか」といった言葉を使いたくなります。(「倫理学講話」『ウィトゲンシュタイン全集5』388)

ここでは、「倫理」の領域に通底する絶対的な経験として、「世界の存在に対する驚き」をウィトゲンシュタインは指摘している。われわれが生きる事実の世界とは隔絶した「倫理」と、「世界の存在に驚く」ということとは、同じことだという。つまり、「世界の存在に驚く」というのは、世界のなかで生きているわれわれにとっては、本来ありえない感情なのである。

ウィトゲンシュタインは、驚くだけではなく、「何か」が、あるいは「世界」が存在することは、とてつもなく異常なことだともいう。この上なくとてつもない(ありえない)ことが、起こっているというのだ。私たちの生きる速度をぐっと緩めて、さらに、できるだけ〈ここ〉に、じっととどまってみれば、この人のいうとおりだと気づくだろう。どう考えても、不可能で、不思議で、とんでもないことが、要するに、絶対ありえないことが、〈今・ここ〉で起こっているではないか。なぜ、「何か」が存在している必要があるのだろうか。「存在」という、ばかげたドラマが、なぜ延々と展開しなければならないのか。

しかし、これは「絶対」に対する驚きであって、われわれには、どうすることもできない（いだいても仕方のない）感情なのだ。というのも、このような存在以外のあり方（この「あり方」というのは、この場合、ものすごくおかしな言い方だ）は、まったく考えられないのだから。この世界は、絶対に存在している、われわれの都合とはかかわりなく。だから、この驚きは無意味だと、ウィトゲンシュタインはいう。

> しかし、世界の存在に私は驚く、ということは無意味です。――なぜなら、私にはそれが存在していないことを想像することはできないから。（同書389）

異常な事態に、自分が投げこまれていることを、こちらはどうすることもできない。だから本当は、異常かどうかもわからない。このあり方しかないように見えるから。この「存在」は、自分の身体の皮膚のように、最初から最後まで、われわれにまとわりついているのだ。〈ここ〉からは、決して逃げられないのである。

そして、この驚きは、誰もが引用するつぎの一文にもかかわっているのは明白だろう。

> 神秘とは、世界がいかにあるかではなく、世界があるというそのことだ。（『論理哲学論考』6・44）

たしかにこの世界は、「驚き」に満ちている。もちろん、もっとも根源的な驚きは、この上なく常ならぬこと、つまり、世界の存在だ。なぜ、こんなものが存在しているのか。この世界のなかにいる誰に聞いても、あるいは、あらゆる動植物や鉱物をどれほど観察しても、自然科学でも、哲学でも、宗教でも、その理由はわからない。「リーラ」（神の遊び）だ、「縁起」だ、「事事無礙《じじむげ》」だといっても、そもそもなぜそのような事態が起きたのかがわからないだろう。どこから、どう考えても、世界の存在そのものは、ほんの少しもわからない。

　しかも、その存在のありよう（「いかに」）だって、とてつもなく不思議だ。存在するにしても、「かたち」などなく、透明なあり方でいればいいではないか。眼に見えない気体のように。そうすれば、多くの問題はなくなるだろう。「かたち」があるからこそ、存在するもの同士の「ちがい」がうまれ、複雑さが増し、面倒な事柄が、つぎからつぎへと襲ってくる。「かたち」だけではなく、知覚されるすべての事柄がなく、「存在あれども姿なし」であれば、仏教でいう「差別《しゃべつ》相」は消え、「平等相」が最初から現れ、とても平和な世界になるのではないか。

　しかし、ウィトゲンシュタインのいうように、それよりもやはり心底驚くべき事態は、この世界の存在そのもの（「世界があるというそのこと」）だ。この驚きによって、哲学が始動するのは、たしかによくわかる。あまりにも不思議なので、つい考えこんでしまう、しかも一生（答が決して見つからないから）。驚きにとり憑《つ》かれて、その生涯を終えるというわけだ。なるほど、この「驚き」は、哲学の動機として、万人が認めるだろう。

　西田幾多郎にもどろう。なぜ「悲哀」なのか。この世界の存在は、たしかに、このうえなく不思議ではあるけれども、そのまま不思議がっていれば、それはそれでことはすむ。いずれ、解不能のまま、誰もがみな死んでしまうのだから。疑問もろとも、つぎつぎに消えてしまう。ところが、われわれは、死んでしまうまでに、意味のわからないこの世界のなかで、長い人生を暮らしていかなければならない。しかも余計な面倒を生みだす「かたち」をもって。

世界は、静止しているわけではなく、複雑に多様に流動しつづける。一刻もとどまることなく、予測のつかない進行をしていく。何の根拠もない世界に投げこまれ、拒否権なしで生きていくということ。これこそ、この上ない悲劇であろう。これは、たしかに万人の哲学の動機になる「悲哀」といえるかもしれない。

さらに、われわれの一生は、楽しいことばかりではない。どんなに意味不明の日々を否応なく送らざるをえないとしても、何の労苦もなく、たんたんと楽しく生きていけるのであれば、それほどの不満はないだろう。悲哀の度合も、ずいぶん低いものになるかもしれない。しかし、この人生は、さまざまな苦悩や困難がつぎつぎと押しよせてくる。生きていると、苦悶が、これでもかこれでもかと襲いかかってくる。そして、西田幾多郎という哲学者は、その代表だ。五人もの逆縁を経験し、妻にも先立たれ、断腸の思いに幾度も沈んだのだから。

この人生を歩まなければならないというのも、大きな「悲哀」なのに、そのうえ、人生そのものの内実も、あまりにも悲劇的すぎる。二重の「悲哀」だといえるだろう。このように考えれば、この「悲哀」を、どうにかして自らに納得のいくものにするために、「哲学」へと向かうのは、ある意味で当然だといえるだろう。やはり、「悲哀」は、万人にとって哲学の動機といえるかもしれない。さらに、西田は、つぎのようにもいっている。

古来、哲学と称せられるものは、何等かの意味に於て深い生命の要求に基かざるものはない。人生

問題といふものなくして何処に哲学といふべきものがあるであらう。（五－335）

本当にそうだと思う。観念遊戯をする哲学には、何の意味もない。たとえ、その遊戯に面白みがあったとしても、少なくとも私は、金輪際かかわりたくない。短い一生を無駄に使いたくないからだ。だから、「人生の問題だけが、哲学だ」とはっきりいい切った西田幾多郎という真の哲学者について書いてみたいと思ったのである。

最初に引用した文の直前で、西田はつぎのようにいっていた。二文続きで引用しよう。

哲学は我々の自己の自己矛盾の事実より始まるのである。哲学の動機は「驚き」ではなくして深い人生の悲哀でなければならない。（五－92）

「自己矛盾の事実」とは、いかなる意味なのだろうか。たしかに「矛盾」は、西田哲学のなかで、その核をなす最重要の概念である。しかし、西田のいう「矛盾」は、他の哲学者のいう「矛盾」とは、異なっている。小坂国継はつぎのようにいう。

この絶対矛盾的自己同一の観念を正しく理解しようとする場合、われわれはまず西田のいう「矛盾」概念が、ヘーゲルやマルクスのそれとはまったく異なっているということを念頭においておく必要がある。西田の考えでは、矛盾というものは綜合されたり統一されたりしないものである。綜合・統一されるようなものはもともと矛盾ではない。綜合も統一もされないからこそ、それは矛盾

なのである。（『理想　No.６８１』二〇〇八年、68―69）

「絶対矛盾的自己同一」の「絶対」は、だてではない。つまり「絶対矛盾的自己同一」は、ひとつの熟語であり概念なのであって、すべての語は緊密に結びついている。「矛盾」は「矛盾」のまま「自己同一」なのだ。このようなあり方をしている「自己」が、「深い人生の悲哀」と結びつくのは、なぜだろうか。大峯顯は、冒頭の西田の文を説明してつぎのようにいう。

自己存在の自己矛盾の事実と悲哀の情動とが、それ以上の説明なしに、いきなり結びつけられているだけである。しかし西田のこの文章は、たんなるレトリックや不用意な発言であるとは考えられない。それどころか、この短い文章は、絶対無の場所を最深の根柢とする西田の意識論の固有の特質を開示するだけの射程をひそめているようにおもわれるのである。（「悲哀と意識」『西田哲学への問い』102―103）

大峯は、さらに西田が肉親を亡くした痛切な経験を語る「『国文学史講話』の序」（一九〇七年）を引用したあとに、つぎのようにいっている。

西田の言う悲哀とは、人間が抱く主観的な感情ではなくて、人間に対して世界が自己自身を開示する仕方である。死の出来事において経験される悲哀はそういう存在論的性質をもつであろう。西田はこの文章においてすでに、悲哀をいわば宇宙そのものの根本構造として経験しているのである。

（同書108）

人間は、決して解消されることのない矛盾のなかで生きていかなければならない。「宇宙そのものの根本構造」がそうなっているからだ。だから、肉親を亡くすという経験によって、おのれの感情がひき裂かれたとしても、その哀しみはついに癒《いや》されることなく（矛盾し分裂したまま）その後の人生に深い影を落とす。

人間存在の自己矛盾という事実が直接に人間に反射するときの人間の存在の仕方が、西田のいう悲哀である。（同書108）

われわれは肉体をもつことによって、徐々に老衰しその死を経験する。〈永遠の今〉にとどまることなく、容赦なく時間は流れていく。こうした「絶対現在」の自己矛盾（流れるはずのない今が流れていく）において、われわれは肉親の死にも逢着する。世界の根本構造が、根源的に矛盾しているから、われわれは、多くの悲哀を否応なく経験せざるを得ないということだ。

大峯のいうように、西田哲学は、つぎのようにまとめることができるだろう。

後に西田が展開した「無の場所」の思想や「絶対矛盾の自己同一」の思想は、このような悲哀の情動の論理化ではないだろうか。西田が世界の深みへの入口として選び取った悲哀は、やがて世界そのものの構成要素として西田に自覚されることになる。西田哲学の根本的な問いは、つぎのような

方式で言い表わすことができるだろう。――なぜ生はかくも悲しいのか。(同書111)

大峯は「悲しみ」をつぎのように定義する。

悲しみとは自己の消滅の経験、自己が自己自身の無を見る経験である。(同書130)

たしかに西田のいう時間の流れは、「非連続の連続」であり、その非連続は、絶対無の場所に触れることを示す。西田によれば、時間はそのつど死に(非連続)、よみがえる(連続)のだという。時間の弁証法的展開とは、生と死の弁証法なのだ。西田は、つぎのようにいう。

我々の自己が叡智的自己の影像として自己自身を見て行く所に、自己の生命を有するものとするならば、我々の自己は死に於て自己自身の目的を有するものと云つてよい。我々は死する為に生きるのである、生きとし生けるものの底には死があり、悲哀があると云つてよい。(四―233―234)(『西田哲学への問い』130)

われわれが毎瞬触れる絶対無の領域に「死」があり、「悲哀」があるのだとすれば、この矛盾同一の構造をかいま見る哲学という営為に、「悲哀」が不可分に結びついているのは、当然だろう。この構造が、自らのものであることを自覚しつつ、かいま見るのだから。われわれの自己は「叡智的自己の影像」だ。われわれの現実の基底にある叡智的自己(本来の自分)が自らを限定し、自己否定することによって、われわれは生きていく。これは、まさに叡智的自己の死であり、「我々の自己は死に於て自己自身の目的を有する」ということになるだろう。

われわれが身体をもち、限定されたあり方をするというのは、そもそも本来の自己が死んでいるということであり、そういう意味で「生きとし生けるものの底には死があり、悲哀がある」のだ。このように考えれば、「哲学の動機は、悲哀である」という西田の言葉は、人生の過程で悲劇に遭い哲学を志すといった意味ではないだろう。むしろ、われわれが限定された肉体をもち、生きているということが、そもそも死という裏面をもつという本質的構造のことをいっていることになる。

もちろん、こうした本質構造があるからこそ、人生の悲哀も出来《しゆつたい》するにちがいない。死せる肉体をもつからこそ、死という出来事にもであうのだろうし、多くの障害もそこからでてくるのだから。そして、このことは（われわれの自己の最も基底にある）叡智的自己の側からは、こう記述される。

併し逆に叡智的自己其者から見れば、叡智的ノエマ的に自己自身を限定することは、自己自身を見ることであり、身体的に死することは、真に自己自身に生きることである。我々の自己は自己の身体を越ゆることによつて、真の自己を見るのである、即ち自己自身の個性を得るのである。それで、我々はいつでも悲哀を通して、自己自身を見るものに至るのである。（四－234）（『西田哲学への問い』130—131）

このような叡智的自己の立場に立つと、われわれが真の自己自身を見ることができるためには、「悲哀を通して」でなければならないことになるだろう。やはり、哲学の出発点が、自己自身を見ることであるならば、「悲哀」から出発しなければならない。われわれがどのような存在であるのかを究明するためには、「悲哀」を手がかりにするしかない。大峯は、以上のような『一般者の自覚的体系』における西田の叙述を受けて、「絶対無の場所」と「悲哀」について、つぎのようにいう。

> しかしながら、絶対無の場所にいたって悲哀の自己が越えられるのは、どのような仕方によってであろうか。言うまでもなく、無の場所が悲哀の自己を包むことによってである。しかし、包むということは悲哀をたんに消滅させることではない。むしろ、悲哀を悲哀のままで自らの内に成り立たせることによって、悲哀を越えるということである。悲哀を癒やしうるものはもちろん悲哀を超えたものである。しかしこのような悲哀を超えたものが、悲哀の自己と別であるならば、それは悲哀を真に癒やすことはできない。悲哀の自己を真に包むには、絶対無の場所が悲哀を超えているという、悲哀と相対的な（有的な）あり方を捨てて、自らを悲哀にするということがなければならぬ。絶対無の場所は、それ自身を悲哀そのものにするという仕方で、悲哀の立場を越えているのである。これは無の場所が悲哀を越えると同時に、どこまでも悲哀であること、むしろ底無き悲哀だということを意味する。悲哀は悲哀の底に向かってのみ真実に越えられうる。絶対無の場所の真の構造は、悲哀のこのような脱底的超越にあると理解することができると思われる。（同書134）

大峯は、絶対無の場所が「自らを悲哀にする」ことによって、「悲哀の立場」を越えるという。悲哀という道を通って、自己自身にたどり着き、絶対無の場所へとさらに超越した時には、「底無き悲哀」という無の場所があらわれるということになる。

以上のような大峯の解釈が的を射ているとすれば、悲哀と哲学とが、分かちがたく結びついているのは、必然だといえるだろう。世界の基底には、悲哀そのものでもある絶対無の場所があるのだから。

第一章　純粋経験

1.〈そのまま〉ということ

西田幾多郎は、最初の著作『善の研究』（一九一一年）において、「純粋経験」という概念から出発した。「純粋経験」とは、認識する主体と認識される客体とが、いまだ分離していない経験のことをいう。このような経験によって、われわれの世界は構成されていると西田は考えた。『善の研究』の「第一編　純粋経験」の冒頭、有名な箇所を引用してみよう。

経験するというのは事実そのままに知るの意である。まったく自己の細工を棄てて、事実に従うて知るのである。純粋というのは、普通に経験といっているものもその実は何《なん》らかの思想を交えているから、毫《ごう》も思慮分別を加えない、真に経験そのままの状態をいうのである。（『善の研究』講談社学術文庫、二〇〇六年、30、以下Z）

ここで西田のいっていることは、そのまま受けとれば、さほど難しいことではない。われわれは通常、経験を積みかさねて生きている。つまり、生きていくというのは、そのつどの〈経験〉という事態がつぎつぎと起こることであり、そのことを私たちは、よく知っている。ただ、そのような経験の途上で、何らかの思考や分別を加えると、純粋ではなくなると西田はいっているだけだ。このことは、それほど理解できないことではないだろう。このように思考や反省を加えない経験は、事実そのままであり、経験そのままであるように思われる。しかし、そのような経験も、ふり返ったり客観視したりすれば、もはや純粋経験ではない。思慮分別が入り、何かを判断してしまうと、経験は、純粋ではなくなる。その事態を西田は、こういう。

しかし、これらの知識は正当の意味において経験ということができぬばかりではなく、意識現象であっても、他人の意識は自己に経験ができず、自己の意識であっても、過去についての想起、現前であっても、これを判断した時はすでに純粋の経験ではない。真の純粋経験はなんらの意味もない、事実そのままの現在意識あるのみである。（Z30―31）

「事実そのままの現在意識」だけがある純粋な状態、これが、おおよその「純粋経験」だということになるだろう。とりあえず、このことを確認したうえで、あらためて、最初の一文から、じっくり見ていこう。

経験するというのは事実そのままに知るの意である。（Z30）

この文は奇妙だ。というのも、われわれが具体的に経験をする際、「知る」という要素があるだろうか。通常は、「知る／知らない」などとは関係なく、経験そのものが、そこで生じているはずだ。「経験する」ことと「知る」こととを等値しているのは、西田のなかに、純粋な経験以外の前提があったからだろう。もちろん、この「知る」は、普段のわたしたちの「わたし」が主体であっては困る。純粋経験では、まだ「わたし」は、生まれていないはずだからだ。それでは、「知る」の主体は、一体なんだろうか。その前に、何を「知る」のか。これははっきりしている。「事実」であろう。上田閑照が指摘したように（『上田閑照集　第二巻』55）、この部分の「そのまま」は、「事実そのまま」であると同時に「そのまま知る」のだ。「事実」と「知る」の両方にかかっている。「そのまま」によって文全体が覆われているといえるだろう。

あるいは、こうも考えられないか。このような「そのまま」の強調によって、「事実」と「知る」が、対象とそれを捉える動作を意味するというよりも、同一の事態の異なった側面を表していると。極端ないい方をすれば、「そのまま」というあり方が中心にあり、（しかし、「そのまま」は、特定の事態を指す名詞ではないので）そのあり方の一側面が「事実」であり、もうひとつの側面が「知る」だと考えられないだろうか。しかも、「事実そのまま」であるから、正確にいうと、「事実」は、対象というよりも、副詞的なあり方をしているだけなのだ。

したがって、この文は、「経験するとは、〈そのまま〉であり、それは、〈事実そのままに〉という側面と〈そのままに知る〉という側面とをもつ」とでもいいかえられるだろう。したがって、本来は「経験する」といった動詞で表すべき事態ではない。「経験する」といってしまえば、かならず主体と、その対象とを前提してしまうからだ。

このようにたどってくると、『善の研究』の冒頭の一文は、どうしてもよくわからない。あらためて考えてみよう。なぜ「経験」なのか。そして、なぜ「知る」なのだろうか。繰りかえしになるが、やはりこのいい方だと、「経験する主体」さらに「知る主体」を前提していることになる。たとえば、この数行あとに、

自己の意識状態を直下に経験した時、未だ主もなく客もない、知識とその対象とが全く合一している。（Z30）

と西田はいう。しかし、もし「未だ主もなく客もない」のであれば、「経験する」「知る」というのは、明らかにおかしいのではないか。もし、西田のいうような「主客未分」の状態を「純粋経験」だとするならば、それは「経験」ではなく、「出来事」であり、「知る」という行為は、成立しないのではないか。

しかし、西田の場合は、あくまでも「経験」なのだ。このことは、何を意味するのだろうか。「経験」や「知る」といった概念が必要としているのは、もちろん「主体」である。「何かを知り、何かを経験する」ためには、対象（「何か」）と、それと対《つい》をなす「主体」が必要だ。しかし、西田は同時に、「主客未分」や「主客合一」こそが、「純粋経験」の特徴だという。「純粋経験」とは、あくまでも「主体」登場以前の出来事なのである。

だとすれば、はっきりした「主体」ではないものが、背後に控えていると考えざるを得ないだろう。あるいは、背後に「何か」が控えているわけではなく、ある種の方向性がそこにはあると考えた方がいいのかもしれない。つまり、「経験」や「知る」と表現したくなる何らかの方向性である。具体的に主客の分離はまだだが、結果的にそうならざるを得ないような方向性だ。これをたとえば「前面性」と名づけよう。ある事態には、「前面」と「背面」があるというわけである。主客がはっきり分かれているわけではないが、主客が登場してくる潜在的状態が、すでにある。そうでなければ、

「主客未分」や「主客合一」といっておきながら、同時に「経験」や「知る」とはいえないだろう。なぜ、このような概念（「経験」「知る」）がいきなりでてくるのだろうか。おそらく、西田の「純粋経験」は、「統一的或者」によって動き始めているからだろう。「統一的或者」（あるいは「統一作用」）についてて西田はつぎのようにいう。

意識の体系というのはすべての有機物のように、統一的或者が秩序的に分化発展し、その全体を実現するのである。意識においては、まずその一端が現われるとともに、統一作用は傾向の感情としてこれに伴うている。（中略）すなわち、統一作用が働いている間は全体が現実であり純粋経験である。（Z39）

唯一無二の経験が、純粋に〈今・ここ〉で出来事として起きているのではない。「純粋経験」は、いつもすでに進行している。この進行を支えているのが、「統一的或者」（「統一作用」）なのだ。しかし、この「統一的或者」というのは、何をいっているのか判然としない。したがって、ここでは、このよくわからない「統一的或者」に代えて、「前面性」という概念で考えていきたい。

われわれ人間には、不思議なことに、「前面」と「背面」がある。全方位的に知覚できる人間はいない。感覚器官は、基本的に前面に対して、対応できるようになっている。このことによって、われわれ人間のそのつどのあり方が、主客未分の「純粋経験」においてさえ、ある種の方向（のちの主客分裂の原因とでもいえるもの）を潜在的にもっているのではないか。

しかし、これは、本来おかしなことであって、「純粋経験」が、西田のいうように、本当に「主客未分」で「主客合一」なのであれば、「純粋な出来事」として、（後の西田のいう）「永遠の今」において、ただ出来するだけでなければならないだろう。これは、むろん「純粋経験」を進行させる「統一的或者」ともかかわっている。あるいは、「純粋経験」を外側から見る「反省」ともかかわってくるだろう。さらに、この「純粋経験」の前面性とでもいえるものを完結させるために要請された「絶対無の場所」という概念にも関係してくるのではないか。

先述したように、「そのままに」を強調すれば、「知る」は、ある意味で、知る主体のいない知り方だといえるだろう。「そのまま知る」のだから、おかしな言い方だが、「知る」ことによって「そのまま」になり切ってしまい、「知る主体」は、その「知る」瞬間には、消失しているといったようなことではないか。このように「そのままに」を強くとれば、『善の研究』冒頭の「純粋経験」がはじめて登場する箇所で、すでに「絶対無の場所」が潜在していたと考えられるだろう。

さらに次の一文を見てみよう。

まったく自己の細工を棄てて、事実に従うて知るのである。（Z30）

ここでいっている「自己」とは何であろうか。これは、西田哲学にとっては、究極の問の一つだろう。禅におけると同様、西田にとっても「己事究明《こじきゅうめい》」こそ、もっとも大切な問だからだ。「己」「私」というのは、いちばん身近で、それにもかかわらず（それだからこそ）、究明するには、大変難しい対象となる。しかも、ここでは、主客未分の純粋経験について述べているのだから、「自己」がでてきてもらっては困るだろう。もともと「主客未分」なのだから、「自己の細工を棄てる」などということはできないはずだ。

それでは、そもそも「自己」とは、一体なんだろうか。『善の研究』においては、世界の根柢《こんてい》に流れる「意志」（あるいは「統一的或者」）が個人的なものになったものだといえるだろう。しかし、もしそのようなものであれば、この「自己」は、純粋経験がさきにあってはじめて成立する。「序」において（あるいは、本文においても）、「個人あって経験あるにあらず、経験あって個人あるのである」（Z16）といわれているように、つねに「経験」が先行しているのだ。しかし、「個人」と「自己」は、明らかに異なる。「経験」が先行していることは、たしかだが、「自己」は、その「経験」が成りたつ「場」のようなものだといえないだろうか。さらに、「自己」は、西田哲学の出発点であり、その現場であるともいえるだろう。なんといっても、「純粋経験」は、意識現象であり、その意識の野で、すべてがおこるのだから。

だから、『働くものから見るものへ』所収の論文「場所」において、はじめて「自己」が「場所」になったわけではない。すでに『善の研究』においても、「自己」は、「場」のようなものとして考えられていた。たとえば、「場所」において、「主客合一」についてつぎのように書かれている。

而して知るものは単に構成するとか、働くとかいうことを意味するのではなく、知るものは知られるものを包むものでなければならぬ、否これを内に映すものでなければならぬ、主客合一とか主もなく客もないということは、唯、場所が真の無となるということでなければならぬ、単に映す鏡となるということでなければならぬ。（岩波文庫『西田幾多郎哲学論集』Ⅰ-82、以下『西田幾多郎哲学論集』は巻数〔Ⅰ、Ⅱ、Ⅲ〕と頁を示す）

ここでいわれていることは、「場所」を書いた時点での「純粋経験」の記述だといえるだろう。「場所が真の無に」なるということが、「主客合一」ということであり、これはつまり、「純粋経験」ということになる。そして、この純粋経験の「場」は、「自己」である。そのような「自己」とは、そもそも何だろうか。

かなりべつの角度から、「自己」ということについて考えてみたい。ジャンケレヴィッチの「死」の分類を手がかりにしてみよう。ジャンケレヴィッチによれば、死という現象は、「一人称の死」「二人称の死」「三人称の死」に分けられる。「一人称の死」は、私の死であり、「二人称の死」は、親しい人の死、「三人称の死」は、かかわりのない他人の死ということになるだろう。誰でもすぐわかるように、「一人称の死」は、決して経験することはない。自分自身が死んだとき、自分はいないのだから、どこにも死の経験はない。それに対して、「三人称の死」は、死として認識はできるが、こちらに切実に訴えかけてはこない。テレビや新聞で、災害で亡くなった方々のニュースを見ても、たしかに気の毒だとは思うが、悲しみに打ちひしがれることはないだろう。しかし、「二人称の死」は、西田自身も、その人生で多く経験したように、こちらの心を砕いてしまう。とてつもない「悲哀」に沈むことになる。

この三つの分類に、「自己」を当てはめてみよう。まずは、「一人称の自己」は、どうだろう。「一人称の死」においては、死ぬとき、それを認識する主体が消失しているのだから、その対象（死そのもの）は、経験できない。「一人称の自己」においては、それとは異なり、認識する側がなくなるわけではない。しかし、そもそも「自己」を確認することは、決してできないだろう。自己が自己であるならば、そこには、自己は登場しないからだ。おかしな言い方だが、自己はつねに背景として存在している（ように思われる）。だが、それはあくまで「自己」という語があるから、そこから逆算して、「自己」を想定しているだけだ。そんなものがあるかどうかは、決してわからない。

鏡が存在しなければ、わたしたちは、自分の眼球を見ることはできない。鏡があったとしても、みずからの眼球の全貌を、生きたままくまなくたしかめることはできないだろう。しかし、眼球と自己とでは、あり方が、まったく異なる。眼球には、脳という中枢が、後ろに控えているからだ。自己の場合は、それがそのまま中枢であり背景であり、一切の出発点（面）なのだ。いわば、世界を成立させる「場」である。したがって、「一人称の自己」は、決して顕在化することはない。

さらに「二人称の自己」も「三人称の自己」も同様だろう。それらしいものが存在するのは理解できるが、それがどのようなものであるのかを明確に認識することはできない。二人称であれば、「他者」として強く意識するだろうが、その「他者」の「自己」をこちら側から経験することは決してできないだろう。「死」はこの世界には、絶対に登場しない。一人称の死だけではなく、二人称の死でも、三人称の死でも、「死」がそのまま現れることは、ないだろう。あくまでも、われわれが知ることができるのは、他人（二人称、三人称）の「死体」だけだ。死体は、死ではない。死体によって死を類推することはできるが、死そのものではない。

「自己」についても同様だろう。この世界に「自己」は登場しない。この世界の背景として、それらしいものはある。しかし、前面に登場するのは、さまざまに流動変転する出来事だけだろう。死体だけがあり、「死」が登場しないように、多くの生体（動く身体）は存在しているが、「自己」は登場しない。主客未分の「純粋経験」が過去化されたものが、つぎつぎと現れては消えていく。〈そのまま〉

がそのまま生じ、その痕跡が前面に現れ消滅していくということになるだろう。

自己は、たしかに存在するように思われる。自己の身体、自己の感情、自己の感覚など。しかし、これらのものを認識している当のものこそ、〈自己〉なのではないか。これらの背景こそが、〈自己〉なのではないか。それがもし「自己」だとすれば、それは、決して現れることはないだろう。ということはつまり、それが、どのようなものであるかは、わからないということだ。たしかに、「身体」や「感情」など「自己的」なものは、前面に登場する。しかし、それは、あくまでも過去のものであり、現時点の何かではない。現時点は、いつも背景に沈んでいる。

しかし、前面に浮かんでいるものこそ現在ではないか。眼前にあるものこそ「現時点」ではないか、という反論があるかもしれない。たしかにそうだ。しかし、そこには、前面と背面があるだろう。もし、「前面」を「自己」と呼ぶのであれば、それは身体であり、感覚であり、感情だろう。それこそ「自己」だというのであれば、それはそれでいい。だが、それらのものが現れるための舞台のような背面を「自己」と呼ぶのであれば、この「背面」は、決して対象化できないものだから、「自己」は、どこにも現れない。だから、それを、特定の名称で呼ぶことにためらいを感じてしまう。

西田が「純粋経験」というとき、おそらく、「経験している」のは、この背面なのだ。この背面は、どのようなものなのか決してわからないから、「経験している」といっても、はっきり主体的なものとして登場することはない。しかし、「経験」という事態を何らかの仕方で成立させているのは事実だ。だからこそ、「純粋経験」は、「経験」という主語を予想させるもの（「誰々が経験する」）でありながら、主客未分の純粋な出来事でもある。

このような背面は、決して捉えることのできない〝今〟であり、だから、〝今〟などという言い方も、本来はできない。なぜなら、〝今〟という概念は、「今まで」や「今から」あるいは、「過去」や「未来」といった概念とかかわっているからだ。この背面は、そんなものではない。時制や場所とは、一切かかわりがない。どうしても、言葉で表現しなければならないのであれば、やはり「無」であろうか。しかし、これも「存在と無」という対立とはかかわりのない（「相対無」ではない）ものであり、本当は、「無」とはいえない。この世界は、やみくもに前面がつぎつぎと開いていく。さまざまな出来事が、〈こちら〉とは無関係にどんどん展開していく。〈こちら〉は、そのありさまを、じっと眺めるだけである。

2．真の現在

さて、ふたたび、『善の研究』の引用にもどろう。

まったく自己の細工を棄《す》てて、事実に従うて知るのである。（Z30）

「純粋経験」のあり方からして、やはり、この文には謎がある。つまり、何が、あるいは、誰が「自己の細工を棄てる」のだろうか。この謎を解決するためには、ここでも「純粋経験という出来事においては、自己の細工が棄てられた状態が、どのように棄てられたかはわからないまま現出している」と考えるべきだろう。そして、「事実に従うて知る」は、前述した「事実そのままに知る」ということ同じだと考えればいいだろう。つまり〈そのまま〉だけがあるというわけだ。この二文で注意しなければならないのは、「棄てる」「知る」という動詞の主語は、どこにも書かれていないということである。この二文の（文法上の）主語は、「経験するというのは」であり、「経験する」という動詞的事態が生じたときに、どのようなことが起こるのかということであり、どこにも主語（主体）は、登場しない。何が経験するのか、何が知るのか、何が棄てるのか、というのは、まったく書かれていない。さらにつぎのように続く。

純粋というのは、普通に経験といっているものもその実はなんらかの思想を交えているから、毫《ごう》も思慮分別を加えない、真に経験そのままの状態をいうのである。例えば、色を見、音を聞く刹那《せつな》、未だこれが外物の作用であるとか、我がこれを感じているとかいうような考えのないのみならず、この色、この音は何であるという判断すら加わらない前をいうのである。（Z30）

本来われわれは、何だかよくわからないままに、さまざまなものが前面にでてくるのをやりすごしている。ただその際、記憶や先入見などによって、でてくるものをつくりあげていく。ベルクソンがいうように、知覚に記憶が入りこむ。あるいは、ハンソンのいうように、認識する対象にはあらかじめ理論が負荷されている。直接対象を見るのではなく、「〜として見る」。西田がここでいうのは、そのような記憶や理論が入りこむ前の状態だろう。「思慮分別」や「考え」や「判断」は、一切入ってこないのだから。しかし、はたして、ここで、認識は成立するのだろうか。

西田のいっていることを、そのまま受けとって考えてみよう。「外物の作用」なのか、「我がこれを感じている」のか、といった考えのない状態、まったき〈現れ〉そのものが、そこにある状態（純粋経験）だといえるだろう。そして、「この色、この音は何であるという判断」もしていないのだから、何を認識しているのかもわからない状態だ。ただ、「この色」「この音」はわからないが、それが色であり、音であることが、すでにわかっているのかどうかまでは、西田のこの文章ではわからない。もし、「色として」あるいは「音として」認識しているのであれば、ある程度の背景知識（あるいは記憶）がもうすでに入っていることになる。

しかし、「純粋経験」の「純粋」を原理的にとって、ここでは、「色として」「音として」という枠組も入っていないことにしよう。それでは、この「純粋経験」において、いったい何がおこっているのか。認識そのものの枠組がまったくない状態で、〈何か〉がおこっている。しかし、それを〈何か〉ということができるのだろうか。さらに西田はいう。

> 自己の意識状態を直下に経験した時、未だ主もなく客もない、知識とその対象とが全く合一している。これが経験の最醇《さいじゅん》なるものである。（Z30）

あるいは、

> 真の純粋経験はなんらの意味もない、事実そのままの現在意識あるのみである。（Z31）

先述したように、「自己」という概念を考えるならば、「自己の意識状態」などと表現できるものは、現時点で背面としてしか存在しない（ということは、〈どこにも〉存在しないといってもいい）。それは、過去化したとき、「自己の意識状態」と事後的に表現できるようなものだろう。したがって、「自己の意識状態を直下に経験した時」というのは、あくまでも、現時点での表現ではない。「純粋経験」そのものが現出しているとき、そのような言い方はできない。

ここで「純粋経験」というのは、「意識状態の直下の経験」だということがわかる。ただ、これまでの記述だと、「純粋経験」の対象も、それを経験する側も、どこにも現れない（あるいは、事後的にだけわかる）ものなので、「意識状態」とはいっても、それがどのようなものなのかは、何ともいえない。つまり、われわれが、通常「意識」と呼んでいるものなのか、どうか、よくわからないのだ。さらにいえば、そもそも「意識」という概念自体も曖昧ではないか。

漠然と、こちら側の状態としかいえないだろう。「心」「精神」「魂」「無意識」などの、〈こちら側〉をあらわす語彙とのちがいによってしか説明できない。しかし、西田の哲学においては、「意識」は、とても重要な語だ。西田にとって、「意識」とはなにか。あらためて少し考えてみよう。

「意識」をどのように考えるかは、西田のいう「純粋経験」にも「絶対無の場所」にも、大きく影響を与える。とりあえず、ここでは、『善の研究』の上述の引用における「意識」から始めたい。

西田は、「主もなく客もない、知識とその対象とが全く合一している」とき、「自己の意識状態を直下に経験」するという。「主も客もない」のだから、そこに認識は成りたっていない、だからこそ、「知識とその対象が、合一」しているというわけだ。そうなると、そこで何がおこっているのかは、誰も（何も）わからない。そして、それこそが、「純粋経験」だとすれば、それがおこっている、まさにそのとき、そこでは、〈何もおこっていない〉のかもしれない。そして、それを、「なんらの意味もない、事実そのままの現在意識あるのみである」と西田はいう。「意味」は、もちろんないに決まっている。なぜなら、〈それ〉が、〈何か〉ではないかもしれないのだから。そして、ここでも〈そのまま〉がでてくる。「事実そのままの現在意識」だけがあると表現される。事実〈そのまま〉は、一切の認識や知識を受けつけない、原初の、いわば〈無〉のようなものなので、それについての「現在意識」は、〈そのまま〉そのものだといえる。主客の分離はないのだから、現在という幅のない背景に対象のない空虚な意識（「意識」とはいえない「意識以前」）だけが「ある」（とはいえない状態）ということになるだろう。ようするに、ここでいわれている「純粋経験」は、かぎりなく〈無〉に近いものだといえるのではないか。

西田は、さらに具体的な純粋経験について書きつづっていく。

右にいったような意味において、いかなる精神現象が純粋経験の事実であるか。感覚や知覚がこれに属することは誰も異論はあるまい。しかし、余はすべての精神現象がこの形において現われるものであると信ずる。記憶においても、過去の意識がただちに起こってくるのでもなく、したがって、過去を直覚するのでもない。過去と感ずるのも現在の感情である。抽象的概念といっても決して超経験的のものではなく、やはり一種の現在意識である。（Z32）

ここで西田は、純粋経験は、精神現象であり、感覚や知覚だけではなく、すべての精神現象に当てはまるといっている。そうなると、たとえば、知覚の説明をするとき、「何かを知覚するとき、……」などというが、純粋経験は、定義上そのような説明を許容しないだろう。主と客とがわかれていないのだから、「何か」はまだ現れていない。知覚なのか感情なのか、視覚なのか聴覚なのか、何もわからない事態が、その認識以前に生じているのだ。

　何かわからない事態が、認識されずに生じているということは、先にも書いたように、〈何もおこっていない〉ということと同じではないか。西田は、そのような事態（つまり、純粋経験）が、すべての精神現象の源だという。さらに、過去を感じる現在の感情も、抽象的概念を思いうかべるのも純粋経験だという。そして、その根拠は、「現在意識」ということになる。ひとつひとつ考えてみよう。

　まずすべての精神現象の源が、〈何もおこっていない〉ということと同じともいえる純粋経験だということは、どのようなことを意味しているのか。精神や意識が形をもたないということは、どのようなことなのか。その存在を確認するためには、形をもったものとの関係を利用するしかないということだろう。まったく手がかりのないものは、存在していないと考えるのが当然だからだ。それを「意識」と呼ぶか、「精神」と呼ぶかは別として、これらの存在を確認できるのは、形をもったものによってだ。人間の「精神」であれば、その肉体によって精神の存在を確認できる。肉体の動きから精神へとたどりつこうとするだろう。

　もし、身体が、知覚できるあり方で動き、言語を口蓋《こうがい》から発し、さまざまな表情をする、ということがなければ、精神や意識というものは、誰もとりあげることはできない。もちろん、身体が動き、物質的な音や表情が、そこに聞きとったり読みとったりできるからといって、精神や意識の存在が確実だといっているわけではない。たんなる知覚可能な物質側からの推論にすぎない。

　そして精神や意識そのものについて考えれば、それには形はなく、特定の場所に存在しているわけではない。精神や意識が、決まった場所に存在しているように誤解するのは、身体が特定の場所にあるからだろう。精神や意識に最も近いと思われるのは、やはり「自己」あるいは、「私」などと呼ばれるものだ。しかし、これらのものは、確認するにしても、あくまでも「内側から」なので、その存在をたしかめるのは原理的に不可能である。

〈それ〉（内側）が何であるかは、決してわからない。ただ「精神」「心」「意識」といった語が、具体的であり固体的であり（音として字として）、視覚や聴覚で確認できるから、ついつい精神や心がたしかに存在しているように思いこんでしまう。これは、錯覚である。漠然とした内側で生じる〈何ものでもない〉ような純粋経験が精神や意識だという場合、それは、われわれの精神や意識が、まったくとらえどころのない現象だといっているに等しいだろう。「精神」や「意識」といった語が存在しているから、かろうじてそのものの存在も認めているようなものだといえばいいだろうか。

さらに西田による「現在」の強調について考えてみよう。純粋経験において、それが現在の出来事であるというのは、「統一」ということとともに、ひじょうに強調されている。何よりも純粋経験は、現在の経験なのだ。このことは、どのようなことを意味するのか。

たとえば、「現在」という概念を、厳密にとれば、フッサールの「生きいきした現在」や、大森荘蔵のいう「羊羹の切り口」のように、それは、止まっており、つかまえようとしても何もない。現在は、流れることのない無だ。たしかに、後述するように、『無の自覚的限定』においては、「永遠の今」という概念を基盤に据えて、西田の時間論は展開される。しかし、この段階では、それほど「現在」を突きつめて考えてはいない。たとえば、つぎのようにいう。

純粋経験の現在は、現在について考うる時、すでに現在にあらずというような思想上の現在ではない。意識上の事実としての現在には、いくらかの時間的継続がなければならぬ。すなわち、意識の焦点がいつでも現在となるのである。（Z34）

「現在」を対象化して考えれば、その対象化された「現在」は、もちろん〈現在〉（真の今）ではない、対象化している主体のいる〈ところ〉が、真の現在だ。しかし、西田は、ここでは、そのようなこと（「思想上の現在」）をいっているわけではないという。もっと客観的な（いってみれば、西田らしくない視点から）現在のことをいっている。つまり、「意識上の事実としての現在」であり、この現在には、「時間的継続」があるというのだ。たしかに、どんな現在でも、そこに時間の幅がなければ、現在ともいえない。

「時間的継続」のない現在など存在しない。われわれが意識しているとき、その意識は、幅をもった持続であり、その持続のなかで意識は流れる。その意識のあり方を、西田は、ここでは「意識の焦点」という。意識が何かに焦点を合わせているとき、そこに時間の幅が必要であり、それが現在だというのだ。しかし、純粋経験を主と客とが成立していない事態だと考えれば、そもそもこのような意識のあり方はおかしい。「焦点」という概念が成立するためには、焦点の先（客）と焦点の元（主）が不可欠だからだ。

「現在」という概念をさらに厳密に考えてみたい。純粋経験が現在の経験であるならば、その経験は、やはり、〈真の現在〉で展開されなければならないだろう。しかし、この〈真の現在〉は、存在するには時間の幅が必要なこの世界には登場しない。ここには、「生きいきした現在の謎」（ヘルト）と同じ謎、あるいは矛盾がある。何ものでもない〈現在〉から、何か（時の流れ）が生まれてくるという謎＝矛盾だ。

純粋経験が、この世界の経験として、幅のある持続のなかで実際の事実として生じるのであれば、何ものでもない〈背景〉から、幅のある持続が生じる必要がある。どう考えても、〈真の現在〉には、何もない。西田は、「思想上の現在」というが、どう考えても、この現在は、〈真の現在〉ではないのか。つぎつぎと現象として前面に現れるのは、過去の痕跡にすぎないだろう。現在は、そのつど、背景として、あるいは背面として退いていく。というより〈無〉として「ある」。

たとえば、西田は、こういう言い方もする。

しかし、純粋経験はいかに複雑であっても、その瞬間においては、いつも単純なる一事実である。たとい過去の意識の再現であっても、現在の意識中に統一せられ、これが一要素となって、新たなる意味を得た時には、すでに過去の意識と同一といわれぬ。これと同じく、現在の意識を分析した時にも、その分析せられたものはもはや現在の意識と同一ではない。（Z34）

ここには、あきらかに背面（〈真の現在〉）が前面（対象化された現在＝過去）に進み、つぎつぎと過去化されていく様子が描かれている。ここで気になるのは、やはり、「その瞬間においては」の「瞬間」という言い方だろう。「瞬間」がその語の字義通りの意味（「またたく間」）だとしたら、時間的持続がそこには必ず入っているから、問題にはならない。だが、その「瞬間」を、〈今〉あるいは〈現在〉という概念を原理的に純化したものだと考えるのであれば、話は別だ。ここでも、やはり、先ほどの〈真の現在〉が問題になるだろう。

私たちは、いわば、自らの正体を突きとめることはできない。どうしても、この世界の出発点（〈今・ここ〉）の背後にはまわれない。痕跡として残っていく幅のある現在や、自己という空間、あるいは意識の流れを、前にするしかない。過去のものであることは、重々知りながら、これらの「現在もどき」でやり過ごすしかない。

3．意識

西田は、『善の研究』「第二編　実在」において、つぎのようにいう。

意識現象は時々刻々に移りゆくもので、同一の意識がふたたび起ることはない。昨日の意識と今日の意識とは、よしその内容において同一なるにせよ、全然異なった意識であるという考えは、直接経験の立脚地より見たのではなくて、反って時間というものを仮定し、意識現象はその上に顕われるものとして推論した結果である。（Z182）

意識現象は変化している。そのつどの意識現象の内容が同一でも、つぎつぎと変化していく。したがって、昨日の意識と今日の意識とは、異なった意識だと考えるのは、時間というものを前提しているからだという。時間が流れているから、そのつどの時点で異なった意識があると考えるというわけだ。しかし西田は、それは間違いであるという。時間が先にあり、意識がそのつど現れるのではなく、意識があり、それを整理するために、時間という形式をわれわれがつくったというのだ。つぎのように続ける。

しかし、今直接経験の本《もと》に立ち還ってみると、これらの関係は全く反対とならねばならぬ。時間というのは我々の経験の内容を整頓する形式にすぎないので、時間という考えの起こるにはまず意識内容が結合せられ統一せられて一となることができねばならぬ。しからざれば前後を連合配列して時間的に考えることはできない。(Z182―183)

たしかに意識は流れているのかもしれない。しかし、流れていることがわかるためには、流れていないものが必要だ。流れそのものと同一化してしまえば、何も流れてはいない。流れることを認識するためには、現時点の状態と過去の状態とを比較し、そこに違いがあることを認めることが必要だ。そして過去の状態は、記憶によってもたらされる。それに現時点の状態とはいっても、一瞬前の状態(つまり、直前の過去)にほかならない。したがって、流れが流れとして成立するためには、過去の二つの流れの状態がなければならない。そして、この二つを比べて「流れている」と結論をだすのが、〈真の現在〉にいる私だといえるだろう。いわば、比較のための〈背景〉である。

そして比較するためには、それぞれが統一されたものとして存在しなければならない。コップに入っていない液体や浮遊している気体は、比較できないからだ。〈真の現在〉という背景に、過去の二つの意識現象が、たとえばAとBという統一されたものとして並べられた時、「変化した」「流れた」ということができる。そして、このことによって、「時間という考え」がおこるというのだ。だから、意識現象の方が先であり、時間の方が後だと西田はいうのである。さらに西田は、たたみこむように次のようにいう。

> されば、意識の統一作用は時間の支配を受けるのではなく、反って時間はこの統一作用によって成立するのである。意識の根柢《こんてい》には時間の外に超越せる不変的或者があるといわねばならぬことになる。（Z183）

時間が流れているわけではなく、意識が流れている。そして、その意識の流れが、流れとして成りたつためには、その根柢に統一作用がなければならない。流れだけが存在するのでは、誰も（何も）流れていることを認識することはできないだろう。流れのなかに埋没していれば（あるいは、流れに完全に寄りそっていれば）、流れていることにすら気づかないからだ。

　この統一作用が、時間を成立させるためには、まず時間の流れが成りたつための「場」を開く必要があるだろう。この「場」は統一されていなければ（あるいは、不動でなければ）、流れそのものが発生しない。一般的な言い方をすれば、「私」の意識、といったものが背景にならなければならない。そしてこの「場」から、つぎつぎと過去化された意識が流れてくる。先に述べた背景から前面につぎつぎと何かが生みだされてくるのと同じだ。しかし、この前面に現れるものも、統一されていなければ、時間の流れを確認できない。

「場」の相似形のようなものとして、統一された意識がつぎつぎと生じてくると考えればいいだろうか。このようなものとして「統一作用」は、はたらく。したがって、もし、このような「統一作用」

が存在するとすれば、やはり、それは、「時間の外に超越せる不変的或者」といわざるを得ないだろう。意識の流れ、ひいては「時間」という流動し変化するものが成立するためには、その流れの外側に流れることのない「不変的或者」の存在を要請しなければならない。

しかし、これ自身は「不変」なのであるから、変化の世界を始める際に、その源である（先述の言い方をすれば）「場」を開くというのは、非常に矛盾した出来事であるといわざるを得ない。「不変」なものがどのようにして、「変化」を生じさせるというのであろうか。

私の意識から出発して考えてみよう。日々われわれが経験するこの「意識」だ。ただ、「意識」という言い方自体も、すでに統一的な（あるいは、この場合、「言語による」といった方がいいかもしれないが）先入見をもっていることになる。しかし、このような言い方をしない限り、何も始まらないので、「意識」という語（概念、言い方、観念などなど）から、とにかく始めよう。

多くの思考や感覚、イメージや感情が、この「意識」という場には登場する。ひとときも休みなく連続し、または、とぎれとぎれに様々な状態が通り過ぎていく。しかし、そのようなありとあらゆる状態を、それとして「意識」（この「意識」は、「場」としての「意識」とは異なる）しないかぎり、何も現れてはいないといえるだろう。流動変化する「意識」（「場」としての）の状態を、「意識」（「認識」という意味合いでの）しなければ、何も起こっていないし、時は止まっている。

しかし、流動変化するのは、「場」である「意識」のなかの出来事（この出来事も、もちろん「意識」と呼ぶこともあるだろう）であって、「場」そのものではない。そうだとすれば、「場」としての「意識」は、その変化する状態そのものとは、別のものと考えなければならない。西田の用語でいえば、「意識現象」という語を、「意識」と「現象」とにあえて分けた方がいいということだ。

「意識現象」という語は、「場」である「意識」と、その「場」において展開する流動現象とを、一言で表現してしまっている。このように、「意識」という語を「場」という意味で限定した場合、さきほどの（漠然とした）認識という意味での「意識」という語は、どうなるのか。「意識」という場で生じる様々な現象を「意識」するというのだから、ここでもまた、「意識する」のは誰か（何か）という問題が生じるだろう。

もし、そのような「意識主体」を別に想定するのでないならば、やはり、この「場」としての「意識」にその流動する現象が「写る」ことを「意識する」と考えざるを得ないのではないか。そして、このような「場」を、いわば「外界」（あるいは、裏面）から支えているのが、「不変的或者」ということになるだろう。

このように考えれば、「場」としての「意識」と認識としての「意識」という二つの「意識」は、ある意味で、同一のものになったといえるのではないか。「場」としての「意識」に「写る」のが、「意識する」ということになるのではないか。

さて、西田は、続けてつぎのように書いている。

直接経験より見れば、同一内容の意識はただちに同一の意識である、真理は何人が何時代に考えても同一であるように、我々の昨日の意識と今日の意識とは同一の体系に属し同一の内容を有するが故に、ただちに結合せられて一意識と成るのである。個人の一生というものはかくの如き一体系を成せる意識の発展である。

この点より見れば、精神の根柢には常に不変的或者がある。このものが日々その発展を大きくするのである。時間の経過とはこの発展に伴う統一的中心点が変じてゆくのである、この中心点がいつでも「今」である。(Z183)

この文章は、慎重に考えなければならない。「直接経験より見れば」の「より」を「直接経験のただなかから」と考えて解釈していく。直接経験の内側から見れば、意識は今の意識だけなのだから、同一であるのは当然である。同一というより唯一の意識だからだ。昨日の意識も、今日の意識も、外側は決して存在しないのだから、同一の体系に属し、同一の内容を当然有する。それ以外の状態や領域はないのだから、夜眠り、無意識の深淵を経験した後でも、同一の意識のままなのだ。

そして、この一体系は、そのまま発展していく。しかし、このようなただ一つの意識だけであれば、発展というのは不可能だろう。発展するためには、少なくとも、二つの状態が必要であり、唯一の意識状態があるだけでは、発展のしようがないからだ。もし、意識が発展しているのであれば(そして、西田は、そう考えている)、意識が発展したことを確認できる複数の視点(意識)が存在する場が必要となるだろう。そしてそれが、精神の根柢にある「不変的或者」ということになる。「不変的或者」があるからこそ、意識は発展できる。「不変的或者」を背景にして、変化していく意識の運動が成立するというわけだ。

西田は、この「不変」を「普遍」という意味でも使う(Z183—184)。むろん「普遍」の語義も、この「不変」には含まれているが、アリストテレスの「不動の動者」の「不動」と同じような意味で「不変」の意味を強調してもいいのではないか。そして、この「不変的或者」は、「日々その発展を大きくする」。ここにもまた大きな断絶、あるいは矛盾が露呈しているといえるだろう。「不変的或者」

は、精神の根柢にあって決して動かない。しかし、この「或者」は、意識の発展を大きくするのだ。どうやって「不変」のものが、発展をうながせるのだろうか。

たしかに「不変」のものがなければ、「変化」はない。ただ「不変」のものが、変化を起こすわけではない。しかし、西田は、「不変的或者が日々その発展を大きくする」という。これは、どういうことか。この「不変的或者」は、それ自体、変化しないけれども、意識状態を変えていく。つまり、いつも変わらぬ背面として存在しつづけ、その前面をつぎつぎと変化させ発展させていくということなのか。

先に述べた〈真の現在〉は、現在の状態に対して超越したあり方で、無限に後退していく。これと同じようなものとして「不変的或者」が背景としてあると考えられるだろうか。そして「時間の経過」は、このような発展とともに「統一的中心点」が変じていくことだという。発展していくといっても、つねに存在しているのは〈今〉の意識だけである。そして、直接経験の内側にいるのだから、意識の変化は、事後的に二つの記憶の比較としてしか認識できない。したがって、その認識を成立させるための不動点である「統一的中心点」つまり、「今」が変じていくことは、原理的にありえないはずだ。

だが、西田は、「統一的中心点が変じてゆく」とはっきりいう。これは、どう解釈すればいいのか。中心点である「今」は、意識が流動する場だといえるだろう。この「今」を厳密にとれば、無になり、意識は発展しなくなる。したがって、持続の幅がその場を形成しなければならない。ただ、この「持続」は、ベルクソンもいうように、「記憶」であって（『持続と同時性』）、過去のものだ。たしかに、この過去の「記憶」という場を開くのは、「今」という中心点であり、その場で変化が起こる。

しかし、その中心点そのものが「変じてゆく」わけではないのではないか。
このように考えられないだろうか。「統一的中心点」である「今」は、「記憶」によって持続の場を開き、そこで、意識の変化や発展を生じさせる。そして、その「中心点」である「今」の裏面には、「不変的或者」がある。つまり、「今」と「不変的或者」とは、表裏の関係にあり、裏面の「不変」によって、表面の「発展」が可能になる。だからこそ、西田のいう「時間の経過とはこの発展に伴う統一的中心点が変じてゆくのである。この中心点がいつでも「今」である」というのも、このことと大きく齟齬《そご》をきたしているわけではない。ただ、ここでも、変化する表面と不変の裏面という「矛盾」を構成する「矛」と「盾」が表裏をなしている。
さて純粋経験のつぎの特徴を考えてみよう。「統一」という特徴だ。つぎのように西田はいう。

純粋経験の直接にして純粋なる所以《ゆえん》は、単一であって、分析ができぬとか、瞬間的であるとかいうことにあるのではない。反って具体的意識の厳密なる統一にあるのである。(Z36)

西田は、つぎのような例をだす。

例えば、一生懸命に断岸を攀《よ》ずる場合の如き、音楽家が熟練した曲を奏《そう》する時の如き、全く知覚の連続 perceptual train といってもよい。また、動物の本能的動作にも必ずかくの如き精神状態が伴うているのであろう。これらの精神現象においては、知覚が厳密なる統一と連絡とを保ち、意識が一より他に転ずるも、注意は始終物に向けられ、前の作用がおのずから後者を惹起《じゃっき》しその間に思惟

を入るべき少しの亀裂《きれつ》もない。（Z34—35）

思惟がまったく入らない集中した状態が進行していくことを、ここでは純粋経験の条件にしている。物を注視しているわけではなく、物とみずからの注視の働きとが同一化し、統一した経験がそこで成立しているとき、それを「純粋経験」と呼ぶ。そのような統一した状態を、思惟が破るとき、その経験は純粋でなくなる。だが、純粋経験の場をこのように壊してしまう「思惟」そのものも、実は純粋経験なのだ。西田は、つぎのようにいう。

我々が全く自己を棄てて思惟の対象すなわち問題に純一となった時、さらに適当にいえば自己をその中に没した時、始めて思惟の活動を見るのである。（Z61）

あるいは、知覚と思惟のちがいを論じつつ、しかし、いずれも純粋経験であることにちがいはないともいう。

次に、普通には知覚は具象的事実の意識であり、思惟は抽象的関係の意識であって、両者全然その類を異《こと》にするもののように考えられている。しかし、純粋に抽象的関係というようなものは我々はこれを意識することはできぬ、思惟の運行もある具象的心像を藉《か》りておこなわれるのである、心像なくして思惟は成立しない。（中略）されば、事実上の意識には知覚と心像との区別はあるが、具象と抽象との別はない、思惟は心像間の事実の意識である、しかして知覚と心像との別も前にいっ

たように厳密なる純粋経験の立脚地よりしては、どこまでも区別することはできないのである。（Z63）

つまり、純粋経験とは、知覚であれ思惟であれ、自他が分裂することによって、その経験の統一が崩れるとき、純粋ではなくなるのだ。ようするに、経験の統一こそが、純粋経験の十分条件だといえるだろう。だからこそ、この統一を崩すわれわれの行為は、純粋経験を他のものへと変質させる。西田が「統一」というとき、もちろん通常の意味である、四分五裂しているのではなく統一されているということを意味している。だが、この「統一」という概念には、それだけではなく、「内側からの」という意味もこめられているように思われる。外側から分析して統一しているというのではなく、内側から亀裂のない意識を生きている、といった意味をもっているのではないか。

西田の記述は、現象や経験を外側から客観的に分析し描写するということはあまりない。そのような記述も、ふたたび内在化され、内側から記述しなおされる。この「統一」という概念は、まさに西田の「あくなき内在化の意志」のひとつの表れだといえるかもしれない。

ここでも、その「内在化」を意味する形容詞として「具体的」という語が意識につけられる。西田としては、今語っているのは、あくまでも〈今・ここ〉のこの意識の統一のことだといいたいのだ。つぎの西田の文「意識は決して心理学者のいわゆる単一なる精神的要素の結合より成ったものではなく、元来一つの体系を成したものである」（Z36）をみればわかるように、心理学者が「他人」の意識を吟味して、その意識を構成する精神的要素をとりだすことによっては、純粋経験の本質は把握できない。

その「内側から」体系をじかに経験しなければならないといっているのではないか。ここには、ベルクソンの「直観」という方法が、かいま見えるといっていいかもしれない。さらにつぎのようにいう。

初生児の意識の如きは明暗の別すら、さだかならざる混沌《こんとん》たる統一であろう。この中より多様なる種々の意識状態が分化発展し来るのである。しかし、いかに精細に分化しても、どこまでもその根本的なる体系の形を失うことはない。我々に直接なる具体的意識はいつでもこの形において現われるものである。（Z36）

たしかに、さまざまな思考やイメージ、気分、雑念といったものが意識のなかで明滅している。われわれの意識は、瞬時に変化しつづけ、その流動状態はとどまることを知らない。それが、普段の〈私〉だ。このような変化するそのつどの要素に着目すれば、私達の意識は、とても統一されているとはいえないだろう。しかし、西田は、このような分裂や細分は、重視しない。あくまでも、意識の根本的体系を重くみる。なぜなのか。このことに関しては、二種の解釈が可能だろう。

先述した「不変的或者」が、この統一を支えているという解釈がまずあるだろう。「不変的或者」は、『善の研究』では、いろいろな言い方がされる。この引用のすぐあとでは、「或無意識的統一力」あるいは「統一的或者」「潜勢力」「潜在的或者」など、じつにさまざまだ。そして、そのなかの大部分の用語に「或」という字が使われている。このことはもちろん、われわれには認識できないもの（ただし、この世界のなかに入りこんでいて、われわれ個々人の意志というかたちで個別化されるもの）という意味を示しているのだろう。このような「不変的或者」あるいは「或無意識的統一力」が根柢にあり、われわれの意識の発展をうながすのであるから、われわれの意識も統一されていて体系の形を失うことはない。

さらにべつの解釈もできる。これは、先述した構造による解釈だ。われわれの純粋経験が生じる〈真の現在〉には、〈何ものともいえない〉背景が存在している。この背景は、いっそのこと「無」といった方がいいような〈何か〉である。いわば純粋経験の背後なのだ。このような背景のもとで、具体的意識はそのつどのさまざまな状態を示す。

このような構造を考えれば、意識がどのような現れ方をしようが、かならずこの〈何ものともいえない〉背景が裏面に存在するのだから、一つの枠組のなかで、あるいは、ある一つの面のうえで、すべては展開される、という意味で統一されているといえるのではないか。

最初の解釈の方が、おそらく西田が考えていたものであるように思われる。ただ後者の解釈も「絶対無の場所」という概念が生まれる萌芽のようなものとして可能なのではないか。そういう意味で、二重の解釈ができるのではないだろうか。

西田による「純粋経験」の定義のようなものをみてみよう。

純粋経験においては未だ知情意の分離なく、唯一の活動であるように、また未だ主観客観の対立もない。主観客観の対立は我々の思惟の要求より出でくるので、直接経験の事実ではない。直接経験の上においてはただ独立自全の一事実あるのみである。見る主観もなければ見らるる客観もない。あたかも我々が美妙なる音楽に心を奪われ、物我《もつが》相忘れ、天地ただ嚠喨《りゅうりょう》たる一楽声のみなるが如く、この刹那《せつな》いわゆる真実在が現前している。これを空気の振動であるとか、自分がこれを聴いているとかいう考えは、我々がこの実在の真景を離れて反省し、思惟するによって起こってくるので、この時我々はすでに真実在を離れているのである。（Z155）

以上のような純粋経験において、ひとは、自らの経験そのものを意識することなく、そこに没頭している。そして「この刹那いわゆる真実在が現前している」のだ。この引用からするかぎり、純粋経験の基底となる条件である「統一」を、もっとも鮮明に記述できるのは、「この刹那」なのである。そしてこの統一された「刹那」が崩れるのは、その「真実在」を離れて、「反省し、思惟するによって」なのである。ここから、「場所」という概念へ向かう道が開かれていく。

その前に、時間論という観点から、二点指摘しておきたい。先にも述べたが、まず、純粋経験が、「現在」という概念と堅固に結びついていることだろう。純粋経験の条件である「統一」は、現在（もちろん、幅のある持続）における統一だ。それが崩れるのは、主と客とが分離することによってである。この主客の分離と時間は、どのようにかかわっているのか。

われわれが、自己の純粋経験を反省するためには、対象となる純粋経験（西田は、「直観」と呼ぶ）が、主観である意識から離れなければならない。その際、当然のことながら、現在は、意識の側にあるだろう。しかし、むろんその反省という経験が成立するためには、ある程度持続している幅のある現在があり、その「同じ」現在のなかで、主（反省主体）と客（反省される純粋経験＝「直観」）とが分離していなければならない。

確かにここで起こっていることは、「同じ」現在のなかなのだが、どこにその「現在」の中心があるかといわれれば、あきらかに反省主体の方だろう。のちに西田が強調する「ノエシス面」の方だ。この「ノエシス」（意識の始点）という原点こそが、この事態の真の現在だといえるだろう。しかし、この現時点は、けっして捉えることのできない源泉であり、フッサールの用語を使えば、「生きいきした現在」なのだ。そして、この源泉が、その対象である経験（「直観」）を反省する構造を、西田は、「自覚」と呼ぶ（『自覚に於ける直観と反省』序論）。

このように考えると、「場所」という概念が登場した『働くものから見るものへ』（一九二七年）の直前の段階で、「純粋経験」の拡大（「反省」の無限運動）を阻止するものとして提示された「自覚」という概念は、幅のある現在の中心であるものから拡張された「場」のようなものになったといえるだろう。つまり、現在を形成する原点（ノエシス的側面）が、時間が流れる世界で形成する「場」といえるのではないか。

4．意志

われわれの根柢に流れる「不変的或者」によって、われわれの「意志」や「注意」も導かれる。西田はつぎのようにいう。

しかし、知覚的活動の背後にも、やはり或無意識統一力が働いていなければならぬ。注意はこれによりて導かれるのである。（Z37）

われわれの知覚は、受動的な活動のようにふつう思われているが、そうではないと西田はいう。やはり背後に、或無意識統一力、つまり、いろいろとべつの言葉でも表現される「或者」が働いているというのである。あるいは、つぎのようにもいう。

意識の体系というのはすべての有機物のように、統一的或者が秩序的に分化発展し、その全体を実現するのである。意識においては、まずその一端が現われるとともに、統一作用は傾向の感情としてこれに伴うている。我々の注意を指導するものはこの作用であって、統一が厳密であるかあるいは他より妨げられぬ時には、この作用は無意識であるが、しからざる時には別に表象となって意識上に現われ来《きた》り、ただちに純粋経験の状態を離れるようになるのである。すなわち、統一作用が働いている間は全体が現実であり純粋経験である。（Z39）

統一的或者が、われわれ個人の意志に直接入りこんでいれば、われわれは純粋経験の状態にいる。統一的或者の流れにそのまま沿うことができたならば、われわれは主客未分の純粋経験の状態になり、統一作用の部分として、その全体が実現されるという。さらに、その統一作用が妨げられ、無意識でなくなると、純粋経験ではなくなる。つまり、主客未分ではなく、その経験を外側から表象する働きが生じるという。さらにつづけて、つぎのようにいう。

しかして、意識はすべて衝動的であって、主意説のいうように、意志が意識の根本的形式であるといい得るならば、意識発展の形式はすなわち広義において意志発展の形式であり、その統一的傾向とは意志の目的であるといわねばならぬ。純粋経験とは意志の要求と実現との間に少しの間隙もなく、その最も自由にして、活発なる状態である。（Z39）

この引用を見ると、あきらかにわれわれの経験の根柢には、統一的或者の意志の流れがあり、その支流（あるいは、一部）として個別の意志が流れているということになる。そこで意識、すなわち純粋経験が生じるということになるだろう。そして、主客未分の純粋経験とは、「意志の要求と実現との間に少しの間隙もな」い場合だということになる。

もし統一的或者が、世界の根柢にある意志であり、それが個々人の意志をも成りたたせているのであれば、ベルクソンが『思考と動き』のなかで批判したショーペンハウアーの「意志」と同じようなものとなるだろう。ベルクソンはいう。

言葉がいかに明確に定義された意味を持ってあらわれようとも、それが事物の全体に適用されるや否や、たちまちその意味は失われて空虚になる。（中略）意志が意志であるのは、意志しないものとはっきり区別されるかぎりであることは明らかだ。物質がそれ自体意志だとしたら、精神はどうして物質と区別されるのか。意志をいたるところに認めることは、それをどこにも認めないことと同じである。（『思考と動き』原章二訳、66）

ベルクソンの批判は、森羅万象の根柢に「意志」が存在し、すべての現象が「意志」によるのであれば、それは、「意志」とすら呼べないものになる、というのだ。ただ一つのものによって世界が成りたっているのであれば、それは何物でもないだろう。「世界」とでも呼べばいいではないか。この批判にどのように答えればいいのだろうか。

あるいは、ギルバート・ライルが、『心の概念』において、われわれ人間の「意志」というのは、本来存在していないものにつけた単語であり、「フロギストン」（燃素）のように、そのうち死語になるという考えに対しては、どうだろうか。ライルはいう。

しかしながら、意志作用という概念に関しては事情が異なる。われわれは日常生活においてさえこの概念をいかに使用すべきかということを知らないのである。なぜならば、われわれは日常生活においてはそのような概念を用いることはなく、したがってまた、その概念をいかに用いるべきであるかということや、いかにしてその誤用を防ぐべきかということをわれわれは実践によって学んではいないからである。それはむしろ人為的に作られた概念なのである。（『心の概念』坂本百大ほか訳、79）

ライルによれば、はっきりと「意志」といえるようなものはどこにも存在しない。存在するのは、われわれの個々人の「傾向性」とでもいえるようなものだというのだ。このような考え方からすれば、西田の「意志」なるものは、否定されるだろう。

こうしたベルクソンやライルの考えに対して、西田の考える「意志」を擁護するためには、どうすればいいのか。そもそも西田は、意志をどのように考えているのか。

意志の本質は未来に対する欲求の状態にあるのではなく、現在における現在の活動にあるのである。元来、意志に伴う動作は意志の要素ではない。純心理的に見れば意志は内面における意識の統覚作用である。しかして、この統一作用を離れて別に意志なる特殊の現象あるのではない、この統一作用の頂点が意志である。（Z39—40）

あるいは、つぎのようにもいっている。

意志といえば何か特別なる力があるように思われているが、その実は一の心像より他の心像に移る推移の経験にすぎない、あることを意志するというのはすなわちこれに注意を向けることである。このことは最も明らかにいわゆる無意的行為の如きものにおいて見ることができる、前にいった知覚の連続のような場合でも、注意の推移と意志の進行とが全く一致するのである。（Z86）

ここには通常考えられる「意志」とはずいぶん異なった概念が提示されている。まず最初の引用から見てみよう。通常「意志」とは、未来に向けて何かをしようという欲求の源ぐらいの意味で使われている。しかし、西田にとって「意志」とは、そのようなものではなく、あくまで「現在における現在の活動にある」のだ。「現在」という語をしつこく二度繰り返しているところから、西田はここで、「意志の本質は現在にある」と強調したかったことがよくわかる。

「意志」は、現時点の「内面における意識の統覚作用」なのだ。未来に向かった志向ではなく、あくまで、現在における統一なのである。したがって、先に述べた純粋経験の大きな特徴である「統一」の原因となっている作用なのだ。だからこそ、「統一的或者」と直接つながっていく。

したがって、「意志」を意識と作用の因果連鎖で考えるようなライルとは、まったく立場を異にしているといえるだろう。西田の「意志」は、未来の結果にたいする現時点での原因などではない。あくまでも現在で完結した作用なのである。

さらに次の引用を考えてみよう。ここでは、「意志するとは注意を向けること」といっている。「意志」の実現が「純粋経験」でおこり、「意志」が現在での「統一」のことなのであれば、この「注意を向けること」というのは、主と客とがはっきり分かれていて、その主が客へと注意を向けることではないだろう。われわれが無意識的にいろいろなものに注意を向け、その注意という状態と一体化しているとき、そこに統一があるとすれば、それが西田のいう「意志」だ。これもまた、われわれが通常いだいている「意志」という概念とは、大きくかけ離れている。何かに集中するとき、注意は、わたしの能動的な意識とはべつに、〈何か〉になり切っている。そのような状態こそが、「意志的状態」だといえるだろう。

この二つの引用から考えられるのは、西田の「意志」というのは、われわれが考えるような「自ら進んで何かを意図して、能動的に行為する」といったものではなく、主客合一した状態で注意が統一された、あくまでも現時点における意識状態とでもいったものになるだろう。そうなると、ベルクソンの批判も、この「意志」にはあてはまらないことになるのではないか（ただ、この批判が、西田の別の概念にあてはまるかどうかは、また別の問題である）。だからこそ、つぎのような言い方にもなる。

意志の活動とは単に希望の状態ではない、希望は意識不統一の状態であって、反って意志の実現が妨げられた場合である、ただ意識統一が意志活動の状態である。たとい現実が自己の真実の希望に反していても、現実に満足しこれに純一なる時は、現実が意志の実現である。これに反し、いかに完備した境遇であっても、他に種々の希望があって現実が不統一の状態であった時には、意志が妨げられているのである。意志の活動と否とは純一と不純一、すなわち統一と不統一とに関するのである。(Z99)

そのような現在における経験の統一である意志と、その背後にある統一作用(「統一的或者」)とは、どのような関係にあるのだろうか。西田にとって出発点は、「純粋経験」である。そして、この「純粋経験」は、意識現象であった。このような意識現象こそが、この世界の唯一の実在であって、ここからすべては始まる。『善の研究』第二編の「実在」において、西田は、次のようにはっきり述べている。

少しの仮定も置かない直接の知識にもとづいて見れば、実在とはただ我々の意識現象すなわち直接経験の事実あるのみである。この外《ほか》に実在というのは思惟の要求よりいでたる仮定にすぎない。(Z140)

この西田の考えは、そのままうけとめなければならない。この世界は、意識現象なのである。したがって、意識現象である純粋経験は、常識的な意味での個々人の経験ではない。このような考えにたてば、「独我論」になるのではないかという批判の先回りをして、西田は、つぎのようにいう。

かくの如き難問の一つは、もし意識現象をのみ実在とするならば、世界はすべて自己の観念であるという独知論に陥るではないか。または、さなくとも、各自の意識が互いに独立の実在であるならば、いかにしてその間の関係を説明することができるかということである。しかし、意識は必ず誰かの意識でなければならぬというのは、単に意識には必ず統一がなければならぬという の意にすぎない。もしこれ以上に所有者がなければならぬとの考えならば、それは明らかに独断である。しかるに、この統一作用すなわち統覚というのは、類似せる観念感情が中枢となって意識を統一するというまでであって、この意識統一の範囲なるものが、純粋経験の立場より見て、彼我《ひが》の間に絶対的分別をなすことはできぬ。（Z145―146）

つまり西田のいう「意識」というのは、個々人の意識に限定されたものではない。多くの人に通底したものであり、そもそも一般的なものなのだ。したがって、西田のいう「個人あって経験あるにあらず、経験あって個人あるのである」（Z16）というときの「経験」とは、個人的なものではない。そこに個人という限定はない。しかし、このことを真正面から受け止めれば、どういうことになるのか。

たとえば、西田は、こういう言い方もする。

もし個人的意識において、昨日の意識と今日の意識とが独立の意識でありながら、その同一系統に属するの故をもって一つの意識と考えることができるならば、自他の意識の間にも同一の関係を見出すことができるであろう。（Z146）

たしかに自己自身の意識であれば、過去の意識内容の記憶があり、その記憶を現時点での意識のなかで吟味し、現時点の意識と同じものだと判定することはできるだろう。しかし、その場合であっても、現時点での意識を対象としてとりだすことは、原理的に不可能なので（眼球で、そのとき見ている眼球を見ることはできない）、現時点の意識そのものではなく、それも過去の記憶ということになるだろう。つまり、現時点での意識という（いわば）空間において、過去の記憶を二つ比較して、ここには同一の「自己の意識」が連続しているという結論をだすことになる。

しかし、そうなると、やはり、そのように結論をだす当の「現時点の意識」は、どこにも登場しない。つねに背景にすぎない。だが、「自他の意識の間」では、さすがに、こうはいかないだろう。なぜなら、他人の意識の記憶は、われわれは、もっていないのだから。しかし、西田がいいたいのは、そういうことではない。

なぜなら、通底しているのは、その原理上確認できない「現時点の意識」の方だからだ。自己の意識の連続も、先ほど述べたようなやり方で比較して確認するわけではない。そのようなやり方は、「純粋経験」においては、そもそも不可能だ。主客未分なのだから、「現時点の意識」が〈そのまま〉現れるにすぎない。そして、その〈そのまま〉を他人の意識も昨日の意識も共有しているというわけだ。そして、これが西田のいう「実在」なのである。つまり、われわれには決して確認することはできないブラック・ボックスといってもいいかもしれない。
だからこそ、つぎのようなこともいわれるのだ。

普通には我々の意識現象というのは、物体界の中、特に動物の神経系統に伴う一種の現象であると考えられている。しかし、少しく反省してみると、我々に最も直接である原始的事実は意識現象であって、物体現象ではない。我々の身体もやはり自己の意識現象の一部にすぎない。意識が身体の中にあるのではなく、身体は反って自己の意識の中にあるのである。神経中枢の刺戟《しげき》に意識現象が伴うというのは、一種の意識現象は必ず他の一種の意識現象に伴うて起こるというにすぎない。もし我々が直接に自己の脳中の現象を知り得るものとせば、いわゆる意識現象と脳中の刺戟との関係は、ちょうど耳には音と感ずるものが眼や手には糸の震動と感ずると同一であろう。（Z141）

われわれの背後には、決して確認できないブラック・ボックスがある（ようだ）。そこから、自らの身体や外部の物質的世界、あるいは客観的にたしかめられた「意識現象」が現れる。あるいは、このブラック・ボックス的空間のなかで、それらのさまざまな「現象」が展開している。その現象は、音や糸の震動のような具体的刺戟だからこそ、われわれに確認できる。しかし、それらの刺戟の源は、たしかめることはできない。そして、そのような「現れ」のなかで、比較的「不変的」な関係を保っているものが、物体の現象なのである。

つづけて、西田は、こういう。

我々は意識現象と物体現象と二種の経験的事実があるように考えているが、その実はただ一種あるのみである。すなわち、意識現象あるのみである。物体現象というのはその中で各人に共通で不変的関係を有するものを抽象したのにすぎない。（Z142）

意識現象のみが経験であり、その経験こそが実在なのだ。そしてその経験の根源の最たるものは、主客未分の「純粋経験」であり、それをわれわれは認識することはできない。世界の出発点であり、最も自分自身であるからこそ、最も遠く手の届かないもの、それが、「純粋経験」なのだ。だから、この「意識現象」という概念は、われわれが普段使っている「意識」とは、大きくかけ離れている。西田もそのことを指摘する。

意識現象といえば、物体と分かれて精神のみ存するということに考えられるかも知れない。余の真意では真実在とは意識現象とも物体現象とも名づけられないものである。（Z144）

西田のいう「意識現象」、つまりは「真実在」とは、われわれの手もちの概念では、とても表現できない〈それ〉なのである。さて、このとりつく島もない〈それ〉と同一であると西田のいう「統一的或者」とは、いかなるものなのか。〈それ〉内部において、われわれの過去化された意識現象も、物質のもろもろの運動も現れてくる。このような多くの現象を生じさせる源泉だと考えていいのだろうか。

西田は、つぎのようにいう。

この統一的或者が物体現象ではこれを外界に存する物力となし、精神現象ではこれを意識の統一力に帰するのであるが、前にいったように、物体現象といい精神現象というも純粋経験の上においては同一であるから、この二種の統一作用は元来、同一種に属すべきものである。我々の思惟意志の根柢における統一力と宇宙現象の根柢における統一力とはただちに同一である、例えば、我々の論理、数学の法則はただちに宇宙現象がこれによりて成立し得る原則である。（Z173）

「統一的或者」とは、いったい何なのか。

5.「純粋経験」と「立ち現われ」

「純粋経験」について、ちがった角度から考えてみよう。大森荘蔵は、『物と心』で「立ち現われ一元論」とでもいうべき考えを提唱した。この考えをもとに、西田の「純粋経験」について考えてみたい。西田のいう「純粋経験」とは、「主客未分」、「統一した意識状態」、「現在意識」、「意識一般」といった特徴をもつ。そして、意識という側面から、すべて記述されているので、知覚も思惟も想起も感情も、同じ「純粋経験」と考えられる。したがって、『善の研究』の序において、西田自身が、「そのうち、個人あって経験あるにあらず、経験あって個人あるのである、個人的区別より経験が根本的であるという考えから独我論を脱することができ」た（Z16）、といってはいるが、「純粋経験」は、ある意味で、「独我論的意識状態」といえないこともない。ただ、その意識は、自他を超えていると西田はいう（この矛盾が、「場所」という概念へ向かう要因だろう）。この段階から、「自覚」そして「場所」へと西田は突き進む。西田の哲学体系を「自覚の体系」として統一的に解釈している末木剛《たけ》博《ひろ》は、以下のように述べている。

このように「純粋経験」の体系を自覚性の最初の形態と解して整理すると、

Ⅰ　それは意識一元論であり、意識の外に何者をも認めない（体系の自立性）。
Ⅱ　それは意識内在論であり、一切を意識内の現象と考える（体系の内在性）。
Ⅲ　それは自己反省によって自己のうちに自己と相似な真部分をもつ（体系の自己写像性）。
Ⅳ　それは意識決定論であり、一切の意識現象を潜在的力の顕現にすぎぬと考える。
Ⅴ　それは意識内在的な目的論である。その目的は自己の自覚の完成にあり、自己写像の完成である。
Ⅵ　純粋経験には二種類の統一性がある。すなわち、
Ⅵ・1　普遍的統一性（統一的或者）――これは超個人的な統覚である。
Ⅵ・2　個人的統一性――これは個人的な統覚である。
Ⅶ　この二種の統一性が自己自身をも統一することにより自己統一が起る。この自己統一が自己反省（自己写像）であり、自覚の第一段階たる直接態である。（『西田幾多郎　その哲学体系Ⅰ』256）

やはり、VIにおける「二種類の統一性」は、本来の〈端的に純粋な経験〉とは異なった側面を、西田の「純粋経験」がもっていることを示している。それでは、このような分裂をもたない、つまり、「自覚の体系」ではない「純粋経験」とはどのようなものなのか。「VI・2」の側面だけをもつ「純粋経験」とは、どのようなものなのか。大森荘蔵の「立ち現われ」という概念に着目して考えてみたい。

これは、本来の意味での「純粋経験」とは、どのようなものでなければならなかったのか、という問題提起でもあるだろう。西田の『善の研究』を初めて読んだ時、かなり「違和感」をもった。なぜウィリアム・ジェイムズやベルクソンのような直接経験を重視する哲学から出発しながら、ヘーゲルのような弁証法的進展の哲学がそれに接ぎ木されるのか。まったく水と油のような二つの哲学的手法が無理やり接合されなければならないのか。このような違和感を初読時に感じたのだ。ここで考えたいのは、もし、『善の研究』の内容から、ヘーゲル的要素を除去した場合、西田の「純粋経験」は、どのようになるのだろうか、という問題である。この問題を解くために、大森の概念に依拠してみたいのだ。

大森は、つぎのようにいう。

二元論的な匂いからできるだけ離れたいということから、ものごとの「立ち現われ」、という奇妙で未熟な言葉を使わざるをえなくなった。世界のものごとが、意識とか心とかに「映ずる」のではなく、単にそこにじかに立ち現われる、このことを表現するためである。いわば、世界の「像」と思われがちな知覚風景を、世界そのものの「立ち現われ」として世界の側に返還するためである。

（『物と心』「はじめに」ちくま学芸文庫、5―6）

「意識とか心とかに「映ずる」のではなく」の部分は、おもわず西田批判のように読める。しかし、それを除けば、こうした「立ち現われ」一元論こそ、西田の目指したものではなかったのか。「主観―客観」という二元論的な構図から離れる「真の主客未分」ではないのか。だが、このように突きつめると、「立ち現われ」は、西田の「純粋経験」とは異なった部分をもつことも明らかだ。大森の「立ち現われ」は、厚みを欠くように一見思われるのだ。

野矢茂樹は、つぎのようにいう。

「立ち現われ」の大きな特徴は、立ち現われが背後をもたないという点にある。（『大森荘蔵―哲学の見本』講談社学術文庫、94）

それはただ、端的に、立ち現われる。（同書94）

「風が吹く」において吹かれる前の風があるわけではない。ここにおいて風と吹くは分離不可能である。（同書101）

背後をもたない何かが、立ち現れる。その立ち現われは、言語化を拒否する一つの出来事であって、「主―述形式」で表現してしまうと、その本質を失う。しかし、厚みのない出来事のように思われる「立ち現われ」には、実は、「思い」がこめられることによって、西田の「純粋経験」のような厚みをもつ。大森はいう。

> 或るもの「を見る」とは、そこに一つの風景「が見えている」こと、一つの風景がそこにあることである。或ること「を知っている」とは、知覚とは違う様式でではあるがやはり一つの風景があるということである。痛みを痛むのではなく、端的に痛みがあるのである。(『物と心』39)

たしかにわれわれが痛みを感じるとき、私と痛みとは分離していない。一つの激烈な痛みのみがそこにある。これは、まさに西田のいう「そのまま」であって、「純粋経験」であるといっていいだろう。そこでは、「主客未分」のなにかが、「そのまま」起こっているのだから。主も客もない〈痛み〉だけが起きている。そして、このような「立ち現われ」は、「相貌」ももつ。

> ではこの「物の相貌」とはどんな相貌なのか。それは「裏や下や内部をもった」相貌である。だが、それらの裏や下や内部の「見え」は「知覚されて」いない。それらは「知覚されて」はいないが「思われ」「考えられて」いるのである。「物の相貌」とはそれらの「思い」が「こもった」相貌なのである。今私に見えている机の「見え」はこのような「思いのこもった」相貌をもった「見え」として「知覚されて」いる。(『大森荘蔵著作集　第五巻　流れとよどみ』204)

大森の「立ち現われ」は、決して書割ではない。三次元の厚みをもつ、「思い」のこもった「相貌」

である。眼の前の机は、ただの二次元の机ではなく、厚みをもち、ノートや本をおき、われわれが通常使うことのできる机として存在している。それは、ただそれだけで存在しているわけではない。つまり、その「相貌」は、われわれとともに存在していることにより生じる出来事なのであり、われわれをも含む「文脈」によって成りたつ。

フッサールであれば、キネステーゼと呼ぶ事態だ。大森は、これを「知覚の可能性の無限集合」という。机をさまざまな角度から眺めた場合にもつであろう知覚の集合体というのである。そういう厚みを、私と机とは、知覚の場でつくりあげている。いや、この「知覚の場」こそが、〈厚みそのもの〉ということになるだろう。これはまさに、西田のいう「純粋経験」ではないか。

さらに大森は、いう。

この四次元風景にはくっきりした空間的境界も時間的境界もない。空間的には何の境界線もなく、日本アルプスへ、駿河湾へ、更に大陸へ、太平洋へ、更に全宇宙へと続いて果てがない。一方また果てしなく過去の霧の中へ、そして未来へは不定の時期までもやの中へ溶けこむように続いている。この広大な四次元風景が、その中に糸のように続く富士の世界線領域にスポットライトをあてられて立ち現われるのである。（『物と心』267）

「立ち現われ」の「文脈」は、ウィトゲンシュタインの「家族的類似」のような仕方で拡大していく。たしかに、われわれが眼にし経験しているのは、ひとつの「立ち現われ」、ひとつの「四次元風景」にすぎない。しかし、それはもちろん、空間においても時間においても、まわりと地続きだからだ。

そうなると、どんな「立ち現われ」であろうと、その「立ち現われ」のなかに、多くの「四次元風景」がたたみこまれていることになるだろう。大森は、つぎのようにいう。

結局、立ち現われるのはこの時空の全宇宙風景なのである。これが荒唐無稽に響くことを恐れるが、そう言わざるをえない。しかし、人は四六時中この四次元全宇宙の中に生きているのである。（同書268）

そして、この「立ち現われ」は、時々刻々とその姿を変える。

たしかに全宇宙は四六時中私に立ち現われている。しかし、その立ち現われる姿は一刻として同じ姿ではない。私が街を歩くとき、その現在只今の街の部分が知覚的に照明を与えられ、それ以外の宇宙はいわばその背後に思いこめられた姿、その姿で宇宙が立ち現われている。私が歩を進めれば知覚の照明部分が移動し変化する。先程の現在只今はもう想起的な立ち現われの姿となっている。（同書269）

こちらに「立ち現われる」風景は、こちらが変化するにしたがい変化していく。というよりも、こちらの思いのこもった一元的「立ち現われ」がダイナミックに推移していくといった方がいいだろう。この「立ち現われ」には、知覚風景だけでなく、感情もこもっているからだ。私たちの心情は、立ち現われそのものを全面的に染めてしまう。

悲しくも恐ろしくもない非情の世界の中に悲しみや恐怖を「抱いて」私が立っているのではなく、そこに立つ私を含めての世界全体の相貌があるいは悲しくあるいは恐ろしいのである（そして同じ一つの世界が十人に十色の彩りで立ち現われる）。感情は「心的現象」なのではなく「世界現象」なのである。（『大森荘蔵著作集　第五巻』169）

「知覚的立ち現われ」だけではなく、その見えていない側面までも、「思い的立ち現われ」によって補足し、そこに充実した「立ち現われ」が生じる。したがって、われわれの全宇宙についての「思い」も、そこにこめられている。さらに、その「立ち現われ」は、それ自身が、感情的彩りに満ちている。大森は、この事態を、それ自体に感情がこもっている風景だと考え、「風情」（「ふうじょう」と読ませる）と呼んだ。

この「立ち現われ」という概念によって、西田の「純粋経験」に残っている「主観的なもの」（「経験」という概念によって、示唆される「経験の主体」）は、消滅する。また、もちろん「統一的或者」のような、われわれの経験の根柢に流れる意志的なものも前提していないので、これ以上の分裂や発展はない。つまりヘーゲル的な進展は、一切登場しないのだ。大森は、「立ち現われ」によって、二元論的な陥穽《かんせい》を、一切シャットアウトしたといえるだろう。このような見地にたてば、「立ち現われ」という概念によって、西田の「純粋経験」が、ある側面から実にクリアになったのではないか。

第二章　超越、大拙、趙州

1．すべてを内在させる根源的志向

西田幾多郎が、他の哲学者と大きく違うところは、すべてを世界（あるいは歴史）のなかに内在させようとするところだと思う。しかも、徹底的に。西田は、「純粋経験」という概念に含まれる「現在」という時制の重視を生涯貫いた。現在（のちに「絶対現在」）のみが存在しているという原理的な出発点を、最後まで堅持していた。このことから、彼のなかには、その「現在」へすべてをたたみこもうとする傾向（というよりも、否応なき原理的衝動といったほうがいいかもしれない）がある。

たとえば、われわれは何かについて記述する際、その記述している時間の流れとは関係なく（無時間の視点にたって）、その「何か」について書くだろう。そして、その「何か」の構造なり本質なりが解明されれば、それでその「記述」は完結する。しかし、西田は、それでおしまいにはしない。そのような記述そのものも、そして記述している当人も、その記述に巻きこもうとする。このことは、「純粋経験」という概念において、もっとも顕著だ。しかしそれは、「純粋経験」のあり方からして、当然のことではある。

「純粋経験」について説明するとき、その説明をする西田当人の経験が「純粋経験」であれば、どうなるのか。その時点での「真の」純粋経験は、西田本人の経験の方ではないか。「その時の現在」なのだから。そうであれば、文章として生成している「純粋経験」の方は、過去の痕跡（あるいは、記録）にすぎなくなるだろう。あるいは、現在進行中の純粋経験の一要素にすぎない。そこで西田は、その時点での〈真の純粋経験〉を、その進行中の文章のなかに、さらに詰めこもうとする。
こうして、そのつどの本当の純粋経験をたどりよせる運動が、つねに起動するといっていいだろう。この運動は、決して収束しない。なぜなら、〈現在〉という時点は、恒常的に存在しつづけ、そこで、つぎつぎと純粋経験が生じているからだ。つねに記述は、後から追いかけ、決して追いつけない。〈この現在〉を包摂できない「純粋経験」の理論は、ついに〈この純粋経験〉を対象としていないことになるだろう。

このような運動を、すべて内在化し説明しつくすには、時間的にも空間的にも、ある絶対的なものをもちだすしかないだろう。変化し相対的なものでは、すべてを現時点にたたみこむことはできないからだ。このようにして、西田の根源的志向（すべてを内在化する）からどうしてもでてこざるを得なかった概念が、〈永遠の今〉であり、〈絶対無の場所〉だと思う。西田自身をも、自分自身の記述に含めようとしたからだ。だが、このことは、何を意味するのだろうか。

西田幾多郎の「場所」を軸とした考えには、あきらかに、このような〈記述する現在〉を包摂しようとする意図がある。われわれは、いわば、世界の中心として〈いま・ここ・わたし〉にいる。ただし、西田の場合は、この〈わたし〉は、すべての意識に通底しているので、〈いま・ここ・意識一般〉とでもいった方がいい。

この記述点から、世界をいわば、定点記述していくのが、西田の哲学だといえる。ただ、この「定点」は、どうしても変化し流動していく。われわれの意識は、いっときも静止しない渾沌《こんとん》だからだ。そして、この流動を起こすものは、「意志」だと西田は考える。この意志は、われわれ個人のものであると同時に、世界を動かす一般的なものでもある。このように森羅万象を内在させ、その状態を記述しようとする西田の志向からすれば、これは、当然のことだろう。〈この時点〉での「純粋経験」に、世界を動かす意志もたたみこまれていなければならないからだ。個人の純粋経験の現場に、世界の根柢に流れる「統一的或者」という意志がなければならない。こうして、個人的なものと一般的なものとは、〈この純粋経験〉において融合する。この記述点は、個人的なものでありながら、その記述のなかに、すべて(一般的なもの、あるいは森羅万象)を入れようとするのだ。

しかし、このことは決してうまくいかない。記述点の無限後退が起こるからだ。この無限後退の運動を、永久に停止させるために、絶対的な背面、つまり、決して前面にはなりえない面(つまり、すべてのものが前面において展開しつづける背面)が必要となる。それが、「絶対無の場所」だ。だから、西田の原初的な志向を、そのままいかしながら、その構造に決着をつけるためには、「絶対無の場所」がどうしても必要だったのである。相対的領域をすべて包みこむ絶対的領域が必要なのだ。それは、当然のことながら有無を超えた領域でなければならない。そして、それこそが、この世界の真のあり方でもあると西田は考えた。

比喩的に語れば、こういうことだろう。すべてを内在化するためには、その内在化を完結させるための蓋《ふた》が必要だろう。内在化が終わったことを宣言するための蓋だ。ありとあらゆるものを世界の内側に入れ、その外側に何一つ残さない。そのために外側から蓋をするのだ。しかし、その蓋をするという作業も、蓋そのものも、内側に入れなければならない。そうなると、その最終的な段階を遂行するもの(そして蓋)は、必然的に「無」でなければならないだろう。

外側から蓋をすることも、内側へ入れる装置も、〈絶対無〉でなければならない。存在(世界全体)に対して無である(相対無)のではなく、世界全体と一体化し(内在的あり方をし)つつ、世界の内在そのものを保証する（それ以上の無限超越を制限する）無でなければならない。つまり、世界の森羅万象を「映す」だけの透明な裏面でなければならない。

ジャック・デリダが、『声と現象』において、フッサール批判をした。その際、フッサールの意味概念の奇妙さを際だたせるために、「超越論的シニフィエ」という概念を提出する。これは、「孤独な心的生」という状態で、誰とも話さず一人で、直接語を聞き把握する「意味」のことだ。他人と話さず、どこにもその語を書かないのだから、語の意味の物質的側面である「シニフィアン〈意味するもの＝音や文字〉」はどこにも登場しない。フッサールは、これこそ真の〈意味〉だと考えた。〈意味そのもの〉が、直に現れる（つまり「現前」する）からだ。

デリダは、この点に批判の焦点を合わせる。言語が言語として成りたつためには、「シニフィアン」は必須だ。「シニフィアン」の起源として「シニフィエ」があるわけではない。われわれが、実際に手にする（見たり聞いたりする）ことができるのは、「シニフィアン」という痕跡だけだ。そして、この痕跡そのものの裏面が、「シニフィエ」なのである。だから、「超越論的シニフィエ」（シニフィアンという物質的側面を超越している〈純粋意味〉）というのは、架空のものだというわけだ。〈今・ここ〉の中心にある〈純粋経験〉は、事後的にしか確認できない。主客未分の純粋行為そのものなのだから、それを外側から確認するすべはない。このあり方は、フッサールのいう「意味」（「孤独な心的生」において純粋な〈意味〉が存在するという時の〈意味〉）や「生きいきした現在」と同じものだといえるだろう。これを、デリダは、「超越論的シニフィエ」と呼んだのである。デリダはいう。

シニフィアン（signans）とシニフィエ（signatum）との厳密な――本質的で正当な――区別の維持、そしてシニフィエ（signatum）と概念との等置は、意味される（シニフィエ）概念を、それ自体において、つまり思考へのそれの単なる現前において、言語から、つまり、シニフィアンの体系からそれを独立させて考える可能性を、正当な権利として開いてくれる。この可能性を開くことによって――そしてこの可能性は、「シニフィアン／シニフィエ」の対立の、すなわち記号の原理そのものにおいて開かれるのである――ソシュールは、私が先ほど指摘したあの批判的獲得物に、自ら抵触することになる。すなわち彼は、私が《超越（論）的シニフィエ》と呼ぶことを提案したものの古典的要求に、正当性を認めているわけだ。というのも、《超越（論）的シニフィエ》とは、それ自身で、その本質において、いかなるシニフィアンへも送り返さず、記号の連鎖を超越しており、もはやそれ自体、ある瞬間には、シニフィアンとして機能しないものだから。（*Information sur les sciences sociales*, Juin 1968 Ⅶ-3, p.137〔『声と現象』高橋允昭訳、205〕）

たしかにソシュールが、この「シニフィアン―シニフィエ」という概念を創りだしたとき、この二つをコインの表裏に喩《たと》えた。決して切り離せないものだというのだ。だからこそ、それだけでは、特定の意味をもつことのない（「意味する」signifier という動詞の）「現在分詞（signifiant）―過去分詞（signifié）」という組みあわせにした。ようするに、語は、「シニフィアン」という物質的側面をもつからこそ、実際に使用することができ、その結果として、多くの人びとのあいだで、「意味」（signifié）が流通していくというわけだ。もし、具体的なもの（シニフィアン＝音や文字）がなければ、われわれが、その意味にたどり着くことは、絶対にないだろう。

「机」という音や文字を使わずに、「机」の「意味」を思いうかべることはできない。「desk」を使えばいいと考えるかもしれないが、それは、「desk」の意味であって、「机」のそれではない。もちろん、「意味」というものが、本当にあるのかどうかは、べつの話だ。このような観点から、「純粋経験」について考えてみよう。

「純粋経験」とは、「主客未分」であり、それをそれとして対象化することはできない統一的経験である。あくまでも現在の持続のなかにあり、それを内側から経験することはできても、主も客もないのだから、対象として認識することはかなわない。対象として認識できるのは、あくまでも過去化されてからだ。フッサールの「生きいきした現在」ととても似ている。「純粋経験」がこのようなものだとすれば、それは「超越論的シニフィエ」というあり方をしているといえるだろう。決してこの世界には〈生〉(なま)のままでは登場しない〈純粋なもの〉だからだ。このシニフィエは、意味の起源となるようなもの(フッサールのいう純粋な「意味」そのもの)であり、対象化以前の「語りえないもの」となるだろう。このシニフィエ(「純粋経験」)は、たしかなものとして、われわれの生の基盤にありながら、対象化不可能なのだ。それを指示することは、決してできない。

しかし、つねにわれわれは、それを経験し、よく知ってはいる。それに、とても身近なもの(というより、自分自身の経験)だ。しかし、どうしても語ることのできないものなのである。把握しようとすれば消えてしまう。すでにそれを経験し、それそのものが、自分自身であるから、手にはとれない。それが、「純粋経験」という出来事だろう。しかし、この〈純粋経験〉は、必ず事後構成的に言語化され外側から対象化される。先述したように、このような〈純粋経験〉からの離脱の構造こそ、『善の研究』以降の西田の悪戦苦闘の原因だったといえるだろうか。そしてこの離脱の無限退行を根本的に停止するために、「絶対無の場所」が要請された。

それでは、そのように要請された「絶対無の場所」とは、どのような概念なのか。絶対無の場所は、たしかに世界が〈そこに於いてある〉場所ではある。ある意味で世界を支える世界の裏面だ。しかし、この場所は、〈絶対無〉であるがゆえに、決してわれわれは、それを認識することはできない。晩年の西田がよく引用した大燈国師の言葉のように、〈それ〉とわれわれ（存在側にいるものたち）は、ずっと一緒にいるのだが、しかし、永劫に遠く離れてもいる。まさに、相対と絶対が、相対的に対峙できないようなあり方なのだ。絶対無の場所は絶対であり、有無以前の〈無〉なのである。そうなると、この「絶対無の場所」は、「純粋経験」のような「超越論的シニフィエ」とは、まったく逆のあり方をしているといえるだろう。

つまりそれは、「超越論的シニフィアン」というあり方だ。「絶対無の場所」というシニフィアンをわれわれはもっている。言葉としては、よく知っている。しかし、このシニフィアンと表裏一体であるはずのシニフィエは、どこにもない。裏面にあるがゆえに表面の存在の領域（相対的領域）にいるわれわれには、未来永劫〈それ〉とであうことはかなわない。

だからこそ、自分自身をも含めた世界全体を内在させる最後の蓋としての役目を果たせるのだ。シニフィエのないシニフィアンとして内側から蓋をすることができるのである。内側にシニフィアンだけがあり、外側にシニフィエがないのだ。

それが、「絶対無の場所」であり、それはつまり、「超越論的シニフィアン（シニフィエのないシニフィアン）」ということになるだろう。このように考えると、西田が「純粋経験」から出発し、「絶対無の場所」へとたどり着いた道程は、「超越論的シニフィエ」から出発し、その無限の道程を終わらせるために、「絶対無の場所」という「超越論的シニフィアン」（そして、その裏面）を使ったということになるだろう。さらに、この二つの「超越」（「超越論的シニフィエ」と「超越論的シニフィアン」の裏面と）は、最終的に一致することになる。いずれも指し示すことはできないものとして。

2．即非の論理

鈴木大拙は、『日本的霊性』の「第五篇　金剛経の禅」のなかで、「即非の論理」をつぎのように説明している。

これから『金剛経』の中心思想と考えられるものを取り上げてお話する。これは禅を思想方面から検討するということになるのである。まず第十三節にある「仏説二般若波羅蜜一、即非二般若波羅蜜一。是名二般若波羅蜜一」〔仏、般若波羅蜜と説くは、即ち般若波羅蜜にあらず、是を般若波羅蜜と名づく〕から始める。これを延べ書きにすると、「仏の説き給う般若波羅蜜というのは、すなわち般若波羅蜜ではない。それで般若波羅蜜と名づけるのである」。こういうことになる。これが般若系思想の根幹をなしている論理で、また禅の論理である。また日本的霊性の論理である。ここでは般若波羅蜜という文字を使ってあるが、その代わりにほかのいろいろの文字を持って来てもよい。これを公式的にすると、

ＡはＡだというのは、
ＡはＡでない、
故に、ＡはＡである。

これは肯定で、否定が肯定だということである。御経ではこの次すぐにまたこういうことが出て来る。微塵というは微塵でないから微塵だというのである。仏は三十二相をもっているといわれるが、その三十二相は三十二相でないのである。それで三十二相があるといわれるのである。こういうような按配《あんばい》で、すべての観念が、まず否定せられて、それからまた肯定に還るのである。

（『日本的霊性』角川ソフィア文庫、327―328）

立川武蔵のいうように、このような「即非の論理」は、単なる誤解なのかもしれない（「『金剛般若経』に見られる「即非の論理」批判」『印度學佛教學研究第41巻第2號』一九九三年三月）。しかし、この論理を西田幾多郎が自らの哲学にとりいれたことはたしかなのだから、この論理そのものの是非は別にして、「即非の論理」と名づけられたものについて少し触れてみたい。

まずは、唐突だけれども、ソシュール言語学の観点から考えてみよう。ソシュールは、ある語の意味を、その語が属している言語体系全体から考える。その際、その語の意味は、体系内のその語以外のすべての語の否定によって説明した。たとえば「猫」という語の意味は、「犬ではなく、ライオンではなく、オオカミではなく、……」という否定の連言によって決まるというわけだ。したがって、「猫」という語は、それ自体で意味が決まっているわけではない。ようするに、「「猫」ではないすべての語を否定することによって、「猫」の意味が最終的に決まる」のである。「猫」の意味は、つねにその語が属する言語体系と、それ以外の語の否定を背景にしているのだ。

このように考えると、「猫」は、「猫でないもの」によって、その意味が決まることになる。したがって、「猫」の意味は、最初から決まっているわけではない。言いかえると、「未知のもの（「猫」の意味）が、それ以外の既知のものすべてを否定することによって、既知になる」とでもいえるかもしれない。ただし、「それ以外の既知のもの」も、そのつど、全体系の否定を含んでいるので、それ自身では、「未知」なのである。したがって、正確にいうと、「未知のものが、それ以外の未知のものすべてを否定することによって既知になる」といった方がいいかもしれない。しかし、これでは、最終的に「既知のもの」が登場することが、かなり難しくなる。ただ、この問題は、ここでは論じない。ここでは、体系内の語同士の関係が、そのつど、この上なく流動的だから、「意味」が決まる（「意味」が存在する）のは難しい、ということを確認するだけでいいだろう。

さて、このようなソシュール的な意味の決定を定式化すれば、「Aは、非Aによって、Aになる」とでもいえるだろう。ただし、最終的にでてきたAも、つねに非Aによって支えられていることになる。つまり、いつでも非Aが、先行しているというわけだ。しかも、その非Aを構成するすべての要素も、（いま書いたように）自ら以外のものによって規定されるのだから、この構造は、全要素にたたみこまれていることになるだろう。AがAであるためには、非Aの力を原理的に借りなければならないというわけだ。

このことをべつの角度から見てみよう。どんな言葉でも同じことだが、最初にたとえば「A」と書くことには、無限のためらいを感じる。何ごとも、その語によっては決められないし、仮にそう書いたとしたら、その「仮に書いたこと」からすべてをはじめることになるからだ。とてつもないためらいを感じるのは当然だろう。どこを出発点にすればいいのか。あるいは、出発など本当にできるのか、と考えてしまう。

「A」と書くことにより、その語によって区切られた何かが、あたかも存在するかのような気になり、しかも、その「A」が、つぎの語を要請する（たとえば、ソシュールのいう「連辞関係」によって）ことになるだろう。その「A」が何を指示しているのかも、まったく見当もつかないのに、「A」が属している言語体系のなかで、言語的なつながりによって、つぎの語、さらにつぎの語と連鎖はとどまらない。このことは、言語以外の事態を指示しているのだろうか。あるいは、「意味」といわれている領域で、何かが起きているのか。

漠然とした話になったので、具体的な例で考えてみよう。たとえば「山」という概念を、現実の世界から切りとることは不可能だ。「山」などというものは、どこにも存在しない。まず、「山」を「山」として切りとるためには、どこからどこまでが、山なのか決めなければならない。どう工夫しても、どこから「山」が始まっているのかを決めるのは不可能だ。境界線を仮に決めたとしても、その境界線に幅があれば、その幅が山なのか、それ以外なのかを決めなければならない。しかし、その時もまた境界線が登場する。そして、どこまでいっても、もちろん幅はなくならない。

あるいは、別の観点から考えてみよう。そもそも「山」なるものは、存在しない。どんなものでも、この世界に存在するものは、唯一無二のものであって、それぞれが、「固有の」山であり、一般的な「山」などではない。ということは、「山」というような漠然としたものは、どこにも存在しないことにもなる。「山」といった一般的で、あまりにも枠が大きいものは、そのつどの微細で複雑な現実の世界には、とてもそぐわない。大雑把すぎて、かかわる手がかりさえない。

少なくとも、この二つの理由（あるいは、他にも多くの理由を見つけることができるかもしれないが）で、「山は山ではない」。「山」などといわれているものは、その「山」が表すべき概念とはまったく異なるというわけだ。それでは、この「山」とはいったい何なのか。「山」という概念が成りたつためには、その概念の境界を引くことができなければならない。しかし、前述したように、それができないのだから、他の概念との関係そのものに着目するしかないだろう。それ以前に、そもそも「山」なるものは、現実には存在しない。

新宿の繁華街にいれば、誰もそこを「山」とはいわない。しかし、中央線に乗って、西に向かっていけば、だんだんと山が登場する。「どこからともなく」山になっている。しかしそれは、繁華街も同様だろう。どこから繁華街で、どこまでが繁華街なのか、わからない。結局、「境界」という概念がかかわっている限り、いずれの概念も、どんな境界も曖昧なのだ。山の境界が、このように曖昧なのであれば、あらゆる概念をまるごと背景にして、その全体を背景にしながら、それと同時に「山」にぼんやりと焦点をあわせるしか手はないだろう。「山」は、すべてのもののなかに、地続きで存在するというわけだ。そうなると、「山」は、たしかに「山」なのだが、その「山」は、「すべて」（「山」と背景全部）を意味することになるだろう。

さらにこうも考えられないだろうか。「山」というものは、唯一無二のもので、一度「山」と書くと、つぎに書いた「山」とは異なる。たしかに同じ漢字であり、同じ概念であることは理解できる。しかし、書かれた位置も違えば、イメージされた瞬間も違う、まったくべつの「山々」だ。「同じ」漢字、「同じ」概念といったときの「同じ」は、ごく漠然とした大きい枠の「同じ」であり、真の

「唯一無二」の「同じ」「同一」ではない。つねに「山」は、〈それそのもの〉と同一なのだから。

そうなると、当然のことながら、「山は山ではない」。最初の「山」と二つ目の「山」は、まったく異なる。それぞれ、唯一無二の「山」なのだから。そしていま書いたものも違うものだ。もし、「山」の同一性を示すのであれば、「山」と一語書くしかないだろう。そして、そういう一語だけ書く場合の「山」そのものを無理に表現して、「山は山である」(この二つの「山」を無理矢理同じものだと仮定して)ともいえるだろう。

だから、「山は山ではない。ただし、山は、(もし、この「山」を移動させずに、そのままの状態で自己同一的に表現できれば)山である」ということになるだろう。かなり強引に「即非の論理」を私なりに、いくつかの角度から考えてみた。

上田閑照は、次のように書いている。

禅の伝統において青原《せいげん》の惟信《いしん》禅師の上堂説法の言葉が伝えられている。「老僧三十年前、未だ禅に参ぜざりし時、山を見れば是れ山、水を見れば是れ水。後来、親く知識を見て(すぐれた老師に親しんで)、箇の入処有るに至るに及んで、山を見れば是れ山に非ず、水を見れば是れ水に非ず。而《じ》今《こん》、箇の休歇《きゅうけつ》の処を得て、前に依りて、山を見れば祇《た》だ是れ山、水を見れば祇だ是れ水なり」。「山は山」、「山は山に非ず」、「山は山」。1. 最初の「山は山」は世界内の事であり、それも世界内だけにある世界内存在にとっての「山」である。この山をあらわす言葉は記号語として働いている。2. しかし世界は世界として虚空に於てある。世界のこの真相のために世界内存在は虚空に開かれねばならない。虚空への開けにおいて世界の事はいったん否定される。世界の内にだけ在った

「山」は虚空へと非化される。すなわち第二の「山は山に非ず」。この言葉は、このような仕方で虚空を映す「虚」語として働いていると言える。3．虚空が開かれるとともに、虚空に於てある世界の真相が現実となり、その真実世界、すなわち虚空／世界において第三の「山は山」があらわれる。これが真実の、すなわち真にして現実の山なのである。ここで言われる「山は山」を「如実」語ないし「如是」語と呼んでおきたい。同じ「山は山」であっても、最初の記号語の場合は、山は山、水は水、別々のものを指す（したがって山と言うときには水ではない）が、「如実」語の場合は、山の「こと」だけでなく、「山は山」と言うだけで存在全体をその真実性においてあらわし、同時にそれを言う主体の真実性をあらわす。（『上田閑照集　第二巻』362―363）

最初の「山は山である」は、われわれが常識的に世界を分節する際の言い方だといえるだろう。「山」という語は、世界という連続体のなかから切りとった実体的なものであり、そのことは、「山」という語を含む言語体系を使用する人たちの間では共有されている、ということになるだろう。それに対して、つぎの「山は山に非ず」は、そのような常識的な分節に対して異を唱える。「山」という語は、山という外界の対象を表しているわけではなく、「山」という語を含む言語体系内での恣意的な領域でしかない。他のもろもろの語との関係のみをあらわす、実体のない「虚的」なあり方をしている「こと」にすぎない。だから、「山」は、通常われわれが考えている山などを指してはいないというわけだ。

言語側は、根源からして恣意的なあり方をしているのだから、「山」であっても、「川」であっても、どんな語であってもかまわない。「川」でも「鳥」でも「と」でも「る」でも「しかし」でも

「やぶさか」でもいい。たまたま「山」となった。つまり、「山」という語が選ばれた背景には、すべての語の可能性がたたみこまれていることになるだろう。

さらに、そのすべての可能性をもつ「山」の、現実の世界との接触（根源的な名指し）もまた、恣意的なものだ。現実という連続体は、どこにも切れ目はなく、もし分節するとすれば、限りなく恣意的なものとならざるをえない。そもそもこの「接触」も、たしかなものかどうかもわからない。「接触」もまた、単なる可能性にすぎないのだから。「もし接触という事態が起きたのだとすれば、そのとき、連続体は非連続なものになったにちがいない」ということにすぎないのだ。

したがって、この分節の恣意性にもまた、現実の連続性という背景が、可能性としてたたみこまれていることになるだろう。このような意味で、「山は山である」という文が成りたつということになる。つまり、この意味での「山は山である」というのは、「言語は現実である」ということになる。一語にたたみこまれた言語そのものと、「一瞬の」切れ目にたたみこまれた現実とが、（可能性として）対応しているということになるだろう。上田は、つづいてつぎのようにいう。

第三の、「如実」語のあらわすこの山は、はじめの「山は山」の山ではなく、「山は山」「山は山に非ず」「山は山」を畳み込んだ「山」であって、繰り返し再び開かれて「山は山にして、山に非ず、故に（かくして）山は山なり」と言われる。鈴木大拙のいわゆる「即非の論理」である。その際、「山は山に非ず」は最初の「山は山」への固着停滞に対しては否定の痛棒になり、同時に最後の「山は山」にとっては畳み込んでいる「虚」語を展開して見る遊戯である。（同書364）

言語は、それだけで自律している。他の何ものにも依存していない。たまたま現実と隣接しているために（現実の人間であるわれわれが、言語を使っているために）、他のものを指し示しているように思われている。あるいは、こういってもいいかもしれない。言語は単なる音である。雑音が偶然の組み合わせによって、たまたま今のようなあり方をしているだけだ。現実の音のなかに包摂される雑音群にすぎない。その雑音が、自らもそこに含まれる現実の世界に対峙できること自体、驚くべきことだといえるだろう。あるいは、とても不思議なことといってもいいかもしれない。

このように考えるならば、「山は山である」というのは、現実の一部である言語が、自律的なものとなって現実から独立し（これもまた、すごいことだ）、かつ、自らの「故郷」である現実という連続体と（可能性としてではあれ）対応していることを示す文だということになるだろう。とてつもない事態を表現していることになる。

3．無字の公案

『無門関』第一則は、こうである。

或る僧が趙州和尚に向かって、「狗（犬）にも仏性がありますか」と問うた。趙州は「無い」と答えられた。（趙州和尚、因僧問、狗子還有仏性也無。州云、無。）（『無門関』西村恵信訳注、岩波文庫、25）

この第一則は、西田幾多郎が、三三歳のときに大徳寺の広州老師のもとで透過したもので、「無字の公案」と呼ばれている有名なものである。しかし、西田本人は、自身が見性《けんしょう》したという老師の判断に、それほど納得しなかった。もともとの禅の師である雪門玄松に改めて、この経験について、たしかめているほどだ。

西田も徹底的に考えつづけたこの公案では、一体何が問題になっているのだろうか。「犬にも仏性があるのか」と問われて、「無」と趙州は答えた。「一切衆生悉有仏性」（ありとあらゆる存在は、仏性をもっている）というのは、仏教の根本原理である。いわば、公理のようなものだ。そうなると趙州は、こう答えることによって、仏教の一番基底にある原則を真っ向から否定したことになるだろう。一切衆生という集合の要素である犬に仏性がないといっているのだから。これでは、仏教者として、失格といわれても仕方がない。したがって、禅僧としての趙州は、明らかに矛盾をおかしていることになるだろう。なぜ、このようなことをいったのか。この趙州という無類の禅僧の「無」という答について、まずは、考えてみよう。

最初は、いちばんわかりやすい解釈をしてみたい。この答は、端的に矛盾だと考えるのだ。「犬に仏性はない」ということと「すべての存在に仏性がある」ということは、明らかに矛盾している。しかし、そもそも、この矛盾というのは、いったいどういうことなのか。おかしな言い方だが、矛盾にはその証拠があるのだろうか。この矛盾を構成している「矛」と「盾」それぞれを吟味してみよう。

まず、「一切衆生悉有仏性」とは、なにごとだろうか。これが何か現実の事態を指しているのだろうか。ただの言葉だとすれば、この言葉はどんな働きをしているのだろうか。言葉の世界では、何らかの意味をもっているのかもしれない。しかし、そのことは、現実の事態とどう関係しているのだろうか。

この言葉に、意味らしいものがあることはわかる。多くの人間によって「理解」されてきたし、仏教の世界では、侃侃諤諤《かんかんがくがく》（たとえば、松本史朗や袴谷憲昭、あるいは多くの仏教学者によって）議論されてもきた。当然のことながら、共通の理解のようなものは存在しているだろう。しかし、それはそれだけのことで、この「一切衆生悉有仏性」が、たしかな何かとして万人に認められているかといえば、それは疑問が残るだろう。だが、これは、言葉すべてに共通していることかもしれない。究極的に考えれば、どんな語も、意味は曖昧だ。いや、意味そのものが存在するかどうかも議論の余地がある。ようするに、言語における「意味」は、根本的に不確かだといえるだろう。そういう意味で、「一切衆生悉有仏性」も曖昧なのだ。

他方の「犬には仏性はない」の方は、どうだろうか。たしかに、「一切衆生悉有仏性」と、この文とは、言葉の上で（この「言葉の上」というのも、よくわからない事態だけれども）、矛盾しているだろう。犬が「一切衆生」という集合の一部であり、もし、それが「仏性」をもたないならば、これは明らかに論理的な矛盾だ。「犬は仏性をもつ」かつ「犬は仏性をもたない」は、成りたたない。しかし、これは、「どこで」成りたたないのだろうか。

論理として、あるいは、「言葉の上で」成りたたないというわけか。しかし、このような矛盾をあらわす表現をすることと、この現実のさまざまな事態とのあいだに、なにかかかわりがあるのだろうか。

趙州の答は、明確な矛盾だ。仏教者としては（もし、「一切衆生悉有仏性」を信じているのであれば)、決していってはならないことだろう。しかし、そのような矛盾の〈ありか〉というのも、そして矛盾のそもそもの〈意味〉も、実はよくわからないのではないか。矛盾を表す文言を口にしたからといって、身体が四分五裂するわけではない。何も起こらない。はたして、「どこに」矛盾は、あるのか。矛盾を何らかのかたちで表したとしても、何も変わらないのではないか。矛盾と現実は、何も関係してはいない。矛盾は、口先だけのものだ。趙州は、そのことをはっきり示すために、「無」といったのではないか。

いや、そうではないだろう。たとえば、「私は、ここにいて、ここにいない」(A∧¬A)といったとする。これは明らかに矛盾であり、この文が指し示すような事態は、この世界では、決して起こらない(矛盾律)。だから、この事態を矛盾というのだろう。矛盾の言明が指示する事態は、この世界では起こらないのだ。そういう意味で、矛盾と現実とは、関係している。そもそもこの世界では、矛盾は、起こらないというわけだ。だから、「どこで」矛盾が成りたつのか、という問は、見当違いも甚だしいのではないか。矛盾を表す事態が「どこにもない」から、そういうこと(矛盾になる命題)をいうのはおかしいのである。

しかし、だとすれば、ますます矛盾は、口先だけのものとなる。この世界には、決して現れることのないもの、しかし、なぜか言葉にはできるもの。これが矛盾ということになる。そのような言明として「無」ということ。これは、どういうことだろうか。「無」ということによって矛盾が成立する。しかし、それは、現実にはそもそもありえないから矛盾だ。だとすれば、この「無」は、もともと存在しないもの(矛盾)を(言葉の上だけで)存在させるために必要な語だということになるだろう。

だが、このようなもっともらしい説明ができるというのも、その説明のなかに、何がしかの論理が潜んでいるからだ。われわれの共通の基盤に論理があるからである。言語を使い、それを理解し合えるという、いわば「論理空間」のなかで、すべてはすでに進行しているといえるだろう。ところが、矛盾が現れることによって、今までこの「論理空間」という共通基盤のなかにいたことが、逆にはっきりしてしまう。矛盾によってはじめて、論理の枠組が、一瞬照らしだされたとでもいえるだろう。

しかし、矛盾が現れたからといって、そこで何かが（あるいは、すべてが）崩壊するわけではない。みずからのよって立つ基盤を否応なく認識するだけだ。いったいこの矛盾とは、何なのだろうか。われわれは日ごろから矛盾したことをいい、矛盾したおこないをする。つまり、現実として矛盾した言説や行為は、日々どこにでも存在し、それは、現実の世界には何の影響も及ぼさない。

たしかに、そこにいるA君が、同時にそこにいなかったり、Bさんは、ときどき瞬間的にCさんに変わるといったことは起きない。このように、現実の世界では、通常、矛盾といわれる事態は生じない。だからこそ、われわれの「論理空間」でも矛盾を避けようとするのだろうか。つまり、事実がそうなっているから、言語や論理においても、つじつまを合わせるようにしようというわけか（ただ、もちろんすべての現象を調べつくしたわけではないので、これも私のごく限られた経験の範囲内の話にすぎないのだけれども）。

しかし、誰でも知っているように、われわれの現実のもっとも微細な領域においては、すべての存在は、「波であると同時に粒子」（wave∧particle＝wavicle）なのだ。これは、矛盾ではないのか。われわれの世界の根柢（全領域万遍なく）は、矛盾によってできあがっている。そうだとすれば、われわれが矛盾を避ける理由があるのだろうか。

われわれの存在のすべての構成要素が、その核に矛盾をはらんでいるとすれば、矛盾は忌避すべきものではなく、われわれにとって最も本質的で不可避のものになるだろう。もちろん、この矛盾を発見した量子力学も、われわれの論理を基盤とした体系であり、その論理によって、素粒子の矛盾した性質が明らかになったのだから、本質的な矛盾と堅固な論理とは、たがいに深く結びついている。あたりまえだが、論理がなければ矛盾は登場しない。

だから矛盾が発見できるということは、その他の部分がびっしり論理で覆われているということなのだ。A∧¬Aといった矛盾も、Aという（固い）同一性や「¬（否定）や∧（連言）といった論理的な（不変の）操作がなければ、成立しない。おかしな言い方だが、Aも「も∧も、それ自身が矛盾していたのでは、もともとの矛盾そのものがありえないのである。あらゆる事物や概念の同一性や、否定、連言、選言といった固定点、そしてなによりも、「論理」という固定した領域が、どうしても必要なのだ。

つまり、そもそも矛盾が成立するためには、矛盾しないものの存在が必要なのである。「矛盾しないもの」と「矛盾するもの」の双方があるからこそ、論理なり世界なりが成りたっているのであって、どちらが欠けても、世界・論理は瓦解し、矛盾そのものも消滅してしまう。この世界の構成要素のコアの部分に矛盾（wavicle）が存在しているのだから、「矛盾しないもの」が多数であり、その欠如として、ときどき矛盾が現れるなどと、悠長なことはいっていられないだろう。恒常的に矛盾は、その核に存在しているのだから。

論理が表面だとすれば、矛盾は、その裏面として、いつもすでにはりついていると考えていいだろう。われわれが筋の通った話ができるのも、矛盾によって逆照射される可能性のなかにおいてであり、その逆に、矛盾を指摘できるのは、（当然のことながら）論理的世界のなかに、われわれがいるからだ。矛盾がなくなれば論理ではなくなり、論理がなくなれば矛盾もない。この相互依存（表裏一体）の関係を示すために、趙州は、「無」といったのだろうか。そのような片方（論理）だけに依拠した質問はするな、という意味で。あるいは、「無」という一言で、相手の質問と矛盾とが、表裏一体だということを自ら実践してみせたのだろうか。

つぎに、ちょっと無理やりだけれども、このような解釈もできるかもしれない。私は、人間一般でもなく、ましてや犬でもなくコウモリでもない。私と他の存在者との関係は、完全に非対称だ。一度たりとも、植物にも、他の動物にも、石にもなったことはない。なっているが、気づいていないだけかもしれない。しかし、他のものになっていたとしても、「私」という中心点にいつづけることには変わりはないだろう。そうだとすれば、たしかに原理としては、「一切衆生悉有仏性」ということを知ってはいるが、具体的に犬やコウモリが、どうなのかと訊ねられても困る。

「一切衆生悉有仏性」を確信するような見性体験は、以前たしかにした。そのとき、仏性が全存在を貫いていることを絶対的な真理として、自らの手のなかで握りしめた。しかし、その一度の「演繹的な」経験だけを基準にして、個々の犬にかんする具体的な質問をされても、答えようがない。あの絶対的な経験と、犬との関係を、絶対的なものにする自信は、今の自分にはない。あくまでも、「私」と他の存在との関係は、非対称なのだから。

演繹的な経験をしたからといって、その体験が（たしかに私は、そう確信したけれども）、すべての存在に妥当するかどうか、たしかめる術は、今の私にはない。「演繹的」体験を、「帰納的」に処理する能力や手段を、私はもちあわせていない。「一切衆生悉有仏性」は、たしかに真理だ。ただ、それは私が体験した真理であって、他の存在者については、何ともいえない。私の側からいえば、「犬には仏性がある」。これは、たしかなことだ。しかし、犬自身がどう思っているか、あるいは、犬の体験世界において、この真理がどう受けとられているのかは、わからない。だからあえて、私は「無」という。したがって、ここでの「無」は、「犬の仏性の有無など、〈私〉にはわからない」という意味での「無」なのだ。

しかし、やはり、いちばんまともな解釈は、つぎのようなものだろうか。「一切衆生悉有仏性」というからには、ありとあらゆる存在は、仏性を有しているということになる。これは、しかし、何もいっていないことに等しい。なぜなら、「すべての存在は、仏性をもっている」わけだから、「仏性をもっていない」存在は、どこにも見いだせない。つまり、「仏性を有している」ということ自体が、無意味になってしまう。というのも、「有していない」存在の可能性がまったくないからだ。この概念（「仏性を有している」）自体がなくなってしまう。べつの言い方をすれば、「有している／有していない」という対立が、この世界にはなくなってしまう。要するに、「有無」の概念自体が、「仏性」に関しては、この世界から消滅してしまうのである。

「一切衆生悉有仏性」というテーゼが提出されたとたんに、実は、仏性についての「有無」の問は、無意味になっていた。だから、趙州は、「無（い）」と答えた。「お前の問は、「無」意味だよ」と答えたことになるだろう。しかし、それでは、この場合の「無」とは、いったいどういうことだろうか。たしかに、「一切衆生悉有仏性」といってしまったあとでの、この世界内部における、「有無」の「無」でないことはわかった。したがって、趙州の「無」は、わかりやすい矛盾ではなくなった。仏性の、たんなる相対的「有無」とは、異なる地点の「無」だったのだから。つまり、この禅僧は、ここで、理屈に合わないことをいっているわけではない。

しかし、もう少し考えてみよう。この「無」については、いくつかの可能性が考えられるからだ。一番わかりやすいのは、質問した或る僧が立っている世界内部での「有―無」の対立は、もはや「無」いのだ、という意味だろう。あるいは、こうも考えられないか。「有―無」の対立が成りたっている相対的世界の裏面は、「無」(なにもない) なのだから、「有―無」の相対的対立自体が無意味だ。つまり、われわれの世界は、「一切衆生悉有仏性」の世界であり、仏性に関しては、「有無」はもはや存在しない。しかし、「有無」の対立軸をすでに知っているわれわれにとっては、仏性が充溢《じゅういつ》しているこの世界の裏面に (あるいは、彼方に)、仏性の無い世界を当然のことながら想定できる、可能性として。このように考えれば、どこまでいっても、「相対的対立」を想定してしまう「愚」をわれわれはおかしつづけるかもしれない。だからこそ、その (可能性として) 無限に連鎖する相対的世界を切断するために、そんな連鎖は、「無」なのだと強調した。

しかし、ここで疑問がでてくる。そうであるならば、「有無未分」や「有無以後」や「有無そのもの」ではなく、趙州は、なぜ「無」と答えたのだろうか。なぜ「無」をあえて選んだのだろうか。相対的対立における「無」という誤解の可能性へとあえて進むのは、なぜなのか。なにしろ、或る僧からの最初の問は、相対的有無の次元でなされていることは、明らかなのだから。ここには、「無」という概念のもつ「含蓄の過剰さ」(おかしな言い方だが) とでも、いうものがあるのではないだろうか。この「無への傾斜」あるいは、「無の根源性」は、とても重要だと思う。

しかし、もちろん、「無」ではなく、「有」と答えてもいいはずだ。「無」と「有」が、それぞれ絶対的なものであるならば、どちらでも同じことだからだ。「無」は「有」で、「有」は「無」ということになるだろう。

阿部正雄は、無字の公案を引用した後で、「無」と「有」について、つぎのように明晰に解読している。

ここで趙州は犬に仏性が有るのか無いのかと、有無の区別にとらわれている僧の立場を、有無を越えた「無」、すなわち絶対無の立場より一挙に粉砕している。それはまた仏性について有るのか無いのかと問うところの、仏性を何か etwas とみるような僧の立場——それはいうまでもなく、さきにのべた有無にとらわれた立場と全く根を同じくする立場である——をも同時に「無」の一言によって破砕している。もし、犬が「有りや、また無しや」と問われるような「仏性」の自己限定であるとするならば、西田哲学もまた趙州と共にそのような立場を断乎として拒否するであろう。（中略）真の仏性は「有りや、また無しや」と問われる如き仏性でさえない如何なる対象化もなしえない絶対的な無である。このような意味での真の仏性の自己限定であってこそ狗子は正に狗子そのものである。したがって今仏性でさえない絶対無の自己限定であるといってもそれは決して単なる空無や虚無を意味しない。趙州が同じ問いに対して、別の時には、

「有」

と答えている所以である。（「西田哲学における場所の思想」『西田幾多郎研究資料集成　第9巻　論文集（二）』457）

これ以上説明する必要がないくらい、明解だ。やはり趙州は、「有—無」の対立を根源的に無化するために、「有」とも答えている。実に明徹な禅僧だと思う。たとえば、この「有」（存在）と「無」

との関係は、ヘーゲルの『大論理学』のつぎの一節と照応しているといえるだろう。

それ故、純粋存在と純粋無は同じものである。（中略）だがまた、真理は、それらが区別されていないということではなく、それらは同じものではなく、それらはまったく区別されているが、だがまた分離されておらず分離できもせず、各々が直ちに各々の反対のうちに消滅するということである。（『論理の学I　存在論』山口祐弘訳、69）

ここで、ヘーゲルが「純粋」といっているのは、西田でいえば、「絶対無」の「絶対」と同じことだろう。「相対無」と「絶対無」との絶対的なちがいというのを、ここでは「純粋」という語が表しているといえるだろう。つまり、ここで「それらはまったく区別されているが、だがまた分離されておらず分離できもせず、各々が直ちに各々の反対のうちに消滅する」といわれている「純粋存在」と「純粋無」は、「存在」と「絶対無」（つまりは「有無以前」）との関係と同じように、表裏一体だといえるのではないだろうか。

第三章　ベルクソン、フッサール、レヴィナス

1．西田とベルクソン

西田は、ベルクソンの時間が連続性のみを重視し、非連続の契機がないと、しばしばいう。「純粋持続」には、「絶対現在」がないというわけだ。しかし、ベルクソンを注意深く読めば、「非連続」がときどき現れる。『持続と同時性』の第三章「時間の本性について」で、物質界とわれわれの持続との関係を詳細に語っているところで、ベルクソンはつぎのようにいう。

宇宙の展開の一瞬間を、すなわちすべての意識から独立に存在するであろう一スナップを考察しなければならないであろう。つぎに、それにできるだけ近いもう一つの瞬間を一緒に思い起こさせ、こうして世界のなかに最小限の時間を、それとともに記憶の最も弱い光を通過させることなく、入れさせるよう努力するであろう。そしてこのことが不可能であることもわかるであろう。（『持続と同時性』〔『ベルグソン全集 3』所収〕花田圭介・加藤精司訳、205頁。以下DS）

ベルクソンは、われわれの内的持続を、自然界へも拡大しようとする文脈で、「時間が流れる」とはどういうことか、という本質的な問に逢着する。「宇宙の展開の一瞬間」つまり、「すべての意識から独立に存在するであろう一スナップ」をとりだす。われわれの意識をこの宇宙から切り離し、宇宙側の〈今〉に着目してみようというわけだ。

外界の〈今〉は、それ自身、決して流れることはない。当たり前のことであるが、一瞬間をスナップショットのように切りとることができるのであれば、それはそのままひとつの「写真」だ。動くことはない。しかし、外界は動いている。風が吹き雨は降る。時間が経過しているのは、ごく当たり前のことだ。それは時間の幅があるからであり、もし幅がなければ時間は流れない。この幅は、どのようにしてできるのか。〈今〉を積み重ねることが可能になる幅をどこかに見いだす必要があるだろう。そこでベルクソンは、この幅をつくるためには、どうしても記憶が必要だという。

> 二つの瞬間を互いに結びつける基本的な記憶なしには、二つの瞬間のうちのいずれか一つしか、したがって唯一の瞬間しか存在しないであろう、前と後、継続、時間は存在しないであろう。連結のために必要なまさにそのものだけをこの記憶に与えてもいいだろう。（DS 205）

この記憶は、どこにあるのだろうか。もちろん、それはわれわれ側にある。われわれが記憶しているのだから。一瞬と一瞬とを連結する記憶は、私たちの意識のたまものだ。私たちが意識をもち、記憶という能力をもっていなければ、外界の時間は流れないだろう。コーヒーを淹《い》れながら、お湯を注ぎ続ける映像を記憶にとどめなければ、最終的にコーヒーができあがったとき、コーヒーを淹れた時間の流れはどこにも存在しない。お湯を注ぐ一瞬間と、できあがって湯気が立っているコーヒーの一瞬間とは、それぞれ別の瞬間であって、その二つに関係はない。無時間的な〈今〉と〈今〉にすぎない。

ベルクソンは、つぎのようにまとめる。

本当を言うと、それがどんなに短いものであれ、二つの瞬間をわける持続と、二つの瞬間を互いに結びつける記憶とを区別することは不可能である。なぜなら持続は本質的には存在するもののうちでもはやないものが連続することだからだ。そこに実在的な時間、わたしのいう知覚された、体験された時間がある。そこにはまた、どんなものであれ、考えられた時間がある。なぜなら、知覚された体験された時間を表象することなしには、時間を考えることはできないからである。それゆえ、持続は意識をふくんでいる。それでわれわれは持続する時間を事物に付与するそのことによって意識を事物の底に置く。(DS205―206)

ここでベルクソンがいっているのは、もしわれわれに記憶という能力がなければ、事物側の時間は、瞬間瞬間が非連続になり時間は流れない。事物においても時間が流れるためには、意識が、つまりは記憶が関与しなければならない。意識が事物の底になければならないということだ。このように考えれば、ベルクソンの時間概念(「持続」)のなかにも、非連続という切断面があることになるだろう。そして、その非連続を連続的状態にするのは、記憶ということになる。

こうして見てくると、西田のベルクソン批判は、一方的だということがわかるだろう。つまり、ベルクソンの「持続」概念のなかにも、「非連続」の契機があり、時間が連続するためには、「記憶」が非常に重要な役目を演じるということだ。このことを確認して、つぎに西田の時間論を見てみよう。

われわれの世界の根柢には、「絶対無の場所」がある(この概念については、後で詳述する)。そして、時間もまた、その絶対無から発生すると西田はいう。西田によれば、すべては「絶対無の場所」

から生まれるのだ。そして、時間の発生は、「永遠の今の自己限定」によっておこる。西田は、つぎのようにいう。

それでは自覚の根柢として、すべての自覚的限定がそれによつて成立すると考へられねばならぬ私の所謂絶対無の自覚といふのは、如何なるものであらうか。それは上に云つた如き「永遠の今」の自己限定といふ如きものでなければならない。（「無の自覚的限定」五－109）

絶対無の自覚によって、存在と無とが相互に映しあう構造が成立する。「絶対無」という存在の裏面と存在そのものである領域（表面）とが反映しあうのだ。それは、絶対無の自己射映であり、そのような射映を無限に繰り返すことにより、存在の領域が開かれていく。さらに、「永遠の今」は、神秘的なものではないと西田は補足説明する。

永遠の今 nunc aeternum など云へば、すぐ神秘的と考へられるかも知らぬが、神秘学者はそれによつて「永遠なるもの」即ち神を考へた。併し私の永遠の今の限定といふのは唯、現在が現在自身を限定することを意味するのである。移り行く時と永遠とは現在に於て相触れて居るのである、否、現在が現在自身を限定するといふこの現在を離れて、永遠といふものがあるのではない、現在が現在自身を限定すると考へられる所に真の永遠の意味があるのである。（五－109）

「現在が現在自身を限定する」というのは、どういうことであろうか。時は流れつつ、しかし、現在は現在として動いてはいない。つねに「同じ」現在として、世界そのものとして〈中心〉にある。「現在」や「今」という語は、時の一点を表現する語ではなく、世界そのものであり、根源的な〈出発点〉を意味している。そういう現在が、そのような背景（いわば「無」）としてのあり方を否定し、自己を限定するとき、時間が流れはじめるというわけだ。そのことを西田は、ある意味で裏面から説明していく。

「移り行く時と永遠とは現在に於て相触れて居る」というのは、どのような意味だろうか。それは、「現在の自己限定」と「永遠」とは、意味として同じだというのである。流れていない枠組としての〈永遠の今〉が自己限定して、時が流れていく。現在が現在を自己限定して、時が流れる。裏面である「無」が表面になるとき、存在が流れはじめるということだ。無と存在との矛盾が時を流す。そして、そのこと自体が永遠だという。こうした矛盾したものが矛盾したままで同じ事態であるということこそ、「永遠の今の自己限定」ということになる。移り行く時は永遠の今であり、永遠の今は移り行く時だということになるだろう。こういうあり方で、時は成立している。

この事態を、西田はつぎのようにも表現している。

現在が現在自身を限定するといふ時、現在は何処までも摑むことのできないものである、かういふ意味に於ては現在は無である、是に於て永遠の今の限定として単なる受働性といふものが考へられる、無は単に受け取るもの、単に映す鏡と考へられる、そこに「時のないもの」が考へられるのである。併し無が無自身を限定する所に、現在が現在自身を限定する真の永遠の今の限定の意味があるのである。現在の底は絶対の無でなければならぬ、現在の底に現在を限定する何物かがあるならば、現在が現在自身を限定するといふ意味はなくなる、従つて真の現在といふものがなくなると共に真の時といふものがなくならねばならない、真の時と考へられるものは絶対に無なるものの自己限定でなければならない。（五－112）

現在は、時系列の一時刻ではなく、時間そのものが湧出する源なので、現在が現在自身を限定するといっても、その存在をわれわれが把握することはできない。裏面に表面からたどりつくことはできないように、表面にあるものにとっては、裏面は、「無」なのである。したがって、永遠の今の自己限定というのは、裏面にあり、「受働性」そのものであり、「単に受け取るもの、単に映す鏡と考へられる」ものが、自己自身を限定し、時を流すことなのだ。

ここで横道にそれて、今はまだ詳しくは触れていない「絶対無」という語を、その概念的なあり方から考えてみよう。まず「無」は、通常「有」（存在）との対立によって意味をもつ。「有」（存在）がないところでは「無」は「無」ではない。「無」だけでは、概念として成立しない。もし対立項（対立的差異をなすもの）がなければ、「無」は、「有」でも「川」でも「友情」でもいいはずだ。もちろん、「有」「川」「友情」が対立項をもたない事態を想定しての話だが。ところが、この「無」は、「絶対無」である。「絶対」の対立項は、「相対」であり、これは、比較できる対立項が存在するという意味だ。したがって「絶対」とは、そのような比較や対立がない事態を指す。

つまり、「絶対無」とは、対立項のない「無」そのものということになるだろう。そうなると、先ほどの「無」と同じことになる。つまり「有」（存在）という対立項のない「無」である。したがって、通常の「無」という語の意味とは、隔絶した意味をもつ語だということになる。

「無」という語が、日本語の体系のなかでもつ当たり前の意味（「存在するものがない状態」とでもいった意味）を失い、体系外部へ超出してしまった語とでもいえるかもしれない。そして、このような意味こそ、まさに西田が「絶対無」という語で表そうとしていたものだろう。この世界の存在の体系のなかにないものだ。「有」とか「無」とかとは、まったく関係のない外部にあるもの、しかし、「無」と表現されているのだから、「体系そのものを裏側（もっとも外側）から支えているもの」といった意味だろうか。相対的な存在の体系（世界）の裏側に透明なあり方ではりついている最も近くの他者ということだろうか。

そして「絶対無」の「絶対」は、もちろん、相対の対立項ではない。だからこそ、相対的な世界（われわれが生きている世界）全体から決して到達できない隔絶した裏に（あるいは、「裏次元」に）何ものでもないあり方ではりついている。相対と絶対とは、最も遠い（決して触れることのない）表裏関係だといえるだろう。

もとに戻ろう。このような裏面である「絶対無」から時間は発現する。ということは、この「絶対無の場所」と相対的世界とは、表裏でありながら通底していなければならないだろう。しかし、表裏であるからには、通底する方法は一つしかない。隔絶しつつ反転するという方法だ。絶対無の場所から時間が流出するということは、連続的時間の流れをそのつど断ち切る非連続が、存在（相対的世界）と絶対無とを時々刻々反転させ、存在と無とが非連続の連続として交代しつづけることだといえるだろう。これは、すべてが反転する「逆対応」的あり方だといえるかもしれない。

西田の最後の完成論文で登場した「逆対応」という概念は、もちろん、このような意味ではない。しかし、絶対矛盾的自己同一という、この世界の中心概念が現実の世界で現出するあり方として「逆対応」を考えるならば、このような「絶対無の場所」と「相対有無の場所」との関係もまた、恒常的に反転しつづける逆対応的関係といえるのではないか。

われわれは時が流れていくのを意識している。時は流れていないといったとしても、実感として時間が推移していることを否定することは難しい。しかし、明らかな事実として、われわれは生まれたときからずっと〈現在〉だけに生きている。〈現在〉以外のときにいることは決してない。西田の時間論の用法をつかうなら、時の流れから超越しているこの〈現在〉は、「絶対現在」であり、「絶対無の場所」ということになるだろう。

時が流れはじめるためには、無が有にならなければならない。時そのものは、眼に見える形で存在しているものではないのだから、ベルクソンが『持続と同時性』でいったように（章の最初にも引用した）、持続が成りたつためには、そこに記憶がなければならないだろう。記憶によって、時の流れが成りたっている（ように思われる）のだから。

過去は存在せず、未来も存在しないにもかかわらず、過去と「絶対現在」の間に記憶の場が生まれることによって時は流れはじめる。この事態を西田は、つぎのようにいう。

此の如き時の自己限定と考へられるものは無にして自己自身を限定するものの自己限定と云はねばならない、私の所謂場所自身の自己限定として時といふものが考へられるのである。かういふ意味に於て、私は最後の場所的限定として永遠の今の自己限定といふものを絶対無の自覚的限定と考へるのである。（五－125）

「時の自己限定」とは、無としてありながら、その無が有へと転化するための限定のことだ。この無自身の限定こそ、記憶の場の生成ではないのか。このような時の発生としての無は、もちろん「絶対無の場所」のことであって、存在と無の対立以前の場所だ。そこから存在が流れはじめるために、絶対無から存在への橋が架けられなければならない。これは、もはや存在していないのに、あたかも存在しているかのような領域をつくる記憶にしかできないだろう。ここで西田は、「永遠の今の自己限定」を「絶対無の自覚的限定」といいかえている。

〈永遠の今〉は、まったく流れることのない「絶対現在」である。「今・今・今……」と永遠に〈今〉にありつづける底なしの〈今〉だ。このような今が、自己限定することにより、時が流れはじめ、そのつど絶対無から世界が生成する。この自己限定とは、どのような事態なのだろうか。無が有へと反転し、そのなかの最も一般的なものが、自己の差延的痕跡を記憶に残すことによって、個的なものが形成されることとでもいえるかもしれない。自らの「無」というあり方を否定して「有」になり、「一般者」というあり方を否定して「個別のもの」になるというわけだ。この「否定」こそ「自己限定」ということになるだろう。ただ、絶対現在に絶対的なものとして存在（ただし〈有無以前〉として）しつづければ、そこでは、なにも生じず、無のままであり永遠である。

しかし、ここで絶対無が存在への傾きをもち、記憶という通路を通って、存在という表面へと反転すると、時が流れはじめる。この事態こそ「永遠の今の自己限定」であり、「絶対無の自覚的限定」であろう。絶対無であり続けることにとって記憶は余計なものだ。存在らしきもの（痕跡）がつぎつぎと残る記憶は、幻のようなものだからだ。しかし、この余剰物は、必然的に蓄積されていく。それが、存在であり、西田のいう「判断的一般者」だろう。

だからこそ、記憶の在処《ありか》である意識が、「判断的一般者」、つまりは自然界（物理的世界）の基底に「相対無」として存在しているのだ。相対無として（背景になって）世界を包摂しているのである。西田自身も、記憶について、つぎのようにいっている。

記憶なくして我といふものはない、併し記憶は如何にして成立するのであらうか。（中略）記憶といふものは無の自己限定によつて成立すると考へざるを得ない（五―171）

記憶に於て既に非連続的なるものの連続といふ意義がなければならない、単なる事実の連続と考へられるものが之に於て限定せられるのである。（五―171）

記憶によって、時の流れの場が開かれると先述した。まさに同じことを西田もいう。記憶というのが、この世界の中心である「無」の自己限定によって成立するといっているのだ。無という底なしの場所（ある意味で、裏面）が記憶なのである。さきにもいったように、絶対無のままであれば、時は流れず「永遠の今」であり永劫の静止状態だ。しかし、その非連続で無時間な深淵が、われわれの現実世界のように連続するのは「記憶」においてだと西田はいう。まさに「非連続の連続」という時間の本質的なあり方が、記憶において成立するといっているのだ。これは、本章の冒頭で述べたように、ベルクソンが『持続と同時性』において、持続の最も本質的なあり方を説明したのと同じである。

ベルクソンは、われわれの内的な持続を時間の本来の在り方だと指摘することから始めた。そして、その内的持続を外界（物理的世界）にも拡張しようとする。すなわち、持続をわれわれの意識におけるもの（直接与件）から外の物質的世界へと地続きのものにしようとするわけだ。ベルクソンは、最初に結論のようなことをいう。

われわれが確立しようとしていることは、持続する実在について人はそこに意識を導入することなしには語りえないということである。（DS204）

そして、さらに念を押すように、「記憶」を強調する。

ところで、もう一度言うが、記憶の要素なしには、したがって意識の要素なしには前と後のあいだの連結線を想像することも考えることも不可能である。（DS205）

そして直後の段落で詳細にそれを説明していく。われわれの内的持続を外側の世界に移すという「擬人的」なやり方ではだめだ、意識を離れて外界の時の流れを直接考えなければならない。再度引用しよう。

宇宙の展開の一瞬間を、すなわちすべての意識から独立に存在するであろう一スナップを考察しなければならないであろう。つぎに、それにできるだけ近いもう一つの瞬間を一緒に思い起こさせ、こうして世界のなかに最小限の時間を、それとともに記憶の最も弱い光を通過させることなく、入

れさせるよう努力するであろう、そしてこのことが不可能であることもわかるであろう。（DS 205）

つまり、宇宙においては「記憶」の要素がなければ、時間はほんの短い瞬間でさえも流れないというのだ。たしかに、記憶という場が開かれなければ、運動もなく時間は流れないだろう。運動しているものの以前の状態を覚えていなければ、運動体は全く動いてはくれない。過去を現在に映さなければ（二重化しなければ）、時は流れない。ベルクソンはいう。

二つの瞬間を互いに結びつける基本的な記憶なしには、二つの瞬間のうちのいずれか一つしか、したがって唯一の瞬間しか存在しないであろう、前と後、継続、時間は存在しないであろう。連結のために必要なまさにそのものだけをこの記憶に与えてよいだろう。（DS 205）

記憶は、互いに屹立《きつりつ》している〈永遠の今〉を結びつける連結の場なのだ。この場がなければ、時は流れず、運動は存在しない。

記憶は、もしそういいたければ、連結そのもの、すなわちすぐ前の瞬間でないものを終始新たに忘却しつつ直接の後のなかへ前を単に延長すること、となるであろう。それでもやはり人は記憶を導入したことになるだろう。（DS 205）

たしかにそうだろう。記憶がなければ（この記憶はわれわれがもつ能力である）、世界は進行しない。これは当たり前といえば当たり前のことだ。しかし、これを根柢に据えると、世界とわれわれは、非常に密接に結びついていることになるだろう。われわれの記憶能力によって、世界に時間が誕生するのだから。ベルクソンは、つづける。

本当を言うと、それがどんなに短いものであれ、二つの瞬間をわける持続と、二つの瞬間を互いに結びつける記憶とを区別することは不可能である。なぜなら持続は本質的には存在するもののうちでもはやないものが連続することだからだ。（DS205―206）

われわれは、記憶という能力によって否応なく宇宙の時の流れ（ベルクソンのいう「持続」）の条件をなしている。しかし、そうなると、その記憶のなくなった世界は、どんな世界なのか。つまり西田のいう「絶対無の場所」は、どんなところなのか。時の流れない「永遠の今」とは、いったいどのような事態なのか。これもまた、ベルクソンを手がかりに考えてみよう。

『物質と記憶』において、われわれの世界は、イマージュによってできあがっているということになった。このイマージュの世界は、純粋知覚と純粋記憶という両極によって構成されている。知覚する際にわれわれは、必ず記憶をそこに介在させる。その時の「知覚＋記憶」である対象界がイマージュということになるだろう。何かを記憶なしに純粋に知覚することなどできないからだ。ところが、そのような現実の知覚から離れたところに記憶が一切入っていない知覚も想定できるとベルクソンはいう。それが「純粋知覚」だ。次のように定義される。

そこで言われる知覚とは、さしあたって具体的で複雑な私の知覚、私の想起によって膨らまされ、つねにある程度の持続の厚みを示す知覚ではなく、純粋知覚、事実上というよりも権利上存在する知覚のことである。すなわち、私がいる場所におかれ、私が生きているのと同様に生きいきとしてはいるが、現在に吸収され、あらゆるかたちの記憶を排除されることで物質についての直接的で瞬間的なヴィジョンを獲得できる存在がもつような知覚のことなのだ。（『物質と記憶』合田訳34、杉山訳45）

ここでベルクソンがいっている「純粋知覚」は、まさに「持続の厚みのない」（「非連続」）、「現在に吸収され、記憶が排除され」、「直接的で瞬間的なヴィジョンを獲得できる存在がもつような知覚」だという。この「権利上存在する」といわれる知覚対象、あるいは、知覚の成立する場所とは、いかなる場所であるのか。もう少し、ベルクソンの「純粋知覚」という概念に近づいてみよう。記憶と知覚との関係について、ベルクソンは、つぎのようにいう。

それは純粋知覚の理論であるだろう。この理論を決定的なものとみなすなら、知覚におけるわれわれの意識の役割は、われわれの一部をなすというより諸事物の一部をなすような、一連の絶え間ない瞬間的な諸光景を、記憶の切れ目なき糸によって結び直すにとどまるだろう。（同書80、87）

「一連の絶え間ない瞬間的な諸光景」とは、何だろうか。さきの引用の「直接的で瞬間的なヴィジョン」と同じだろう。しかしながら、このような「光景」なり「ヴィジョン」なりを、われわれは知覚できるのだろうか。そもそもベルクソン哲学で、「持続」とまったくはなれた「瞬間」という概念が成立するのだろうか。ベルクソンは、つぎのようにもいっている。

事実、われわれの純粋知覚は、それがどれほど束の間のものであると想定しても、持続のある一定の厚みを占めている。その結果、われわれの相次ぐ諸知覚は、われわれがこれまで想定してきたように、諸事物の現実の諸瞬間では決してなく、われわれの意識の諸瞬間なのである。外的知覚におけるる意識の理論的な役割は、記憶の連続的な糸によって、現実の瞬時的な諸光景を相互につなげることにある、とわれわれはいった。しかし、実際には、われわれにとって、瞬時的なものは決して存在しない。瞬時的なものという名でわれわれが呼ぶもののうちには、すでにわれわれの記憶のはたらきが、ひいてはわれわれの意識のはたらきが入っていて、意識は諸瞬間を互いに浸透させ、それらを比較的単純な直観のなかで把持できるようにする。ただ、時間は際限なく分割可能だから、その分割に応じてこの瞬間もその数を増すのだが。(同書86―87、93―94)

たとえ「純粋知覚」であろうと、「知覚」なのであれば、「持続のある一定の厚みを占めている」。したがって、「純粋知覚」という概念は、実は、概念としては成立していない。「純粋」であれば知覚できず、知覚しているのであれば、「純粋」ではないはずだから。ベルクソンもいうように、「瞬時的なものは決して存在しない」のだから、記憶(持続)が一切入っていない「純粋」知覚など成立しない。このように考えれば、ベルクソン自身がいうように、「純粋知覚」とは、「事実上というよりも権利上存在する知覚」だということになるだろう。『物質と記憶』の最後の「要約と結論」のところでも、ベルクソンはこうくりかえしている。

実際に純粋知覚と純粋記憶を順に研究したあとで、まだ残された課題は両者を近づけて比較することだった。純粋想起がすでに精神であるなら、純粋知覚がなおも物質に属する何かであるなら、われわれは、純粋知覚と純粋想起との合流点に身を置きつつ、精神と物質との相互作用になんらかの光を投げかけなければならなかった。事実、「純粋な」知覚、すなわち瞬時的な知覚は一つの理念であり、一つの極限にすぎない。どんな知覚も持続のある幅を占めており、過去を現在のなかに引きのばし、それによって記憶に参画する。その場合、知覚をその具体的な姿で、純粋想起と純粋知覚との、すなわち精神と物質との綜合として捉えることで、われわれは、魂と身体の結合をめぐる問題をこの上なく狭い範囲に絞りこんでいけるだろう。以上は、この仕事のとくに最後の部分でわれわれが企てた努力である。（同書347、349―350）

『物質と記憶』の企図が、このようなものであったからこそ、「純粋知覚」という概念が要請されたというわけだ。そうなると、こう考えられないか。権利上のものであり、極限であり、理念である「純粋知覚」は、われわれの通常の知覚、すなわち記憶と融合した知覚（イマージュ）から、理論的要請によりつくられたものであり、その存在を確認することはできない。ベルクソン自身がいうように、「瞬時的なものは決して存在しない」（同書87、94）のだから。存在しないものから、なぜか記憶を媒介として、物質という持続の幅をもったものを知覚してしまうだけではないのか。これは、西田のいう「無の自己限定としての記憶の働き」と同じ事態ではないのか。

持続がなければ、そもそも知覚は成立しない。純粋知覚の理念を極限までおしすすめれば、それは知覚ではないだろう。そこには「純粋物質」とでもいいたくなるものが出現する。しかし、それは、われわれには決して知覚できない〈何ものか〉である。なんといっても、持続という場が成立していないからだ。もっと正確にいえば、〈何ものか〉なのか〈無〉なのかすらわからない〈何ものか〉ということになるだろう。

ベルクソン自身のいっていることを字義通りにとれば、「純粋知覚」という概念は、矛盾した概念になるのではないか。記憶がなく知覚の場が開かれなければ、そこには何もない。自分の身体の感覚も、外界の知覚も何もない。恒常的に消滅していくだけだ。というよりも、発生以前の状態が「ある」(=ない)ということになるだろう。何もないのだ。

われわれは、つねに過去を知覚している。つまり、記憶の場において知覚している。したがって、現在そのものを知覚するというのは、そもそも不可能であり、現在(幅のない今)が、どんな状態なのか、誰にもわからない。幅のない今にわれわれは「一時」も存在することはできないのだから。だからベルクソンが、瞬間の不可能性について、炎や流れ星を比喩に使って説明する(『持続と同時性』)のは、実に的確なのだ。炎や流れ星の軌跡は、幅があるのに、そのなかの瞬間は把握できない。どこにも〈今〉はないのである。この「どこにもない今」に着目したのが西田だといえるかもしれない。「どこにもない今」(つまりは「非連続」)に支えられてわれわれは「連続」している(ように思いこんでしまう)というのだから。

われわれがいつも過去の国に生きていることはたしかだろう。〈今〉そのものは、背後に、いや中心にずっとあるにもかかわらず、絶対にたしかめることはできない。眼球には、過去からの光が届き、鼓膜には、それ以前の音波が届くだけだ。こうした過去にとりかこまれている〈今〉がどのような状態なのか、われわれには決してわからない。今の国は、無人なのだ。たしかめる存在は、どこにもいない。そんな国が存在しているといえるだろうか。いえないだろう。〈絶対無〉といいたくなるではないか。

2.『創造的進化』における「無」に対する批判

ベルクソンが、『創造的進化』の第四章で、「無」という観念を徹底して批判したのは、有名だ。その批判を少し検討してみよう。ベルクソンは、まず、「生成」そのものを、われわれが認識することの不可能について指摘する。

物質にせよ精神にせよ、事象はつねなる生成として私たちに現れた。それはできるか壊れるかしていて、とにかくあるできあがったものでは決してない。精神がそのようなものであることは私たちが自分の意識と自分とをへだてるヴェールをはぐとき直観される。物質についてもやはりおなじことが、知性そのもの感覚そのものから私たちに示されるかもしれない。もっともそのためには知性や感覚は物質のじかで無私な表象に達していなければなるまい。ところが知性はなによりもまず行動の必要で手いっぱいであるから、そこから物質の生成を見た眺めは感覚の場合と同様ほんの間遠で瞬間的な、だからこそまた不動のものにすぎない。(『創造的進化』真方敬道訳、320—321)

われわれの知性は、持続そのもの、流動そのものを見ることができない。この世界は、恒常的に生成消滅を繰りかえしているので、本来であれば、把握できない。しかし、知性はそれを「不動のもの」として切りとっていく。ベルクソンは、これを錯覚だという。

生成から状態を、持続からは瞬間を私たちは観取するにとどまり、ときに持続や生成を語る場合にもそれとは別物を考えている。（同書321）

生成し持続している現実を、特定の状態（かたまった対象）、瞬間（止まった時間）としてしか認識できない。「不安定は安定を介して、動きは不動を介して考えられうる」（同書321）からだ。これと同じ源泉をもつ、もう一つの錯覚も指摘する。それは、「空虚にたよって充実を考えようとする」（同書322）錯覚だ。つまり、われわれが空虚というとき、真の〈空虚〉を考えているわけではなく、「充実していないもの」という意味での「空虚」を考えているというのである。

ものが現実として存在しているとき、それは「秩序」をもつ。もし「秩序」をもたなければ、私たちが認識することはできない。つまり、私たちが認識し存在している現実は、どの現実も秩序をもっているということになる。われわれは、この秩序ある状態から出発するしかないし、そこにしか存在しない。

したがって、私たちが「無秩序」というとき、それはあくまでも「秩序のない状態」という観念にすぎない。「無秩序そのもの」をわれわれが認識し、その状態に存在することはありえない。したがってベルクソンは、こういう。

してみると無秩序の観念はおよそ実践的なものである。それはある期待のある裏切られかたに対応するもので、あらゆる秩序の欠在を指すのではなくただ現実的関心を起こさせないある秩序が前もって存在することをさしているにすぎない。（同書322―323）

だから、「無秩序はただ言葉としてしか残らない」（同書323）のである。これらの錯覚を前提にしてベルクソンは、「無の観念」について議論しはじめる。「なぜ無ではなく存在があるのか」ということに着目し、その背後に「存在は無の征服」（同書324）であり、「初め無があり、存在は後から加わったのだ。あるいはまた何かは常に存在していたとしても、無が存在の基体ないし容器の役を常につとめていなければならず、したがって無は無時間的にその何かに先立つはずだ」（同書324）という考えがあることを突きとめる。このような「無の観念」は「ニセの観念」であるとベルクソンはいう。

無の観念を存在の観念に対立させて理解するとして、そのような意味ではそれはニセの観念であることがかりに確立されたとしよう。すると無の観念が周辺にかもしだす諸問題はニセの問題になるであろう。ある絶対者をたてて、それが自由に働きすぐれて持続すると想定しても、もはや突飛な感じは少しもしないことになろう。ひとつの哲学に向かって道が切りひらかれるが、それはいっそう直観に近い哲学で、もはやこれまでのような犠牲を常識に強いないですむだろう。（同書326）

ここからベルクソンは、「無」という観念を詳細に調べていく。無のイメージや概念は、どんなものであるのかと問題を提示する。われわれが「無」をイメージしようとしても、決して「無」はイメージできない。自分自身を無にしようと意識したとしても、「私が自分が無になるのを見るのはある積極的な、しかしまだ意志も意識もともなわぬ行為によってすでに自分を復活させたからにほかならぬ。そのようなことで、いくら努力してみても私は内なり外なりにつねに何かを覚知している」(同書327)。どう無をイメージしようと努めても、何か存在しているものを結局イメージしてしまう。

そうした結論の背理は歴然としているにちがいなく、事実ひとは無を想像しうるためには自分がそれを想像していること、すなわち自分が行動し思考していること、したがって何かあるものはやはり存続していることの必要をぼんやりとでも覚知しているはずである。(同書328)

イメージのなかの、どこにも「無」は登場しないというわけだ。それでは観念としての「無」はどうだろうか。つぎのようにベルクソンは、問題を提起する。

一切の抹消というイメージは私たちにないかもしれないが、それの概念ならもてるはずだと人は主張することであろう。(同書329)

しかし、概念にかんしても、決して「無」を生みだすことはできない。

しかし何を精神が抹消するにしても、その抹消の操作はそのからくりから推して「全体」の一部にはほどこせても「全体」そのものには及ぼされないものだということになれば、そうした操作をものの総体に拡張することは背理な自己矛盾するわざとなりかねない。そして一切の抹消などという観念はたぶん四角な円の観念と同じ特徴をおびてくるのではないか。それはもはや観念ではなく言葉にすぎなくなろう。（同書330）

ベルクソンは、つづけていう。

自然界に絶対の空虚はないのである。だがまあ絶対の空虚が可能だとしよう。対象が抹殺されてそのあった場所をからにするというとき、私の考えているのは絶対の空虚ではない。建前からみても、ことはひとつの場所についてであり、すなわち輪郭できちんと限られた空虚について、すなわち一種のものについてである。（同書330）

ここでベルクソンがいっている「場所」とは、もちろん、存在としての場所だ。場所が空虚であれば、それは、場所と名づけることはできないだろう。端的に無なのだから。そしてベルクソンは、つぎのようにいう。

要するに、物質の空虚の場合にせよ意識の空虚のばあいにせよ、空虚の表象はきまって充実した表象である。（同書332）

どのように表象しても、ベルクソンによれば、空虚の表象、つまり、無の観念を手にすることはできない。そして、こう結論をくだす。

> 絶対無すなわち一切の抹殺という意味に解した無の観念は自己崩壊する観念であり、ニセの観念であり、ただの言葉にすぎぬ。(同書332)

ここでベルクソンによって「絶対無」が完全に否定される。そして、つぎのようにいわれる。

> 「一切の抹殺」というような観念は四角い円の観念におとらず背理であることとなる。(同書333)

「絶対無」は、「背理」であるとベルクソンによって断定された。さらにベルクソンは、攻撃の手を緩《ゆる》めない。「否定」という現象との関係でも、さらに「無」の観念を批判していく。存在を否定することについてつぎのようにいう。

> 対象を「存在せぬ」と解したさいの観念はおなじ対象を「存在する」と解したさいの観念にくらべて、少ないどころか反って多くのものを内包する。けだし「存在せぬ」対象の観念はかならず「存在する」対象の観念であるうえに、そこにさらにその対象が現実的事象を一括したもので排除されるという表象がおまけにつくのである。(同書336)

否定という行為が、存在している対象をなくす行為ではなく、いったん肯定したうえでさらにべつのものを肯定する行為だということを指摘している。すべてのものを否定したとしても、さらに何かを肯定しないかぎり、われわれの観念は成立しない。だから無を思い浮かべることは不可能なのだ。われわれが「絶対無」の観念をえる過程を、ベルクソンは、つぎのように描く。

けれども否定のもつ否定形式は、否定の底にひそむ肯定から恩恵を受ける。否定のまぼろしは自分の結びついた積極的事象のからだに便乗して客体化するのである。こうしてものの置き換えがもはや他物によってではなく、ものの残した空虚すなわち自分自身の否定によってなされるとき、空虚ないし部分的無の観念がうまれる。置換の操作はもとよりどんなものにも施されるから、それは想定上つぎつぎに個々物についておこなわれていってしまいに一切をひとまとめにしたものに対して果たされたことになる。そのようにして私たちは「絶対無」の観念をえる。けれども、いまその「無」の観念を分析してわかるように、それは底をあられば「全体」の観念に精神のある運動がつけ加わったものである。精神はそのさい一物から他物へとはてしなくとびうつりながら一所にとどまることを拒み、この拒むはたらきに全注意をあつめて自分の現位置をもっぱら自分が今去ったばかりの位置に関係させて決めていく。してみると絶対無はすぐれて包括的かつ充実した観念であり、それとごく親縁な「全体」の観念だけ充実して包括的なものなのである。（同書347）

このようにして得られた「絶対無」の観念は、つぎつぎと部分を否定しながら（「相対無」をつくりだしながら）、「全体」という観念をつくりだす。しかしながら、その「全体」は、否定する当の主体の存在を無視して、過去の部分的否定のみに着目することによってできあがるのだ。否定するためには、つねに肯定する存在を基盤に据えなければならない。「絶対無」が、すべて無であるような全体として現れる（観念として）ことはありえない。最後にベルクソンは、こういう。

そのために、もしもひとが「無」の観念には一切のものの抹消という観念が見られる積りでいるなら、それは自滅する観念でほんの言葉だけのものになってしまうこと、反対にもしもそれが本物の観念であるなら、そこには「一切」の観念と同じだけの内容が見いだされることを示した。（同書350）

こうして、ベルクソンの「無」あるいは「絶対無」に対する批判は終わる。さて、西田のいう「絶対無」という概念は、このような立場からすると、成立しないのだろうか。結論からいえば、西田の「絶対無」という概念は、ベルクソンのいう言葉だけのものであり、「四角い円」と同じ「背理」（矛盾）であるといえる。したがって、この世界には、現れることはない。

「絶対無の場所」は、それが自己限定することによって、われわれの矛盾律が支配する世界に現れるのであって、「絶対無」というあり方では、決して登場しない。絶対無の世界は、「絶対矛盾的自己同一」の世界であり、矛盾が矛盾のまま同一であるという二重の矛盾したあり方をしている領域なのだ。だから、そもそも通常の意味での「世界」や「場所」あるいは「領域」という概念では表現できない。

いままでも使った比喩を使えば、われわれの世界の裏面であり、そこがどういう領域なのかは、表面からは、決してうかがえない。なぜか、その裏面が表面と関係をもつことによって、事後構成的に「絶対無の場所」という言葉で表されるだけなのだ。「絶対無の場所」は、絶対無なのであり、ベルクソンのいうとおり、イメージもできないし、観念としても成立しない。言葉にすぎない。

そもそも「絶対無」は、「絶対—無」というよりも、絶対的な「有—無」以前なのである。「有—無」という対立が生まれる以前の領域だ。われわれの世界（表面）は、「有—無」つまり、存在と無が対立する「相対無」の世界であり、これは、ベルクソンのいう存在が別の存在に置換されることにより、「無」が現れる（と思ってしまう）世界である。この「有—無」の世界の裏面にあるのが、西田のいう「絶対無の場所」であり、ここでは、存在と無といった概念はなく、したがって、その対立もない。この「絶対無の場所」で、存在と無を、もし見いだせるのであれば、その両者が、それぞれの側面を「相対無」の世界に映すことによってなのだ。この「絶対無の場所」では、そもそも相対的対立は、ありえないのだから、そのようなあり方が、矛盾したり対立したりする前に、「絶対矛盾的自己同一」というあり方で、絶対的に存在（同時に無である）しているということになるだろう。だからこそ、「存在と無」の対立以前の場所なのだ。これは、もちろん「存在—無」側からは、決してたどり着くことはできない「無—場所」であり、絶対的領域（何ものでもあり、何ものでもない）なのである。

そもそもわれわれは、恒常的に存在側にいる。そして、この存在の領域は、もちろん相対無の世界だ。ようするに「絶対無」は、どこにも現れないのである。われわれが存在の側にいるからこそ、その領域で、存在の一部が欠けると、「無」という状態（べつの存在）が現れる。だからこそ、われわれは、その存在すべてが消えるなどということは、想像もできないし、そのような一切が抹消された世界にいることなど絶対にできない。だから、「絶対無」はどこにもない。

西田のいう時間のあり方、「非連続の連続」の「非連続」が「絶対無の場所」なのであれば、その「絶対無の場所」を、われわれ存在側にいる者が理解したり経験したりすることは決してない。どれほど「非連続の連続」というあり方で時間が流れていようが、われわれはそれを意識することはできないだろう。ずっと連続していると思っているはずだ。ベルクソンのいう「持続」を体験しつづけているはずである。瞬間創造的に世界が生成消滅していても、消滅を経験したり認識したりすることはわれわれにはできない。われわれは、あくまでも「存在」しているのだから。

だから、ベルクソンの「絶対無」批判も、そのような立場からすれば、まったく正当である。「絶対無」という概念を想定したとしても、われわれには、決して認識することはできないからだ。われわれは、「無」の側にいることは決してできない。それでは、なぜ西田は、「絶対無の場所」という概念を提示したのだろうか。いくつかの角度から考えてみたい。

まずは、言語をモデルに考えた、という側面があるだろう。「絶対無の場所」、あるいは、「場所」という概念は、主語―述語形式からでてきた。アリストテレスの「主語になって決して述語にはならない」唯一無二の実体概念の反対の概念から創造された。この世界の森羅万象を包摂する「述語」こそ「場所」なのだ。つまり、「述語になって決して主語にはならない」ものである。したがって、西田の「場所」は、存在そのものの現場であるこの世界から提唱された概念というよりも、認識や判断の道具である言語形式から創出された。だから、ベルクソンが、「もしもひとが「無」の観念には一切のものの抹消という観念が見られる積りでいるなら、それは自滅する観念でほんの言葉だけのものになってしまう」（同書350）といったり、「絶対無すなわち一切の抹殺という意味に解した無の観念は自己崩壊する観念であり、ニセの観念であり、ただの言葉にすぎぬ」（同書332）というとき、それはまさしくその通りで、西田は、そもそも「言葉だけの形式」から、この概念をつくりだしたのであり、最初は、「ただの言葉」から出発したのである。

さらに、このことと密接に関係するもう一つの側面があるだろう。そして、この側面が、「絶対無の場所」が「ただの言葉」ではなくなる契機だと思われる。それは、認識の主体という側面だ。ベルクソンが「一切のものの抹消」あるいは「一切の抹殺」というとき、その主体は何処にいるのか、という問題である。「抹消」したり「抹殺」したりする主体がいなくてはならない。つまり、ベルクソンが、「一切」というとき、その「一切」を認識している主体は、その「一切」に入らないのだろうか。

西田の「場所」という概念は、物質的世界を包摂する際には、「意識一般」であり、これは、「相対無の場所」と呼ばれる。そして、最終的に、すべてを包含するのが、「絶対無の場所」であり、これは、「意識一般」のさらに背後で「内在的超越」（いわば、「こちら側の底が無へと抜ける」）が起こるのである。認識主体である「私」をも含めて、何もかもを包摂する場所であり、いままでの比喩をつかえば、透明な裏面なのである。

われわれは、たしかに存在の領域（表面）に存在している。そこでは、「絶対無」という概念は成立しない。言葉だけのものにすぎない。しかし、存在の領域に〈私〉がいるということ。そして、その〈私〉の背後には、決してまわれないということ。このような絶対的な拘束（あるいは構造）を考えるならば、西田がいうような「絶対無の場所」という概念で、この世界のあり方を説明しないかぎり、この世界の真のあり方は、記述できないのではないか。もちろん、この「記述」は、対象を客観的に外側から「記述」するものではない。世界の内部にいながら、その独特のあり方（内部にいることによって、客観的記述は、原理的に不可能である）を「記述」するのだから、非常に困難な方法であるにちがいない。その状況そのものが、「背理」「矛盾」と隣り合わせになるのは、必然であろう。

西田のいう「場所的論理」というのは、このような困難な状況をそのまま記述する方法だといえるだろう。西田が批判する「対象論理」というのは、自分自身は対象の外側にいて、そこから対象を存分に記述する論理だといえる。しかし、西田によれば、これは、この世界の真相を表してはいない。世界のなかに、われわれは含まれるのだし、われわれは、非常に特殊なあり方をしているのだから。だから、「場所的論理」こそが、この世界のあり方をそのまま表していることになる。

そして、このような方法論は、ベルクソンが、晩年『思考と動き』のなかで、自身の方法として提示した「精確さ」（précision）とおなじではないのか。対象を外側から「分析」するのではなく、対象そのものをまるごと「直観」すること。対象の生きいきしたあり方をなまのまま生け捕りにするのが、「精確さ」ではなかったか。対象の生きいきした姿と同時に、自分自身をも生け捕りにするのが、西田幾多郎の「精確さ」ではないのか。

3. 生きいきした現在

西田がいうように、この世界の時間の流れが「非連続の連続」であり、そのつど「絶対無の場所」という「非連続」が、時間の流れに接しているのであれば、われわれの現在において、つまりは、ベルクソンのいう「持続」のなかで〈無〉（「絶対無」の「無」）が、何らかのかたちで現れているはずだ。

今度は、フッサール後期の時間論における「生きいきした現在」という概念に注目することによって、西田のいう「無」がそこに現れるかどうかを探ってみたい。フッサール晩年のC草稿をもとにクラウス・ヘルトは、『生きいきした現在』という本を書く。このなかでヘルトは、徹底した還元のはてにたどりついた「生きいきした現在」という時間のあり方には、どうしても解くことのできない謎があるという。ヘルトは、つぎのようにいう。

生きいきした現在の謎は、究極的には次の二つの言明に集約される。すなわち、一方は、「生きいきした現在において遂行者の同一性と呼ばれるもの」は「比類のない独自のもの」である、つまり、究極的に作動している自我は、先時間的ないし時間外部的に立ちとどまるものである、という言明である。――他方は、究極的に作動している自我は、その作動においては、廃棄しえない仕方で自らに対して匿名的である、という言明である。（『生き生きした現在　時間と自己の現象学』新田義弘ほか訳、173）

われわれは、時間の流れのなかにいる。幼い頃の記憶のなかの自分と、いま鏡で見る自分とは、ほとんど別人である。しかし、それが同一の〈私〉であるということを自分は、〈確認しないにもかかわらず）確かなものだと思っている。そのとき、その最も奥にいて、それらの時の流れとはかかわりなく、じっと〈私〉であるものがとどまっているかのようだ。それこそが「比類のない独自なもの」であり、〈とどまる今〉である。〈これ〉は、時間の流れとはべつのところに「先時間的ないし時間外部的に立ちとどまるもの」なのだ。しかし、この〈私〉は、作動していて時間は流れているようにみえる。ずっと同じ背景として〈私〉がいるだけなのに、前面の風景はつぎつぎと変化し流れ去っていくというわけだ。この流れも、やはり、この〈私〉とかかわりがあるのだろうか。ヘルトは、つぎのように説明していく。

それによれば、最も受動的な〈流れること〉でさえも、自我が単純にそれに屈服させられてしまうような非―自我的な動きではありえないのであり、こうしたことは、「滑り去るにまかせる」とか「脱現在化する」という概念によってほのめかされていた。実際、超越論的自我が絶対的な機能中心であるということは、なんとしても保たれねばならないことであるから、最も受動的な転化といえども、〈自我が、流れ去るにまかせる〉ということでしかありえないのである。このような意味で時間流はいつもひとつの自我的「能作」から生じてくるのであり、そしてフッサールは、このような原則的枠組みのなかで、〈流れること〉の自我性の特別なあり方を捉えようとさまざまに試みたのである。（同書135―137）

〈私〉は〈私〉として一貫して背後にとどまっているのに、根源的に受動的なあり方で、時間は流れ去っていく。背景の〈私〉とかかわっているはずなのに、その〈自我が、流れ去るにまかせる〉ことしかできない。このような事態を、「生きいきした現在の謎」とヘルトはいう。

生きいきした現在の謎は、〈とどまる今〉と〈流れる今〉、〈立ちとどまること〉と〈流れること〉との統一が、すなわち、生きいきした機能現在「の内部での」運動ととどまる〈立ちとどまり性〉との統一が考察されないかぎり、解かれないままにとどまるのである。（同書190）

この「謎」は、「根源現象」とも呼ばれる。

現象学的反省は、決して根源現象としての生きいきした機能現在に到達することができないように見える。それどころか、「根源現象」という概念は、それ自体矛盾しているように思われるのである。というのは、「対象的になって知覚された現在、すなわち総じて自我とか自我極から発して対象に向かう作用の目標点（対向極）になった現在が、意識や作用において対象的に存在するが、しかしその作用それ自身は対象的に意識されていないからである。それゆえ、われわれが「根源現象的な現在」という表題のもとで、究極的に存在するもの、根源的に存在するものとして要求するものは、われわれにとってそれが「現象」であるというまさにそのことによって、究極的なものとはいえないのである。」（C草稿２Ｉ、14頁）だがこのことの根拠は、以下のような逆説に基づいている。すなわちその逆説は、「時間化もまた同時に自己自身を時間客観化していくという逆説、生きいきした現在そのものが、ふたたび現在的な（時間化された）生きいきした現在として、たった今存在した生きいきした現在へと連続的に移っていく等々、という逆説」（C草稿３Ⅲ、23頁）であ

る。（同書160）

現象学的反省は、〈私〉を基点にしてなされる。そして、それが反省である以上、過去の（つまり、時間の枠組にすっかりおさまった）現象をたしかめるにすぎない。その際、真の現在であるたしかめている最中の〈私〉をたしかめることは原理的にできない。「生きいきした現在」は、つねに世界のなかにあり反省している。そして、この反省は、つぎつぎと時間化されて過去になったものを確認することだ。このどうしようもなく原理的な構造（「逆説」）が根源現象なのである。このような「謎」の在処《ありか》である「生きいきした現在」を、ヘルトは、つぎのような言い方でも説明していく。

つまり、究極的に作動する自我が目下作動中であるときには、自我は本来、〈無〉（Nichts）である、ということができる限りにおいてである。そのように言うことができるのは、「原理的に経験において到達可能であること」と「存在＝対象であること＝時間化されてあること」とは、現象学的には交換可能（等値）だからである。（同書174）

〈私〉が現在において〈私〉として働いているかぎり、その〈私〉は、〈無〉だという。働く結果としての時間の流れは、現象として（過去になって）現れてくるが、その源である自我は、〈無〉だというのだ。しかし、この〈無〉は、時間の流れを（受動的にではあれ）生みだすのだから、そこになんらかの秘密がなければならないだろう。ヘルトは、つぎのようにもいう。

それは本質的に、いかなる時間位置〈今〉にも結びつけられることのないものとして意識されるのであり、それがある規定され時間化された現在において与えられるということは、この立ちとどまりつづける今にとっては非本質的な事柄である。なぜなら、立ちとどまりつづける今は、超―時間的、非―時間的な今でありつづけるからである。このような仕方で〈とどまる今〉として考えられた「私は作動する」は、換言すれば、「いたるところにあり、どこにもない」というあり方を有しており、すでに論究されたような、遍時間的、理念的、非実在的対象という所与様式を有しているのである。（同書175）

今は、ずっと今でありつづける。今にしか私はいることができないし、この今の連続によって時間は進行していくように見える。しかし、この〈今〉そのものは、時間とはまったく関係のない背景（超―時間的、非―時間的）であり、「どこにもない」。しかし、この背景が、どの時間生成の背後にもあるという意味では、「いたるところにある」。こうしたフッサール＝ヘルトの時間論によれば、われわれの世界の流れの背後には、このような逆説的な根源現象があるといえるだろう。もちろん、それを「矛盾」（流れつつ、とどまる）といってもいいかもしれない。ヘルトは、この引用の直後でも、「無」という語をつかう。

〈とどまる今〉のもつ「いたるところにある」という性質は、非時間的な〈立ちとどまり性〉にほかならず、「どこにもない」という性質は、実在的ないし実的な時間位置への固定化に際して匿名性として意識される「無」をあらわしている。この「いたるところにある」と「どこにもない」と

が、互いに補完しあって新たな対象の統一性（遍時間性）を形成しているのである。（同書175）

時間の外部の匿名の「無」によって、時間が流れていくというわけだ。そしてこの「無」を、フッサール＝ヘルトは、「絶対的事実性」とも呼ぶ。

究極的に作動している自我は、原事実そのものなのである。究極的に作動している自我は、形相のもつ絶対的な本質必然性と普遍性に対立する意味での〈偶然的なもの〉、〈個別的なもの〉という性格をもつのではなく、あらゆる〈作動のはたらき〉の絶対的な出発点として、現象学的な遡及的問いの必当然的な目標として、それ自身「絶対的事実性」と呼ばれねばならないのである。（同書207）

時間の流れを生みだす、あらゆる作動の絶対的な出発点に、この「生きいきした現在の謎」があるというわけだ。それは、「絶対的事実性」であり、絶対的に矛盾した謎なのである。時間の流れには、そのつど、この謎が背景にある。この矛盾がなければ、時間は流れはじめない。ヘルトは、フッサールを引用して結論を述べる。

それゆえ、フッサールは、つぎのように述べている、「自我は、このような歩みにおける原事実である。私が事実的な遡及的問いを行なう時には、本質変更などの、私が事実的に所持している能力に対して、これこれの、私に固有の根源的な存立の成素（Urbestand）が、私の事実性の原構造であることが明らかとなる……といったことを私は認識している。絶対者（究極的に作動している超越論的自我―ヘルト）は、自ら自身のうちにその根拠をもっており、そして、その無根拠な存在において、ひとつの「絶対的現実存在」としての絶対的な必然性をもっている。その必然性は、本質必然性ではない。つまり、偶然的なものにかかわりを持たないような本質必然性ではない。あらゆる本質必然性は、究極的に作動する自我の事実の契機なのであり、自我が自分自身にかかわる〈機能するはたらき〉のさまざまなあり方――自己自身を理解する、あるいは理解しうるさまざまなあり方――なのである。」（C草稿3Ⅲ、33頁）――「われわれが露呈する絶対者とは、絶対的「事実」（Tatsache）である。」（C草稿17Ⅱ、9頁）（同書207）

本質的ではない絶対的必然性を〈私〉はもっており、それは「絶対者」であり、「絶対的事実」なのである。われわれの時間や生の最も根源的なところに、絶対者（しかし、それは同時に偶然的事実）があり、その絶対者が作動しつづける（かつ、たちとどまる）ことによって時間は流れる。このような「原事実」をどのように考えればいいのか。

以上、ベルクソンの「純粋知覚」とフッサールの「生きいきした現在」という二つの概念を、あらためて確認してみた。この二つの概念と、西田の「絶対無の場所」とは、どうかかわるのか。しかも、時間論の文脈で語られる「絶対無」と関連づけられるだろうか。

西田は、われわれの「絶対現在」において、そのつど「死んで生きる」を繰りかえし、時間が進行していくと考えた。その際、「死ぬ」というのは、「絶対無」の領域に触れることだという。このような考えを基礎にして、西田は、ベルクソンの「持続」概念をしばしば批判する。ベルクソンの時間概念には、「非連続」がないというのだ。

しかし、以上のようにあらためてみてみると、ベルクソン自身は、決して認めないだろうが、「純粋知覚」という概念が、もし理念的なものではなく事実的なものとして存在するとすれば、それは、われわれの持続の裏面にある「無」を示唆しているといえるのではないだろうか。アインシュタイン以上にアインシュタイン的な微生物（『持続と同時性』にでていた「相対性理論」に忠実な微生物）にも確かめることのできないレベルで、〈無〉という〈瞬間〉が、そのつど時間の基底で生成消滅を支えていると考えられないだろうか。そしてそれは、ベルクソンのいう「純粋知覚」の地平ではないのだろうか。

さらにそれは、フッサール＝ヘルトが「無」といった「生きいきした現在」の背後にも当てはまるのではないか。〈真の現在〉がもしあるとすれば、それは〈無〉という背面をもった根源的事実（〈絶対者〉）ということになるのではないだろうか。このような観点からも、西田のいう「非連続の連続」の「非連続」の側面を理解できるのではないか。つまり、表面では、時間が連続的に流れている（連続＝持続）。しかし同時に、その裏面では、「絶対無の場所」（非連続）が、つまりは、〈無〉が控えているることになるのではないか。

4．レヴィナスの「瞬間創造説」

レヴィナスは、『実存から実存者へ』の「実詞化」の章で、瞬間創造説とでもいうべき時間論を展開した。「実詞化」とは、われわれの存在の根底にある「il y a」（イリヤ）という領域から、自己が独立していく過程である。〈私〉の生成のプロセスといっていいだろう。「il y a」から離脱する際の契機として「現在」がある。そして「現在」は、時間の流れのなかに位置する時刻ではない。レヴィナスはいう。

それ自身から発して存在すること。存在の瞬間にとってのこのようなあり方、それが現在であるということなのだ。現在とは歴史を知らないことだ。現在のうちで、時間ないし永遠の無限性は中断され、そして再開される。（『実存から実存者へ』西谷修訳、146）

〈現在〉という瞬間において、すべては始まり、時間は断ち切られる。まさに西田のいう「非連続の連続」というあり方をしているといえるだろう。レヴィナスの〈現在〉は、つぎのような特徴をもつ。

現在が停止なのだ。というのは、それが止められているからではなく、現在が自己から発してそこへと訪れる持続を、現在自身が中断し、結び直しているからである。現在はひたすら時間のなかで考察されるが、その時間のなかでの漸消（évanescence）にもかかわらず、というよりもむしろその漸消のために、現在とは一つの主体の成就なのである。現在は、それ自身が捉えられている持続から際だっている。（同書147）

時間は、消え（漸消）、生成しつづけている。持続というあり方からつねに際だつあり方をしている。レヴィナスによれば、時間は流れてはいない。個々の瞬間である現在が、生成し消滅しているにすぎない。このように始まり消えていく瞬間のあり方は、つぎのようなものである。

存在し始めるものはその始まり以前には実存しない。にもかかわらず、みずからの始まりによって自己自身へと生れでて、どこから発したということもなく自己へと到来することになるものは、その実存しないものなのだ。この始まりの逆説、それが〈瞬間〉を構成している。このことを強調しておくべきだろう。始まりは、始まりに先立つ瞬間から出発するのではない。始まりの起点は、跳ね返りのように到達点に含まれている。現在のさなかでのこの後退から発して、現在が成就され、瞬間が担い取られるのだ。（同書152）

そのつど、新しく瞬間が生まれるのだから、その創造は、それ以前の時間とのかかわりはない。つねに誕生した後に、瞬間の存在は確認され、すぐに消えていく。ここにもまた「事後構成性」とでもいうべき性格が見てとれるだろう。存在は、つねに誕生後に確認され、その誕生という出来事を「かつてあったもの」として把捉することになる。このような瞬間の始まりを矛盾律との関係で、レヴィナスは、つぎのようにいう。

たとえ原因がある場合にも、始まるものはある一つの次元で、つまりそこから無矛盾律（Aは同一の瞬間に非-Aではない）（「矛盾律」ともいわれるもの——中村注）が有効となるが、それを構成するためには無矛盾律はまだ効力をもたない、そんな次元で、瞬間において始まりの出来事を遂行しなければならないということに、ひとは気づかなかったのだ。創造主による創造の神秘の他に、創造の瞬間のうちに、被造物の時間のまるごとの神秘がある。（同書152）

ここで矛盾の存在が、瞬間の誕生前と誕生後とを分かつメルクマールになっている。まさに西田のいう「絶対無の自己限定」の反転と同じことをいっているといえるだろう。しかし、西田とは異なり、レヴィナスは、屹立する〈現在〉が接触するのは、「絶対無」ではなく、「存在」だという。

現在がこれほど先鋭であるのは、それが留保なしに、いってみれば慰めもなしに存在にかかわっているからである。もはやなにも成就するべきことはない。もはや踏破すべき隔たりもない。瞬間は消え果てるだろう。しかしそれは、ただたんに瞬間が持続しないということを意味するだけではない。現在の漸消は、この関わり合いの絶対性を可能にするのだ。現在における存在との関係は、持続のなかを瞬間から瞬間へと導くような次元で成就されるのではない。現在それ自体のうちには、現在の存在との例外的な関係しかない――爾後の兆しとなるものは何もない。それは終わりである。そしてその意味で停止なのだ。瞬間のうちで本質的なものは、その〈立ちどまり〉である。（同書154）

レヴィナスの「存在」とは何か。「実詞化」というのは、「il y a」という非人称的な存在から、〈私〉が現れることであった。その現れは、〈私＝現在〉という新たな結節点がそのつど生じるというあり方で生成消滅しつづけることなのである。これは、一つの出来事であり運動なのだ。レヴィナスはいう。

〈現在〉も〈私〉も自己への準拠の運動であり、その運動が同一性を構成するのだ。(同書158)

〈現在〉、〈私〉、〈瞬間〉、それらは唯一無二の出来事の契機なのだ。(同書159)

「il y a」という非人称的な存在から、〈私＝現在〉という人称的な存在への移行こそが実詞化なのである。しかしながら、この新たな存在(私＝現在)は、瞬間として生成消滅しているのだから、いわゆる持続や時間とは異なり、〈非連続の連続〉というあり方をしている。このあり方をレヴィナスは、つぎのようにいう。

現在の絶対性は、現在の現前そのもののうちにあって、過去に存在の外観をあたえると同時に、現在を無に帰すことのできない未来に挑んでいるのだ。現在がすでに無と接触しているため、この無は、現在に先立っていた無と同等ではありえない。(同書155)

〈現在〉＝〈私〉という存在でありながら、〈無〉を恒常的に含有するあり方こそ、レヴィナスの時間である。そして、この〈無〉は、先に引用したように、矛盾律(＝「無矛盾律」)が通用しない〈現在〉の誕生以前のことだ。それは、レヴィナスの用語でいえば、〈立ちどまり〉ということになるだろう。そしてそれは、西田の用語を使えば、現在の裏面にある〈永遠の今〉のことではないのか。ようするに、「有無以前」の「絶対無の場所」のことではないのか。

第四章 場所

1．場所

西田によれば、「場所」は、大きく三層になっている。「有の場所」（物理的世界）と「意識野」（「相対無の場所」）と「絶対無の場所」の三層だ。まず、われわれのいる世界には、さまざまな物質が満ちみちている。まさに「存在」（有）の世界だ。そこにおいて、空間は、「場」として、その「存在」とともにある。

しかし、その存在を意識しているわれわれの意識野は、「存在」に対して「無」として対峙している。われわれの意識が「無の場所」のようなものとして背後にあり、この物理的世界（「有の場所」）は進行していく。このような「無の場所」を「相対無の場所」と西田はいう。「物理的世界」と「意識野」という対立における「有無」だからだ。

我々が物事を考える時、これを映す如き場所という如きものがなければならぬ。先ず意識の野というのをそれと考えることができる。何物かを意識するには、意識の野に映さねばならぬ。而《しか》して映された意識現象と映す意識の野とは区別せられなければならぬ。意識現象の連続其者《そのもの》の外に、意識の野という如きものはないともいい得るであろう。しかし時々刻々に移り行く意識現象に対して、移らざる意識の野というものがなければならぬ。これによって意識現象が互に相関係し相連結するのである。あるいはそれを我という一つの点の如きものとも考え得るであろう。しかし我々が意識の内外というものを区別する時、私の意識現象は私の意識の範囲内にあるものでなければならぬ。かかる意味においての私は、私の意識現象を内に包むものでなければならぬ。右の如く意識の立場から出立して我々は意識の野というものを認めることができる。（Ⅰ－69）

流動し移りゆく意識現象に対して、その流れを流れとして認識するために、背景に「移らざる意識の野」が必要だというのだ。流動する意識現象が「有」だとすれば、「意識の野」は「無」になるだろう。「意識の野」が「無」として背後に控えているから、初めて意識現象が「有」として現れる。だからこそ、この「意識の野」は「相対無の場所」といわれる。その「意識野」の背後に、さらに、「真の無の場所」がある。この世界全体を包摂する無限大の「絶対無の場所」である。世界をすべて包摂するわれわれの意識（ウィトゲンシュタインが『論理哲学論考』で指摘した〈私＝世界〉）も、またこの世界の内部に包含されているはずだからだ。われわれの意識も含めたありとあらゆる存在を包摂する「場所」が世界のもっとも基底にあるというわけである。

しかし我々はなお一層深く広く、有も無もこれに於てある真の無の場所というものを考えることができる、真の直観はいわゆる意識の場所を破って直《ただち》にかかる場所に於てあるのである。対立的無の場所は限定せられた場所として、なお主語的意味を脱することができないから、すべて超越的なるものを内に包摂することはできぬ、真に直観的なるものはかかる場所をも越えたものでなければならぬ。いわゆる感覚的なるものも直観的なるものとして、その根柢はいわゆる意識面を破って真の無の場所に於てあるのである。（Ⅰ－148―149）

このような三層の場所を、西田は、主語と述語との包摂関係で説明する。意識野が「相対無」として、物理的世界を包摂していたことからもわかるように、西田の場所は、認識論的構造をもとにしている。したがって、認識の層とそれに密接にかかわる言語形式（主語述語形式による判断）によって、場所の層構造をも説明するのだ。「AはBである」というとき、集合論の包摂関係でいえば、Bという集合にAという集合が包摂される（か、またはAとBは同一である）。このような包摂構造の極限で「絶対無の場所」に逢着するというわけだ。この世界の存在すべてをみずからのうちに包みこんでいる述語が、「絶対無」だというのである。つぎのようにいう。

しかし述語面が自己を主語面に於て見るということは述語面自身が真の無の場所となることであり、意志が意志自身を滅することであり、すべてこれに於てあるものが直観となることである。述語面が無限大となるとともに場所其者《そのもの》が真の無となり、これに於てあるものは単に自己自身を直観するものとなる。一般的述語がその極限に達することは特殊的主語がその極限に達することであり、主語が主語自身となることである。（I－151）

ところが、さらにそれら二つの場所を包摂する絶対的な場所が、いわばその裏面にある。それが「絶対無の場所」だ。したがって「絶対無の場所」というのは、「相対的世界」の背景をなす透明な枠組のようなものだといえるだろう。われわれが生きている「相対的世界」は、存在と無、上と下、前と後、Aと¬A（Aの否定）などの二項対立が支配する世界である。そのような相対的世界が成立するためには、その裏面に絶対的な場所がなければならないと西田は考えた。そのような観点からするならば、「絶対無の場所」という西田の命名は、誤解を招きやすい。この言い方では、「無」という、「有」（存在）と対立する相対的な語が入っているからだ。したがって、相対的な場所の裏面であるこの場所は、正確に表現すれば、「有無以前の絶対的な場所」とでもいうべきではないか。

　述語が無限大になり、すべての主語的個物を包摂するとき、同時に主語もその個物としての特殊性を極限にする。つまり、唯一無二の個物となる。したがって、個物の「内包」（性質的規定）も無限になり（唯一無二のその個物だけを表す無限の規定をもつ）、同時にそれら個物群を包摂するために、述語側も無限大の「外延」（無限個の具体的個物）をもつことになる。つまり、唯一無二の無数の個物を無限大の場所が包摂することになるのだ。ようするに反比例するはずの、「内包」と「外延」を、西田の「真の無の場所」は、それぞれその最大値で（無限）包摂するのである。阿部正雄は、そのような場所のあり方を、つぎのようにわかりやすく説明している。

> 　これに対し、真に包摂判断といわれるべきものは、主語の位置にある特殊を、その特殊のもつ固有性のまま、したがってそれのもつ種差をぬき去ることなく、普遍的なる述語によって、その内に包摂するような判断である。したがって、例えば犬はそれのもつ種差をぬきさられて、ただ「哺乳するもの」という意味で哺乳類という類概念的な述語につつまれるのではなく、又哺乳類は、それのもつ種差をぬき去られて、ただ「動く生き物」として動物というより上位の類概念に属することが示されるのではなく、犬はそれを成り立たせている基体である哺乳類というものが自らを限定し、自らを犬として特殊化したものである。また哺乳類は、それを成り立たせている基体である動物と

いうものが自らをその内に限定し、自らをその内に哺乳類として特殊化したものであるということを示すような判断――それが真に包摂判断といわれるべき判断である。したがって、ここでは、特殊なものはその特殊性のすべてを保持したままで、より普遍なものの内に包摂せられる。特殊なものはその種差をぬきさられて抽象的一般者に所属するのではなく、特殊はむしろそれのもつ特殊性の故に、より具体的な一般者の一つの自己限定として把捉される。このような意味の一般者は、抽象的一般者と異なり、自らの内に特殊化の原理、個別化の原理をふくんでいるのである。（中略）西田哲学では、このような意味での包摂判断において述語の方向に立てられた普遍的なもの一般的なものを、具体的一般者とよび、これをさきの抽象的一般者と区別する。（「西田哲学における場所の思想」『西田幾多郎研究資料集成　第9巻』446―447）

たとえば、シロという犬がいるとしよう。この犬は、動物であり、哺乳類であり、食肉目であり、イヌ科であり、イヌ属である。それぞれのレベルで一般的な性質を有している。そして最後に、「シロ」という固有名をもつ。こう考えると、シロは、それぞれの一般的なレベルで、それぞれの属性をもちながら、最後に唯一無二の「シロ」という個性をもつことになる。この最後の個性は、いずれの存在とも、どの「イヌ属」の動物とも異なるただ一つの個性だ。そして、そのような余物に代えがたいただ一つのあり方のまま、シロは、絶対無の場所に包摂される。絶対無の場所は、一般的なものすべてを包摂し、あらゆる述語が含まれているにもかかわらず、同時に「シロ」のような唯一性をもつ個物もそこに存在している。

これこそが、「具体的一般者」ということになるだろう。あるいは、「一般的なものの自己限定」というのも、こういった事態だろう。最も一般的でありながら、同時に唯一無二の特殊性を帯びているということ、これは、明らかに矛盾であるが、こういう矛盾が、われわれの存在の底なしの基底にある、と西田はいうのである。つまり、個物の唯一無二性のもつ無限と絶対無の場所のもつ無限とが、「主―述」という反対の方向でありながら、同時におなじ「場所」で成立しているということになる。これが、「具体的一般者」であり、「絶対矛盾的自己同一」ということなのだ。

このような「場所」の特異なあり方を、末木剛博は、つぎのようにまとめている。


(5・2) それ故「場所」の概念は四つの特性をもつことになる。

Ⅰ、「場所」は世界(自覚的世界)の述語の集合であり、無限大の内包集合「In(S∞)」である。

Ⅱ、「場所」はあらゆる個物を自己の内に於てあらしめる。即ち「於てあるもの」を包容する。

Ⅲ、「場所」は述語が主語を規定するという形で、その内の個物を規定する能動性をもつ。

Ⅳ、「場所」は(述語の)全体性である。

(5・2・1) これを一括して言えば、「場所」とは「あらゆる個物を自己の内に於てあらしめる能動的な諸々の述語の全体である」と定義しうる。これが西田固有の「場所」の概念である。(『西田幾多郎　その哲学体系Ⅱ』139)


「述語の全体」ということは、個物を規定する属性のすべてが、「場所」に包含されているということだろう。あらゆる個物に述語づけられることが可能なあらゆる性質、属性、一般性が包含されているということだ。そして、それはとりもなおさず、その述語によって規定される「あらゆる個物」も同時に含まれることになる。すべての「於てあるもの」を包容するのだ。また、このような述語は、包含しているすべての個物（主語）を規定する。たんに一般性として述語が存在しているわけではなく、能動的に個物を規定している。こうして、阿部が指摘するような「具体的一般者」つまり、あらゆる性質をもつ唯一無二の個物が、同時に存在することになるのである。ここにもまた（後述する）「多即一、一即多」の弁証法的関係、つまりは、「絶対矛盾的自己同一」があることがわかるだろう。

こうして「超越的主語面」であるアリストテレスの「基体」（主語になって述語にならないもの＝唯一無二なもの）と、「超越的述語面」である「絶対無の場所」が、無限という性質を共有して、世界内部へと超越する（裏面へと突きぬける）ことになる。

2.「自己の中に自己を映す」

西田の論文「場所」（一九二六年）をふりかえって、いくつかの問題点を指摘したい。周知のように、『善の研究』から始まった西田幾多郎の哲学が、この論文において、初めて「場所」という概念を創造した。西田の「哲学の創造」がここから始まったといえるだろう。ドゥルーズのいう「概念の創造」がおこったのだ。

「場所」という概念から出発すれば、認識は、自己の外側にある対象を把握することではない。「自己の中に自己を映す」ことになる。西田はいう。

我々が物事を考える時、これを映す如き場所という如きものがなければならぬ。先ず意識の野というのをそれと考えることができる。何物かを意識するには、意識の野に映さねばならぬ。而《しか》して映された意識現象と映す意識の野とは区別せられなければならぬ。（Ｉ－69）

われわれが何かを意識するとき、われわれ自身の意識の野が背景となり、意識されている何物かが、その背景のなかで展開していく。意識の野が「場所」となっているわけだ。そしてこの「場所」は、意識されている対象がそのなかで動いているかぎり、それ自身は〈無という背景〉をなしているといえるだろう。これが、もっともわかりやすい「場所」だ。われわれが「何か」を意識しているとき、その意識は背景にしりぞき、「何か」だけにスポットライトがあたっている。

他方、西田の世界では、なによりもまず主客未分の純粋経験がある。純粋経験という体験が先にあり、その体験そのものが、認識する自己と認識される対象とを形成する。このような自他分裂の形成過程において認識そのものが成立する。つまり、二重化（二つにわかれる）しなければ、認識は成立しない。

西田は、こうした自らの認識論とは異なるカント的な認識論をつぎのようにまとめる。

今日の認識論者は内容と対象とを区別し、内容は内在的であるが対象は超越的と考える。対象は全然作用を超越して、それ自身によって立つものと考えられる。此《ここ》において我々は意識の野の外に出るのである。対象には意識の野という如きものはないと考えられる。しかし意識と対象と関係するには、両者を内に包むものがなければならぬ。両者の関係する場所という如きものがなければならぬ、両者を関係せしめるものは何であろうか。対象は意識作用を超越するというも、対象が全然意識の外にあるものならば、意識の内にある我々よりして、我々の意識内容が対象を指示するという如きことを考えることもできない、対象が意識作用を超越するということすらできない。（I－70）

カントによれば、「物自体」は、われわれの現象界の外側にあり、われわれはそれを知覚したり認識したりはできない。われわれの意識に対して超越しているのだ。あるいは、フッサールの認識の構造にしても、「ノエシス―ノエマ」（志向作用―志向対象）という志向性の構造のなかには、「対象」は入っていない（「自体所与」（Selbstgebung）に目をつぶれば）。この構造に対して、対象は超越しているのだ。カントにしても、フッサールにしても、真の対象を直接把握することはできないのである。

しかし、西田にいわせれば、本当に超越しているのであれば、その対象を考えることすらできないはずなのに、対象を指示し、それについて議論もしている。そもそも「対象は超越している」などといっているではないか。そこで、すべてを内在化したい西田は、そのような対象も、すべて意識のなかに包摂しようとした。そのために、意識の場所が、その内側で、認識の構造をつくりだすことになったのだ。カントやフッサールが、対象を超越させることによって維持していた「外部性」を、「場所」のなかで確保しようとしたといえるだろう。

このことは、背景としての「場所」である「私」（意識野という無）が、「自己」を形成するということでもある。背景が二重化（自己限定）し、「自己の中に自己を映す」という構造が成立するのだ。いわば、背景は鏡であり、その鏡が自己の鏡面に自己を映すことによって、認識対象をつくりだすといえるだろう。論理以前（認識や対象化がおこる前）の鏡面が、二重化し自己の中に自己を映すことによって、われわれの通常の論理が現れるというわけだ。

西田はつぎのようにいう。

認識の立場というのも体験が自己の中に自己を映す態度の一でなければならぬ。認識するというのは体験が自己の中に自己を形成することにほかならない。体験の場所において、形式と質料の対立関係が成立するのである。斯く自己の中に無限に自己を映し行くもの、自己自身は無にして無限の有を含むものが、真の我としてこれにおいていわゆる主客の対立が成立するのである。此者は同ということもできない、異ということもできない、有とも無ともいえない、いわゆる論理的形式によって限定することのできない、かえって論理的形式をも成立せしめる場所である。（I－72）

「真の我」は、「場所」として、決して表には現われない。しかし、それは、自らの場所のあらゆる側面を鏡のように映すことによって、自己の姿を自己という場所であらわにする。「場」が「電荷」を受け容れることによって電磁場となるように、無である鏡が、自己を二重化して有を映しだすのである。この有の世界で論理形式が成立し、矛盾は矛盾として認識される（矛盾律の成立）。だから、「真の我」は、何かが映るまでは何ものでもない。何かと同じでもないし、異なっているともいえない。もちろん有でも無でもない。論理によって表現できるようなものではない。論理以前のものであり、論理形式そのものがそこで成立する。

西田は、このような自己自身を映す無の場所である「鏡」について、つぎのようにいう。

此の如き自己自身を照らす鏡ともいうべきものは、単に知識成立の場所たるのみならず、感情も意志もこれにおいて成立するのである。我々が体験の内容という時、多くの場合既にこれを知識化しているのである、この故に非論理的な質料とも考えられるのである。真の体験は全き無の立場でなければならぬ、知識を離れた自由の立場でなければならぬ、この場所においては情意の内容も映されるのである。(I－72―73)

われわれの世界では、誰もが理解できる論理が支配している。それは、世界内部的なごく普通の経験から理解できるだろう。しかし、その論理の外側は、世界内部の論理によっては理解できない。そういう論理形式そのものが成立する場所だからだ。だが、そのような場所を場所として特定することは、われわれには不可能である。何といってもわれわれは、世界の内側にいるからだ。外側にでて、そこから世界をとらえ、世界の形式を「客観的に」認識することはできない。

体験したことを体験したこととして、われわれが認識するとき、それは知識として成立している。もちろん、われわれの認識の枠組に入る前に、それが「非論理的な質料」であったとも考えられる。知識として成立するための枠組があるからこそ、枠組のなかの対象を認識できるのだ。

西田が最終的に目指しているのは、そのような内部での経験ではない。事後構成的にできる理路整然としたもの(＝対象論理)ではなく、それ以前のものを目指している。それは、いわば背面(鏡の面そのもの)であり、「真の我」であり、「全き無の立場」だ。ここはカオス的なものであり、ここでは矛盾律は成りたってはいない。

先に述べたように、カントやフッサールの立場とは逆に、西田は、「外部性」を「場所」のなかに閉じこめた。しかし同時に、その「場所」を底無しにすることによって、内部を外部へ一気に反転させたのだ。それが「絶対無」である。

『善の研究』で、「純粋経験」という主客合一の立場に達した西田は、論文「場所」においても、その立場から出発する。つまり、主客合一の「場所」しかないのだから、その「場所」において認識も成立するというわけだ。あくまでも「場所」自身の二重化によって認識の構造をつくりだす。対象という質料を認識するために、こちら側の形式をあてはめ認識するなどという既存の方法はとらない。カオス的な対象を、われわれが理解できる形に切り分けるというやり方はとらないのである。こうしたカント的な認識方法ではなく、西田は、「自己の中に自己を映す」という。

従来の認識論が主客対立の考から出立し、知るとは形式によって質料を構成することであると考える代りに、私は自己の中に自己を映すという自覚の考から出立して見たいと思う。自己の中に自己を映すことが知るということの根本的意義であると思う。自分の内を知るということから、自分の外のものを知るということに及ぶのである。（I－74）

だが、このようなことが可能なのだろうか。可能になるためには、まず全事象を包む領域が必要だろう。その領域そのものの内部で、「自覚」という構造化がおこり認識が成立しなければならない。そしてそのような領域を西田は、「自己」と呼ぶ。したがって、この「自己」は、個人としての「この私」というわけではない。森羅万象を包む「自己」ということになる。

西田は、このあたりの事情をつぎのようにいう。

自己に対して与えられるというものは、先ず自己の中において与えられねばならぬ。あるいは自己を統一点の如く考え、いわゆる自己の意識内において知るものと知られるものと、即ち主と客と、形式と質料と相対立すると考えるでもあろう。しかし此《かく》の如き統一点という如きものは知るものということはできない、既に対象化せられたもの、知られたものに過ぎない。（I－74）

自己を統一点のように考えてはいけないという。そのように「統一点」と考えると、すでに外側から対象化していることになる。もはや全てを包摂してはいないことになるからだ。つまり、「知られたもの」になってしまっている。「知るもの」（「自己」）は、対象化されないものでなければならない。それでは、決して対象化できない、この「自己」とは、どのような構造をもっているのだろうか。

西田はつづけてつぎのようにいう。

知るということは先ず内に包むということでなければならぬ。しかし包まれるものが包むものに対して外的なる時、物体が空間に於てあると考えられる如く、単にあるということにほかならない。包むものと包まれるものとが一と考えられる時、無限の系列という如きものが成立する。而してその一なるものが無限に自己自身の中に質料を含むと考えられる時、無限に働くもの、純なる作用という如きものが考えられる。しかしそれはなお知るものということはできない。唯、かかる自己自身に於てあるものを更に内に包むと考えらるる時、始めて知るということができる。（I－75）

「包むもの」と「包まれるもの」は、同じ一つのものなのだから、「包むもの」が「包まれるもの」を包むという構造が成立すると、同一のものが二重化されることになる。そうなると、二重化した一方である「包まれるもの」も、同一の別の側面である「包むもの」にならざるをえない。もともとは、同じ一つのものだからだ。こうして「包まれるもの」が「包むもの」になると、それに応じて、新たに「包まれるもの」が出来し、「包む―包まれる」構造が成立する。そして、この二重化した対立する二項が交代する構造は、無限につづく。一なるものが、一なるもののままで、二重化しつづけることによって、「包む―包まれる」の関係は無限に成立しつづけると西田はいうのである。

「包むもの」と「包まれるもの」が、同一のものであれば、「自覚」という「自己」の二重化の構造（「包むもの」と「包まれるもの」との無限相互交代構造）によって無限の系列が発動しはじめる。そうなると、二重化の結果である二つのものによって、その間に初めて作用が成立する。しかし、これだけでは、認識は成立しない。そのような作用は、あくまでも「知られるもの」にすぎない。一つのものが二重化しつづける構造にすぎないからだ。このような事態をさらに内に包むとき、「知る」は成立する。はじめてすべてを「包む」ことになるのである。

「すべてを包む」というのは、「無限を包む」ということである。ここで、西田は、ジョサイア・ロイスの「自己表現的体系」（self-representative system）を下敷きにしている（マラルド「自己写像と自覚」参照。『西田哲学への問い』所収）。自己が同一でありながら、二つの鏡のように分裂し、映しあえば、そこには、無限の鏡面の重なりが登場する。いずれの鏡面のなかにも、無限の面がたたみこまれていることになるだろう。そこには、外部がなく内部だけがある。しかも、その内部は無限なのだ。

マラルドは、ロイスの「自己表現的体系」をつぎのように説明している。

諸君がいまいる、その地域の地図を諸君が描こうとしていると仮定してみよう（ロイス自身は、例として英国を選んでいる）。この地図は望み得る限り正確に描かるべきものとする。そうすれば、その地図は一点一画に到るまでどんな細部でも全て描いており、それゆえその地域のどんな細部も地図上に対応する細部を持つことになろう。さて、地図が完全なものであるためには、この地図はそれ自身を写し取っていなければなるまい。なぜかと言うと、その地図自体が、地図に描かれる地域の一つの細部となっているからである。その「地図の中の小さな地図」はもっと小さな地図を描いていなければならず、このようにしてさらにさらにと、より小さな地図を無限にその中に写し取っていなければならないことになろう。（『西田哲学への問い』43—44）

このようにして、無限は、「場所」のなかにたたみこまれていく。自己（「その地域」）が、自己自身を完全に包摂するためには、自己の地図を無限に包みつづけなければならないからだ。こうして「自己が自己の中に自己を映す」という構造が成立するというのである。このような構造は、「世界そのもの」の構造となっていく。

マラルドは、つぎのようにいう。

西田は後になって世界が「自覚的」であるとして、世界は何物をも排除することなく自己自身を自己の内に写すと言うようになる。さらに言えば、実のところ「無」が、可能な一切の見渡しの場を

包み込み、それ自身はその外側のいかなる場所からも見られることのないような最後の場所の名なのである。（同書49）

「すべてを内在化しようとする」西田にとって、この「自覚」の構造は、必須のものであったといえるだろう。自己内写像によって、無限をたたみこむことが可能になれば、すべてはおのずと内在化され、その外側には、「絶対無」という「場所そのもの」（「場所」とすらすでにいえない「透明な裏面」）が覆うことになるからだ。これが、西田の考える世界の構造ということになるだろう。

寧ろ映すことは「絶対無の場所」の「変様（Modifikation）」ないしは「限定」となるのである。一切を包み込むものとして、この最後の「場所」は、限定というそれ自身の原理をも包み込んでいなければならない。映すことは最後の場所の内に存しているのでなければならない。（同書50―51）

「絶対無の限定」によって、存在の世界は具体的な様相を帯びる。絶対無が「自己の中に自己を映す」ことによって、この世界は現れるのだ。そして、この「絶対無」は、われわれの論理的な世界を、論理以前、有無以前の「非合理な」裏面として覆っている。しかし、覆っているといったからといって、「絶対無の場所」は、場所的なあり方をしているわけではない。「絶対無」なのだから、われわれの存在の世界で対象化できるようなあり方はしていない。「絶対無」は、「絶対現在」でもあり「永遠の今」でもある。裏面でもあり、内在的超越でもある。われわれの存在世界、流動的時間とは絶対的に隔絶されたところに、しかし、あくまでも裏面に（もっとも近接して）存在している（しかし無として）のだ。

3.「色」と「赤」について

「真の無」と「対立の有無」とのちがいを西田はつぎのように説明する。

しかし有るというものに対して認められた無いというものは、なお対立的有である。真の無はかかる有と無とを包むものでなければならぬ、かかる有無の成立する場所でなければならぬ。有を否定し有に対立する無が真の無ではなく、真の無は有の背景を成すものでなければならぬ。（Ⅰ－77）

有無の対立をも包摂する場所が、「真の無の場所」である。したがって、繰り返しになるが、正確にいえば「有無以前の場所」ということになるだろう。西田が「真の無」というときの「無」という語は、誤解をうむ。「無」というのは、何といっても本来「有」（存在）の対立概念だからだ。西田のいう「真の無」は、対立そのものが成立しない場所という意味である。だから、「対立が無い」という意味のべつの語をつくった方がいいのかもしれない。ただ、新しい語をつくったとたんに、その語の反対語も成立するから、どうにもならない。「対立そのもの」が、この世界から消えてしまうことはないのだから。

これは、とりもなおさず、言語の本質的特徴であって、すべての語には、否定がその裏側にくっついているということだ。特定の語が成立したとたんに、その否定も同時に生まれる。したがって、「真の無」を言葉で表すことは、そもそも原理的に不可能だということになるだろう。そうなると、「真の無」あるいは、「絶対無」は、「有無以前の場所」というよりは、「言語化以前の場所」といった方が、正確かもしれない。

西田は、珍しく例をつかってつぎのように説明していく。

> 例えば、赤に対して赤ならざるものもまた色である。色を有《も》つもの、色が於てあるものは色でないものでなければならぬ、赤もこれに於てあり、赤でないものもまたこれに於てあるものでなければならぬ。（I－77）

「色」という場所において、「赤」と「赤ならざるもの」が存在している。しかし、その「色」そのものもまた、それを包む「場所」になければならない。このような色そのものも包む「場所」に「赤」「赤でないもの」あるいは、具体的な諸々の「色」が存在していることになる。「真の無」は、赤という色のカテゴリーに対して、色とはかかわりのない「場所」ということになるだろう。

さらに西田はこういう。

> 類概念を場所として見ている間は、我々は潜在的有を除去することはできない、唯働くものを見るに過ぎないが、類概念をも映す場所においては、働くものを見るのではなく、働きを内に包むものを見るのである。（I－78）

類概念というはっきりした枠組をもつものを、場所と考えるのであれば、われわれはすでに「有」を前提していることになるだろう。箱のようなものが、背後に潜在していることを前提にして、そのなかにもろもろの事物があるということになるからだ。そして、その事物（働くもの）を包む、その類概念をも包む場所（ただし対象化できない背後、あるいは裏面的なもの）において、いろいろな働きを含む類概念を見ることになる。

物がある性質をもてば、それと反対の性質はもっていない。赤いリンゴは青くはない。しかし、もしリンゴが腐っていくという過程を進むのであれば、そのリンゴは青くなっていき、青と赤という反対の性質を同時にもっていたことになるであろう。「変ずるものはその反対に変じ行くの」（I－78）だ。そして、この赤から青への変化は、色という「場所」において起こっているといえる。何といっても、色が変化したのだから。すると今度は、赤の「有無」を含む色という「場所」そのものが、作用（つまり変化の働き）とも考えることができるだろう。つまり、変化するためには、その根柢に色という「類概念」が必要になるというわけだ。色という類概念がなければ、赤から青への変化はない。

このように考えれば、赤から青への変化という「作用」と支えている色という概念、つまり「場所」は、真に無ではなく、「或内容を有《も》った場所、あるいは限定せられた場所」（I－78）、つまり、色という場所ということになる。変化という作用が成立するためには、赤という有が消え（無になり）、青という有が生まれる（赤が無になり、青が生まれる）のだけれども、「無が有を包むとはいわれない」（I－78）だろう。

ところが、西田は、

真の場所においては或物がその反対に移り行くのみならず、その矛盾に移り行くことが可能でなければならぬ、類概念の外に出ることが可能でなければならぬ。（I－78）

ともいう。これは、どういうことだろうか。

つまり、色という場所において、赤からその反対の青へと移り行くだけではなく、赤から「赤かつ青」という矛盾にたどり着かなければならない。このことによって、もはやそれは、「色」という概念からは離れることになる。「赤かつ青」という矛盾した事態なのだから。このような場所では、赤から青へ、青から黄色へといった変化が起こるのではない。「赤から青」という概念によっては把捉できない唯一無二の事態が生じるということだ。ここにおいては、概念枠によって規定されたわかりやすい変化（赤から青へという変化）はもはや起こらない。唯一無二の事態が生じ、かつ消滅する。矛盾したものは、われわれの世界で理解できる枠組のなかでは生じない。したがって、それは〈生じ、かつ、消滅する〉というあり方で姿を現す（同時に、消える）。それは、何らかの過程ではなく、ただ見ることしかできない（理解できず知ることはできない）事態だ。

類概念を場所にすれば、リンゴは、赤から青へと変化する。つまり、赤という現実的な色があったとしても、そこには、潜在的に青や黄が存在している、変化の可能性として。実際に色の変化を見るのであり、それはとりもなおさず、潜在的なものが顕在化する働きなのだ。それに対して「類概念をも映す場所」（I－78）においては、働くものではなく、働きそのものを内に包む場所を見るので、類概念に含まれる差異（赤や青や黄）そのものの統合を見ることになる。他の色と対立することのない、色そのもの（形式と質料との融合）を見るのだ。これが、「対立なき対象」（I－79）ということになるだろう。

しかし、このような「対立なき対象」も、われわれは意識の対象とすることができる。先程の例でいえば、具体的な色をもってはいない色一般という概念をもつことは可能だ。この場合には、この場所は、たしかに具体的なものという意味での「有」ではないので、「無」ということになるだろう。色や形といった概念群を包摂する場所なのだから。しかしこれは、あくまで概念群という「有」にたいして「無」であるにすぎない。概念同士の対立関係を維持するための空虚な土俵のようなものだ。だが西田は、この無を「対立的無」（I－79）と呼ぶ。

このように考えると、最終的にはすべての概念群、あらゆる一般的なものや抽象的なものを含みもつ意識という場所が想定されるだろう。あらゆるもの（具体から抽象までのすべての段階のもの）は、この意識に包摂されると考えることができる。しかし、このような意識にしても、すべての概念群という有に対して、無という透明な舞台になっているという意味で「対立的無」（相対無）にすぎない。まだまだ「真の無の場所」ではない。それでは、「真の無の場所」とは、どのようなものなのか。西田はこういう。

真の無の場所というのは如何なる意味においての有無の対立をも超越してこれを内に成立せしめるものでなければならぬ。何処までも類概念的なるものを破った所に、真の意識を見るのである。（I－80）

西田はすべての類概念を包摂するところに真の意識を見る。ただ、対象として認識可能なものが、すべて意識のなかにあるのだから、そこは、最終的な「無の場所」ではない。しかし、最終地点に到達したというメルクマールはある。矛盾だ。

もし我々がこれに反して考えた場合、我々の思惟は矛盾に陥るほかはない、思惟は思惟自身を破壊することとなる。（I－80）

対立が考えられない対象が最終的にでてきて、その対象に反対するものをあえて考えた場合、必ず矛盾（あるいは、思考不可能な事態）に陥る。それまでは、どんな存在でもその対立物を考えることができた。どんなものでも、否定すればその反対のものをつくることができた。しかし、有無をも含めた森羅万象、あるいは、その否定をも同時に包摂したすべての存在と反すること（もの）を考えようとするとき、その思考は、ただちに破壊される。そして、これこそが、

対立的なる無の立場から真の無の立場に進むということにほかならない、単に物の影を映す場所から物が於《お》いてある場所に進むというにほかならない。（I－80）

ということなのだ。ここに、本当の無の場所が、その背景として垣間見える。したがって、「真の無」とは、決して思考しえない状態の背後にある場所ということになる。

しかし対象が主観的作用を超越して自立すると考えるならば、客観的なる対象の成立する場所は、主観的であってはならぬ、場所其者《そのもの》が超越的でなければならぬ。我々が作用という如きものを対象化して見る時、またかかる思惟対象の場所に映して見るのである。意味其者という如きものすら客観的と考えられるならば、かかるものの成り立つ場所も客観的でなければならぬ。あるいはそのようなものは単なる無に過ぎないというでもあろう。しかし思惟の世界においては無もまた客観的意義を有《も》つのである。(I－68―69)

このように考えるならば、西田の考える場所は、たんに主観的な領域のことではない。超越した「場所」でなければならない。それを西田は、「思惟対象の場所」といいかえている。たんに主観的ではない、こうした場所においては、「意味其者」も考えられるだろう。「無」という概念を考えているのであれば、この「無」も、また客観的なものとして、この場所にある。そして、この思惟の場所の背後に、「意識の野」が現れる。

我々が物事を考える時、これを映す如き場所という如きものがなければならぬ。先ず意識の野というのをそれと考えることができる。何物かを意識するには、意識の野に映さねばならぬ。而《しか》して映された意識現象と映す意識の野とは区別せられなければならぬ。意識現象の連続其者の外に、意識の野という如きものはないともいい得るであろう。しかし時々刻々に移り行く意識現象に対して、移らざる意識の野というものがなければならぬ。(I－69)

意識現象が意識現象として現れるためには、その底に意識の野という場所がなければならないというのだ。さきの引用との関係からすると、この「意識の野」は、主観的なものではないことになるだろう。「思考が生成する場所」であり、ある意味で非人称的な場所といえるかもしれない。主と客とを同時に包む場所といえるだろう。だからこそ、それは点のようなものではなく「場所」なのだ。

あるいはそれを我という一つの点の如きものとも考え得るであろう。しかし我々が意識の内外というものを区別する時、私の意識現象は私の意識の範囲内にあるものでなければならぬ。かかる意味においての私は、私の意識現象を内に包むものでなければならぬ。右の如く意識の立場から出立して我々は意識の野というものを認めることができる。（I－69）

この意識は、いわゆる主観や、心理学における意識ではない。フッサールが〈ノエシス―ノエマ〉という言い方をし、「対象」がその関係を超越するというときの「意識」、あるいは、カントが現象界と物自体との関係で認識を考える際の「意識」ではない。

西田はいう。

しかし意識と対象と関係するには、両者を内に包むものがなければならぬ。両者の関係する場所というが如きものがなければならぬ、両者を関係せしめるものは何であろうか。対象は意識作用を超越するというも、対象が全然意識の外にあるものならば、意識の内にある我々よりして、我々の意識

内容が対象を指示するという如きことを考えることもできない、対象が意識作用を超越するということすらできない。（I－70）

つまり、西田のいう「意識」とは、われわれの意識と、われわれが意識しうるすべてのものを包む「場所」なのである。その「場所」に、思考の対象としてすべてが登場する。その場所に入っていないものは何一つない。

この故に意識は一般的なるものの自己限定ともいい得るのである。感覚的意識といえども、それが後の反省可能を含む限り意識現象といい得るのである。一般的なるものが、極限として達することができないというならば、個物的なるものも達することのできない極限といわねばならぬ。（I－71）

最も一般的なものが自己限定して開いた場所、それが西田のいう「意識」である。西田は、カントのように、物自体が彼方にあり、それを形式（図式、カテゴリー）によって現象させるといった構図は考えていない。まずは、直接で純粋な体験そのものがあり、その体験のなかからすべては始まる。

体験の内容は非論理的というよりも超論理的である、超論理的というよりもむしろ包論理的といわねばならぬ。（I－72）

カオス的な体験を、主観的な形式によって認識するのではない。われわれの具体的な体験（「純粋経験」）が、論理も何もかも包摂している。そして、認識の成立は、その体験自身の自己限定によるというのだ。

認識の立場というのも体験が自己の中に自己を映す態度の一でなければならぬ。認識するというのは体験が自己の中に自己を形成することにほかならない。（Ⅰ－72）

体験が、みずから二重化し、「自己の中に自己を映す」という構造を形成するのだ。そしてもちろん、その体験は「場所」でもある。

体験の場所において、形式と質料の対立関係が成立するのである。斯く自己の中に無限に自己を映し行くもの、自己自身は無にして無限の有を含むものが、真の我としてこれにおいていわゆる主客の対立が成立するのである。此者は同ということもできない、異ということもできない、有とも無ともいえない、いわゆる論理的形式によって限定することのできない、かえって論理的形式をも成立せしめる場所である。（Ⅰ－72）

われわれの体験は唯一無二の説明できない出来事だ。そこですべてが起こる。自分自身の体験を、客観的に説明するためには、その体験が過去のものとして対象化されなければならない。過去のものとして、他の諸々のものと一緒に陳列台に並べられるとき、そこでは、形式と質料の分析も可能だろうし、論理による判断や認識も可能になるだろう。しかし、〈体験そのもの〉は、それらの過去化された陳列棚を現出させた創造の場なのである。それは、〈何もの〉でもない。もちろん有でも無でもない。誰にも認識できないこの創造の場を西田は、「真の我」と呼ぶ。そして、それを「鏡」とも呼んでいる。

此《かく》の如き自己自身を照らす鏡ともいうべきものは、単に知識成立の場所たるのみならず、感情も意志もこれにおいて成立するのである。（I－72）

もともとそこには、何もないのであり、事後構成的にしか認識は成立しない。したがって、そこは、鏡そのものともいえるだろう。その鏡に映ることによって、後から認識可能な対象が現れるのだ。鏡は、もともと自身を映すことはできない。しかし鏡において、自己自身を照らす構造が成立すれば、すべての出発点である「体験」もまた、現出することになるだろう。だから、

真の体験は全き無の立場でなければならぬ、知識を離れた自由の立場でなければならぬ、この場所においては情意の内容も映されるのである。知情意共に意識現象と考えられるのはこれによるのである。（I－72―73）

何も映っていないまっさらな鏡面が、〈ここ〉にある。というよりも誰にも確認できないあり方で裏面にある。すべての体験は、〈ここ〉で起こる。そして、その体験という「場所」そのものが、対

象との関係をもつ（というよりも、正確にいえば、「場所」そのものが、自己限定して鏡面に対象を映す）。それが、判断作用だという。このような「自己限定」こそが、西田が考える認識の構造だといえるだろう。

したがって西田は、つぎのようにいう。

従来の認識論が主客対立の考から出立し、知るとは形式によって質料を構成することであると考える代りに、私は自己の中に自己を映すという自覚の考から出立して見たいと思う。自己の中に自己を映すことが知るということの根本的意義であると思う。（I－74）

先にも述べたように、「自己の中に自己を映す」というのは、場所が場所自身を自らに映すということである。しかし、この背後にある場所は、「無」なのだから、そこで起こっているのは、無という鏡面が自己自身を無に映して（本来は存在しない）虚像をつくりだしているということになるだろう。

この場所において鏡の役目をするのは「一般概念的なるもの」である。これは、すべてを包摂する「一般概念的なるもの」であって、論理的に対象化されたものではない。矛盾をも包摂する「一般概念的なるもの」なのである。すべての体験を包む場所そのものの基底をなす内容そのものだといえるだろう。

西田はつぎのようにいう。

意識は何処までも一般概念的背景を離れることはないと思う。一般概念的なるものが何時でも映す鏡の役目を演じているのである。我々が主客合一と考えられる直覚的立場に入る時でも、意識は一般概念的なるものを離れるのではない、かえって一般概念的なるものの極致に達するのである。矛盾を意識する立場において一般概念的なるものを破って外に出るというのは、対象化せられた一般概念的なるものを意味するのである。此《かく》の如きは既に限定せられたもの、特殊なるものに過ぎない、知るという意味をも有《も》たない。直覚的なるものを映す場所は、直《ただち》にまた概念の矛盾を映す場所でなければならない。(I-81―82)

主客合一した状態というのは、体験そのものであり、分節化される前の〈そのもの〉である。そしてそれは、そのなかに矛盾を含む、というより矛盾そのものであるといえるだろう。対象化される前の渾沌なのだから。だからこそ、この場所は矛盾をも包摂する場所だといわれるのだ。これを「一般概念的なるものの極致に達する」とも表現している。

そして、この「一般概念的なるものの極致」とは、プラトンのイデアのようなものをも含む場所である。西田はいう。

プラトンの哲学においては、一般的なるものが客観的実在と考えられたが、真にすべてのものを包む一般的なるものは、すべてのものを成立せしめる場所でなければならぬという考には到らなかった。この故に場所という如きものはかえって非実在的と考えられ、無と考えられたのである。しかしイデヤ自身の直覚の底にもかかる場所がなければならぬ、最高のイデヤといえどもなお限定せら

れたもの、特殊なるものに過ぎない、善のイデヤといっても相対的たるを免れない。（I－83）

この場所は、イデア的なものまでも包摂するのだから、「真の無」であり、「単に映す鏡」なのだ。相対的なもの、対象化できるものは、必ず場所においてなければならない。西田は、つぎのように結論をいう。

最も深い意識の意義は真の無の場所ということでなければならぬ。概念的知識を映すものは相対的無の場所たることを免れない。いわゆる直覚において既に真の無の場所に立つのであるが、情意の成立する場所は更に深く広い無の場所でなければならぬ。この故に我々の意志の根柢に何らの拘束なき無が考えられるのである。（I－84）

ここで西田は、ふたたび色という具体例をつかって、「場所」における一般と特殊の関係を説明する。みてみよう。

例えば種々なる色は色の一般概念に於てある、色の一般概念は種々なる色の於てある場所と考えるのである。（I－84―85）

色という一般概念が場所で、そのなかに赤や青があるというわけだ。しかし、この二者の関係は、所有ではない。

色自体の如きものが種々なる色を有《も》つということはできぬ、有つというにはその背後に隠れた或物が考えられねばならぬ。而してその或物は全く類を異にせる性質をも有ち得るものでなければならぬ。（I－85）

また、色自体は「作用」でもない。

色自体という如きものは未《いま》だ働くものではない、時の関係を含むものではない。（I－85）

色という場所に於いて、赤や青といった具体的な色は、物理学でいう「場」と電荷の関係に似ている。具体的な赤や青といった色が、そこに生じれば、色という概念が成立するからだ。電荷が生じなければ「場」全体は電荷を帯びないように、赤や青といった具体的色が発生しなければ色という「場所」には、なにも存在しない。

唯一般的なるものは特殊なるものを含み、後者は前者に於《お》いてあるのみである。あたかも形あるものは形なきものの影であるという如く、形なき空間其者《そのもの》の内に無限の形が成立する如き関係であろう。（I－85）

そしてそれは、つぎのような判断形式（文）で表現される。

赤は色であるという判断において、繋辞《けいじ》は客観的には一般的なるものにおいて特殊なるものがあり、一般なるものが特殊なるものの場所となるということを意味する。（I－85）

「一般的なるもの」（述語）が「特殊なるもの」（主語）を包摂するのであり、それは、「一般的なるもの」という場所に「特殊なるもの」が含まれるということだ。この「赤は色である」という判断をする際の「赤い色」（対象）が、「一般的なるもの」（色）においてあるということになるだろう。しかし、この「場所」をさらに拡大して、「意識」もここに含まれると考えるならば、意識に「赤は色である」という判断が映るということになる。

そのとき場所は、意識という鏡によって、そこに映るものを映すものになる。しかし、西田も指摘するように、この鏡の比喩は誤解もはらむ。

無論、鏡は一種の有であるから、真に物其者を映すことはできぬ、鏡は物を歪めて映すのである、鏡はなお働くものである。（I－86）

たしかに、鏡のような働きをするが、しかし、真の場所は、もっと透明で厚みがない。つまり、端的に〈無〉なのである。色という一般的なものが、一般的なままでは、何色（有＝存在）でもないように、それは、ただただ〈無〉なのだ。

一般なるものが特殊なるものを有つのではない、特殊なるものが一般的なるものの結果というのでもない、また単に空間が物を含むとか、物が空間に於てあるとかいう意味において含むのでもない。一般と特殊とは物と空間というように相異なるのでもない。特殊なるものは一般なるものの部分であり、かつその影像である。しかし一般なるものは特殊なるものに対して、何ら有の意義を有するのではない、全然無である。（I－86―87）

それはそうだろう。赤は色の一部であり、赤という特殊（具体的なもの）がなければ、全く現れることはないのだから。〈色そのもの〉はどこにもない。透明な背景にすぎない。さらに西田は、つぎのようにいう。

物が個物的であればあるほど、一般的でなければならぬと考えられる時、その一般的なるものは個物的なるものを自己の中に映すものでなければならぬ。（I－87）

個物が唯一無二になり、他のものと比較できないものになれば、無数の一般的規定が必要になる。そういった意味で、「物が個物的であればあるほど、一般的でなければならぬ」のだ。そのとき、一般的なるものは、個物的なものを自己に映すことになる。これは、どういうことだろうか。

個物が、唯一無二であるためには、多くの性質がその背景になければならない。唯一無二の個物、たとえば眼の前の万年筆を考えてみよう。このペリカンの「スーベレーンM４００」は、私の手あかによって緑のストライプは少し汚れている。さらにペン先も、ロイヤル・ブルーのインクの微妙な模様ができている。いずれにしても、緑、ストライプ、ペン先の形、ロイヤル・ブルー、模様、などなど多くの一般的な背景が、それぞれ細かく限定されて、唯一無二の（ここにある、この）万年筆ができあがっているのだ。

〈唯一無二〉が成立するためには、その個別の特徴が一般的な背景に映っていなければならない。逆にいえば、一般的なものが、自己限定していなければならない。そして当たり前だが、個物と一般的な背景は、同質のものでなければならない。

西田もこういう。

しかし何かが何かに於てあるという時、既にその両者の間に何らかの関係がなければならぬ、徳は三角に於てあるなどということはできない。「於てあるもの」は自己のある場所の性質を分有するものでなければならぬ、空間に於てある物は空間的でなければならぬ。（I－87）

しかし、空間とその空間においてあるものとの関係は、西田によれば、「本体と様相」という関係ではなく、様相間の関係だ。西田は、つぎのようにいう。

本体なき様相ともいうべき純性質的なるものが互に相区別し、互に相関係するというには互に相映し映されることによって、客観的に自己自身の体系を維持するというのほかはない。（I－87―88）

空間とその空間においてあるものは、互いに映し合い、その相互作用によって、それぞれの体系を維持する、と西田はいう。これは、どういうことか。

赤い色が、色という一般においてあることを考えてみよう。赤が赤であるためには、色という一般的なもののなかになければならない。色でない赤など存在しないのだから。だから、赤のなかには、色が映っているといえるだろう。他方、色の方も、多くの個別の色がそのなかに映っているからこそ、色なのだから、赤が映っているといえる。この色と赤との関係は、あくまでも「色」の方が、「場所」であり、「赤」の方が「おいてあるもの」だ。しかし、それは、多くの段階の途中の一つといえるだろう。つまり、「色」も個になりうるし、「赤」も一般になりうるということだ。この一般と個との関係は、無限に近い系列をなしている。

映すもの（場所）と映されるもの（個物）との関係は、「本体」と「様相」というようなものではなく、「純性質的なもの」が互いに相区別し、映し合うのでなければならないという。しかも、「直接なる経験の背後」（Ｉ－88）には、「本体なき様相の世界」つまり「純粋経験の世界」がある。ここに至って、個物と一般は、あたかも「表裏」をなすようなものとして存在していることになるだろう。一般は、全く働くことのない「裏面」として、個物の経験の背後にある。だからこそ、西田は、「一般なるものは特殊なるものに対して、何ら有の意義を有するのではない、全然無である」（Ｉ－87）というのだ。「裏面」は「有」ではない。「無」なのだ。

それでは、この「映す」というのは、どのようなことだろうか。西田も、何度も強調するように、「場所」は無の場所なのだから、そこで何か実体的なものが働くということはない。

すべての有を否定する無の場所においては、働くことは単に知ることとなる、知るということは映

すことである。（Ⅰ－88）

そこには何もないのだから、そこに映ったものを「知る」という。何もないが、しかし、そこに何かが映るという事態は生じるということだ。すると、この「知る」は、「知る主体」のない「知る」ということになる。したがって、それは「映す」ということになるのだ。「すべての有を否定する無の場所」が知るというのは、知る主体も知る対象もない場所だということになるだろう。しかし、これはどういう事態なのか。

少し戻って、西田のいうことに耳を傾けてみよう。「働くということから映すということは出て来ない」（Ⅰ－88）といって、「かえって無限に自己の中に自己を映すということから、働くものを導き出すことができるのである」（Ⅰ－88）という。ここで西田がいっているのは、われわれが通常「働く」というのは、「自己の中に自己を映す」ことを無限に繰り返すことによって、導きだされるということである。

われわれの世界では、いろいろなものが「働いている」。人も動物も、働きうごき活動する。しかし、この「働くもの」は、その「働くもの」が存在している場所が、「自己の中に自己を映す」ことによって、働いているというのだ。そもそも、この場所は、「すべての有を否定する無の場所」なのだから、何も存在していない。その空虚な場所が二重化され、自己の中に自己を映す、ということになるだろう。

われわれの意識は、その中で世界の諸々の現象を映している。意識という空間の中で、次々とさまざまな出来事が起こっていく。しかし、この意識という空間と、その中で展開される事柄は、同じものではない。この「意識」を、「相対無の場所」だと考えるならば、場所である意識と、そこで起きる出来事は、「映す映される関係」であり、「一般と特殊の関係」でなければならない。このように考えるならば、意識の中で生じる諸々の出来事は、意識的なものでなければならないだろう。しかも、多くの出来事が「働く」ためには、意識が「無限に自己の中に自己を映す」のでなければならない。「すべての有を否定する無の場所」が意識なのであれば、何もない意識の場所に、その意識が二重化して、「自己の中に自己を映す」ことによって、働くものが導きだされる。この相対無の場所（意識）で生じる諸々の事柄は、意識の無限の自己投影ということになるだろう。しかし、この「無の場所」の背後には、さらに「真の無の場所」が控えている。

更にこの立場を越えて真の無の場所においては、我々は意志其者《そのもの》をも見るのである。意志は単なる作用ではなく、その背後に見るものがなければならぬ、然らざれば機械的作用や本能的作用と択ぶ所はない。（Ⅰ－88）

真の無の場所には「意志其者」が「見るもの」としてある。この「意志」が対立的無の立場に映されると、「作用としての自由意志」になるという。そして、次のようにいう。

意志も意識の様相と考えられるのは此の如き考に基《もと》づかねばならぬ、作用としての自由の前に状態としての自由があるのである。（Ⅰ－89）

知ると働くとの関係が、相対無の場所と、そこにおいてあるものとの関係であったのと同じように見ると知るとの関係は、真の無の場所と相対無の場所との関係になる。真の無の場所には、状態としての自由（見る）があり、対立無の場所には、作用としての自由（知る）があるということになるだろう。同じ「自由」が二重化し、状態としての自由が作用としての自由を映すのである。

4．「ある」という動詞について

さて、次に西田は、「ある」について次のようにいう。

繫辞《けいじ》としての「ある」と存在としての「ある」とを区別すべきことはいうまでもないが、物があるということも一つの判断である以上、両者の深き根柢に相通ずるものがなければならぬ。（Ⅰ－89）

対象として物が存在しているとき、われわれは、「物がある」という判断を下す。この「ある」は存在としての「ある」だ。西田は、このように判断を下すことによって、存在がたしかめられているという。つまり、判断と存在は、深く結びついているというわけだ。一方、繫辞としての「ある」については、つぎのようにいう。

「ある」という繫辞は、特殊なるものが一般なるものの中に包摂せられることを意味する。一般なるものの方からいえば、包摂することは自己自身を分化発展することである。判断とは一般なるものが自己自身を特殊化する過程と考えることができる。(I - 89)

例えば、「AはBである」(繋辞の「ある」)というとき、Bという一般的な領域にAが包摂されている。「人間は動物である」といった文を考えれば明らかだ。そして、それを西田は「一般なるものが、自己自身を分化発展する」あるいは、「一般なるものが自己自身を特殊化する過程」だという。

西田のなかでは、「人間は動物である」という判断は、「動物」という一般的なるものが、「人間」という特殊なものへ分化発展する(つまり、特殊化する)ことなのである。これは、どういうことだろうか。論理的な順序として、あくまでも「一般なるもの」の方が先にあるということが、まずいえるだろう。「動物」がまずあって、それが分かれることによって(多くの種類の動物に分かれる)、人間という概念が登場するというのだ。

動物というコンテキストがあるからこそ、人間という概念を理解できるといい換えてもいいかもしれない。動物という一般的なるもののなかに、哺乳類、爬虫類、猫、犬、昆虫といった概念が、層をなして、多くの集合をつくって包摂されている。だからこそ、そのなかの人間という集合が、鮮明になるといっていいだろう。動物という全体集合のなかで、それを構成している多くの部分集合との差異によって、人間という集合の意味が決まるといってもいいかもしれない。

西田は、さらにつぎのようにもいう。

我々が外に物があるという時、それは繋辞の「ある」ではなく、存在するということでなければならぬ。しかし此の如き存在判断が一般妥当的として成立するには、その根柢にやはり具体的一般者が認められねばならぬ。（Ｉ－89）

さきにも引用した「繋辞としての「ある」と存在としての「ある」」が、「深き根柢に相通ずるもの」があるということを、別の言い方で表現しているといえるだろう。「物がある」という存在判断が、一般的に妥当するかたちで成りたつためには、根柢に「具体的一般者」がなければならない。つまり、繋辞としての「ある」が媒介する一般と具体の関係を基盤にしていなければならないという。ここまでくると存在判断は、「場所」という一般と、そこに存在する「物」との関係だということがわかってくる。

この世界の基底には、「絶対無の場所」がある。その場所のなかに何かが存在しているということは、その場所が「分化発展し、特殊化する」ことによってなのだ。このように考えれば、たしかに繋辞としての「ある」と、存在としての「ある」は、「深き根柢に相通ずるもの」ということになるだろう。それでは、「場所」と「物」とは（物が存在する）、どのようにかかわっているのだろうか。「動物」と「人間」の場合（人間は動物である）と同じなのか。

絶対無の場所は、〈有／無以前〉であり、存在そのものが登場する場所と考えていいだろう。〈有／無以前の場所〉から存在（有）が登場するわけだから、そこではわれわれには、うかがいしれない「絶対的出来事」がおこっているにちがいない。だからこそ、西田は、つぎのようにいう。

非合理的なるものの合理化によって、存在判断が成立するのである、時間空間というもかかる合理

化の手段に過ぎない。(Ⅰ－89)

存在判断は、「非合理的なるものの合理化によって成立する」ものだという。「絶対無」という「非合理的なるもの」(〈有／無以前〉の場所)を合理化することによって、われわれは存在というものを言明し判断することができる。「時間空間」という枠組も、非合理な絶対無の領域を、こちら側が判断可能なものとなるように合理化する手段だと西田はいっているのだ。

このようにして、西田は、つぎのような結論をいう。

斯く考え得るならば、存在するということは具体的一般者の立場からの繫辞を意味し、繫辞の「ある」というのは抽象的一般者からの存在を意味すると考えることもできる。(Ⅰ－89―90)

「存在する」というのは、絶対無(述語そのものを成りたたせる有無以前の場所)という述語をもつ個物としての主語のことであるから、絶対無という一般者が、自己自身を特殊化した「具体的一般者」ということになるだろう。そして「AはBである」という繫辞としての「ある」は、Bという抽象的一般者のなかに、Aが存在しているということになる。こうして、存在の「ある」と繫辞の「ある」が、同様の事態を指していることがわかるだろう。

さらに西田は、つぎのようにいう。

自然界に於て物があるということは存在判断の妥当なるを意味し、赤は色であるということは赤は

色の概念に於てあるということを意味する。（I－90）

自然界に物が存在することと、赤が色であるというのは、ある意味で同じ事態だということだ。だから、つぎのように続ける。

いわゆる存在とは一般的繋辞の特殊なる場合と考えることができる。特殊なるものが一般なるものに於てある時、我々は単に有ると考える、有が有に於てあるのである。例えば色は自己自身に体系を成して自己自身に於てあると考えられる、いわゆる対立なき対象となるのである、自然的存在も同様の意味に於て超越的対象である。（I－90）

存在の領域に個物が存在しているとき、それはたんに「有る」ということができ、「有が有に於てある」ということになるだろう。さまざまな色は、色の体系のうちにある。「赤も青も緑も色である」というのは、赤も青も緑も、色という領域に存在しているということだ。色の体系のなかに存在しているので、べつのものと対立しているわけではない。これと同様の意味で、「自然的存在」も、自然的存在としてあるだけで、他のものと対立しているわけではない。「超越的対象」（同じ領域で独立したもの）ということになるだろう。「自然のなかにその存在がある」だけなのだ。

しかし、西田によれば、こうした存在は、そのように有の空間のなかに存在しているだけではない。その背後にさらに「場所」が控えている。

これに反し、有が更にその於てある無の場所に映される時、空間における物が種々の象面において見られる如く、いわゆる対立的対象の世界が現れて来る。対立的無の立場において、意識作用としての判断即ち判断作用というものが考えられるのである、判断作用とは対立的無の特殊化である。対立的無はなお真の無の上に映されたる有なるが故に、一種の有として作用の基体となるのである。（I－90）

対立的無というバックグラウンドがあり、その無が特殊化しているとき判断作用がなされる。意識という相対無が対象をとらえ、それを判断するとき（たとえば、「赤は色である」）、判断作用が意識野で生じる。意識がそれだけでは、なにも存在していないので、そこで判断が成立するとき、相対無という背景として「現れる」。われわれが判断するとき、その判断する対象だけが眼前にある。背後〈私〉が無だからこそ、それを意識することができる。こういう意識のあり方を西田は、「相対無」という。

しかし、このような意識も「絶対無」ではない。何といっても判断すると、その背景として「現れる」（意識される）からだ。このように背景として存在することが、いわば事後的に確かめられるとき、それは「一種の有として作用の基体となる」といえるだろう。そして、その「有」が意識されるのも、「真の無」がさらにその背後に「ある」からだ。この場所にたどり着くと、

是《ここ》において、すべて存在的有は変じて繋辞的有とならねばならぬ。（I－91）

繫辞的有、つまり「AはBである」という言い方で、Bという場所がAを包摂するという一般的な形式で説明することが可能となるというわけだ。つまり、存在はすべて「～のもとにある」というあり方をする。ようするに「場所のもとにある」ということだ。だから西田は、

有るものは何かに於てなければならぬ、論理的には一般なるものが、その場所となる。（I－91）

という。判断という形式で、この場所を考えれば、「一般」がその場所になる。あらゆる個物を包摂する場所だ。そして、それは、われわれの意識をも含んだあり方とも通底している。

意識一般はかかる意味においての意識ではない、いわゆる意識作用もこれに於てある場所でなければならぬ、対立的無を含む無でなければならぬ、外を映す鏡ではなくして内を映す鏡でなければならぬ。（I－91）

対立的無をも含む無が、鏡のようなあり方でわれわれの基底にある。そして、この鏡は無なのだから透明であり、ただ映すだけの無なのだ。映すというあり方をしている透明な無なのである。そして、

此《かく》の如き真の無の場所における存在の世界は、純粋思惟の対象界にあらずして、純粋意志の対象界と考えることができる。（I－91）

と西田はいう。この「真の無の場所」は、われわれやこの世界を動かす「純粋意志」の世界のことなのだ。そして、この意志は、世界すべての根柢にあり、何ものにも拘束されない流れのようなものである。

限定せられた有の場所において単に働くものが見られ、対立的無の場所においていわゆる意識作用が見られ、絶対的無の場所において真の自由意志を見ることができる。(Ⅰ－92)

通常の世界(「限定せられた有の場所」)では、多くの存在が働き、さまざまな事象が生起している。さらにそれを支える「対立的無の場所」は、意識が背景となっている。われわれが背景となって有の場所を見ているといえるだろう。さらに西田は、その背後に「絶対無の場所」があるという。そしてそれは、「自由意志」の世界だというのだ。ここには、『善の研究』における「一般的或者」が垣間見えるといえるだろう。そしてこの「自由意志」の「自由」というのは、対立概念のない自由であり、かつ、すべてのものがそこに存在しているのだから、そこは、「存在と無」の「裏側」(この二つの概念と深くかかわりつつ、絶対的に隔たっているところ)とでもいうべき〈場所〉だといえるだろう。

西田は、さらに対立的無と真の無とのちがいについて、つぎのようにいう。

対立的無もなお一種の有なるが故に、意識作用には断絶がある、昨日の意識と今日の意識とはその間に断絶があると考えられる。真の無は対立的無をも越えてこれを内に包むが故に、行為的主観の

立場において昨日の我と今日の我とは直に結合するのである。（Ｉ－92）

意識も現実的世界を自らの無の領域（意識界）に映しているときは、無であるが、意識そのものは有である。したがって、有である意識が無になるとき（睡眠、失神など）、意識の働き（すなわち相対無の領域）は、断絶することになるだろう。われわれは、そういう意味においても、非連続の連続（とぎれとぎれの意識ではあるが、連続した精神として存在する）なのだ。ただし、これは、西田が時間論でいう「非連続の連続」とはもちろん位相が異なる。このような「非連続の連続」的な意識のあり方とは異なり、真の無は、そのような意識における非連続をも包みこむ。だからこそ、「昨日の我」と「今日の我」とは、直結していると西田はいう。つまり、断絶したり消滅したりする存在と無が対立する相対的領域ではなく、そのような生成や消滅のない「存在―無」以前である裏面こそが、絶対無の場所なのである。したがって、この領域では、動きも流れも存在も無もない。「動―静」以前の永遠なのだ。

かく考えられる意志は原因なきのみならず、それ自身において、永遠でなければならぬ。かかる場合、意志の背後に無意識なるものが考えられるのであるが、意識の背後は絶対の無でなければならぬ、すべての有を否定するのみならず、無をも否定するものがなければならぬ、時間上に生滅する意識作用が意識するのではない。意識は永久の現在でなければならぬ、意識においては、過去は現在においての過去、現在は現在においての現在、未来は現在においての未来ということができる、いわゆる現在は現在の中に映されたる現在の影である。（Ｉ－92）

この引用でも書かれているように、「絶対の無」は、有も無も否定するのであって、有無以前なのである。だから、「永久の現在」ということになる。時間軸における過去と未来の中心である「現在」ではなく、決して流れることのない「現在」であり、存在（時間の流れ）でも無（無時間）でもない、それ以前の「永久の現在」ということになるだろう。したがって、時間軸のなかで流れている（かのように見える）現在というのは、そのような〈時間―無時間〉以前の「現在の影」にすぎない。いわば、時間の流れの裏面である。

しかし、この表面（時間の流れ）と裏面（時間以前の永久の現在）とは、表裏一体でありながら、最も遠い、次元の異なる（表から裏へ、裏から表へは、決して移ることはできない）ものである。この表裏というあり方も、西田のいう「絶対矛盾的自己同一」ということになるだろう。

これは、最晩年の「場所的論理と宗教的世界観」において「逆対応」を象徴する言葉として、西田がしばしば引用する大燈国師の「億劫相別、而須臾不離、尽日相対、而刹那不対」（億劫《おくごう》相別れて須臾《しゅゆ》も離れず、尽日相対して刹那も対せず）（Ⅲ‐329）が、表している事態である。

表と裏は、最も遠く、しかし、表裏一体故に一刻も離れてはいない。まさに、時間の流れと「永久の現在」との関係も、こうした最も遠く、かつ最も近い（逆対応的）関係だといえるだろう。ちなみに小坂国継は「逆対応」を、「絶対と相対、無限と有限といった絶対に相反するもの、矛盾・対立するものが、相互に相反しながら、また矛盾・対立しながら、しかも相互に自己否定的に対応し合い、限定しあっていることを表す言葉である」（『西田哲学を読む1「場所的論理と宗教的世界観」』大東出版社、69）と説明している。絶対を突きつめると相対が現れ、相対を突きつめると絶対が現れるといった事態のことだ。

この表裏についてべつの角度から考えてみよう。とてつもない量の光が溢《あふ》れていて何も見えない状態が、絶対無の場所だとしよう。光の量が絶対的なので、何もかも見えず無になっているのだ。存在を存在たらしめる光があまりにも強烈で、何も存在できない状態だといえるだろう。存在と無が分かれる（適度の光によって、存在が陽の目を見る）以前の非合理な渾沌の状態だ。

この満ちみちた光を抑制し、われわれが対象を見ることができる（かつ、自分の位置も確認できる）まで、光の量を落とすのが、一般者の自己限定ではないのか。一般者が純粋に一般者のままでは、個別の跡形も現れはしない。光量が溢れて個々のものの形が失われている状態である。このように光の量を絞り込むことこそが、「絶対無の場所の自己限定」と、西田がいっていることではないか。少なくとも、このようなイメージはできるだろう。

無限の光が溢れる世界（と表現などできない世界だろうが）は、矛盾も何もなく、すべてが許容される筆舌に尽くしがたい状態だ。それに対して、すべてが満ち溢れる絶対無の世界が限定され、矛盾律が成立する世界（矛盾が矛盾として登場する合理的世界＝分節化以後の世界）が、われわれの相対無の世界であり、そこで判断も可能になり、判断的一般者（この物理的世界＝自然）も成立し、認識できる対象世界がわかりやすいかたちで現れる。

つまり、われわれが合理的判断を下し、矛盾を矛盾として認識するこの世界が現れるわけだ。そして、その背後（もっとも近接しながら、もっとも隔絶した地点にある裏面）には、有無以前の領域が、つまり、すべての事柄が許容される絶対無の場所が控えているといえるだろう。西田がいうように、合理を非合理が支えているということだ。西田もつぎのようにいっていた。

絶対的立場から云へば、自己限定といふことは自己を蔽ふことである、光を遮ることによつて光を見る如く、自己の光を遮ることによつて自己自身を見るのである。（四－79―80）

西田は、一般者から出発して、個の立場へと向かう。最も絶対的な一般者は、自らの無量の光を限定し、遮《さえぎ》ることによって、自己自身を見ることが可能になる。自己が存在の世界に初めて姿を見せるといってもいいだろう。存在の世界に一般者が現れるということは、このようなことなのだ。

一般的なものが、そのままこの世界に登場することはできない。世界そのものの枠組が破壊されてしまうから。だからこそ、具体的な個としての事物だけが世界に存在している。しかし、その個は、そのつど、自らの故郷である絶対無の場所と接触してもいる。その故郷はもちろん「死の場所」であり、われわれは、つねにそのつど、「死の世界」（裏面）から「生の世界」（表面）へと誕生（反転）しつづけている。

第五章　仏教の時間と西田の時間

1. 「禅意識のフィールド構造」と「絶対無の場所」

井筒俊彦は、「禅意識のフィールド構造」という概念をつぎのように説明している。

このフィールドの両極をなす「主体」「客体」が、普通の意味での主・客ではなく、一方は全フィールド（I SEE THIS）を挙げての「我」であり、他方もまた全フィールド（I SEE THIS）を挙げての「此れ」であることは、すでに明らかであろう。両極のいずれの側にエネルギーが流れようとも、フィールドそれ自身にはなんの加増も欠少も起らない。ただ、両極間の力のバランスの、その都度生起し現成する具体的な場所が、純粋主体性の極点から純粋客体性の極点まで、フィールド全体を通して絶えず動いているだけのことである。（『井筒俊彦全集　第九巻　コスモスとアンチコスモス』404）

この「フィールド」は、物理学における「場」のようなあり方をしているといえるだろう。「主体」（我）や「客体」（此れ）が、最初からそれぞれ独立しているわけではない。そこにあるのは、全フィールド（I SEE THIS）だけであり、そのフィールドの構成要素（I, SEE, THIS）は、べつべつではない。まずは「場」だけがそこにはある。そのフィールドのエネルギーの自由な流れによって、もろもろの事態が生起するということだろう。「場」において、「粒子」的状態が、励起《れいき》するようなものだ。

井筒は、禅における「主客未分」を神秘主義的なものと区別して、つぎのように説明する。

禅にとって遥かに重要なのは、神秘主義的な主客未分そのものではなくて、主客未分に当るような状態を一契機として、主客をいわば上から包みこむような形で現成する全体的意識フィールドであり、そういう全体的意識フィールドの活作用なのである。確かに主も客も一度は無化される。その意味では、主客未分を云々することもできよう。だが本当の問題は、一度無化され、解体された主・客関係が今度は全体フィールド的に甦って、経験的現実として働く、その働き方なのである。

（同書373―374）

ここに描かれているのは、西田の『善の研究』における「純粋経験」と「統一的或者」との関係、あるいは、もっと穿《うが》った言い方をすれば、「純粋経験」が、「絶対無の場所」へと変容していく過程ととれないこともない。「純粋経験」という経験が、「主客未分」というあり方で一度無化され、さらに今度は、そのあり方全体が甦り、根柢的で本質的な状態である「内在的超越」へと移行する。そこに、「絶対無の場所」が現れるといったところか。こうした観点から、少し考えてみよう。

井筒俊彦のいう「禅意識のフィールド」を、華厳でいう「事事無礙法界《じじむげほっかい》」における世界の状態（見え方＝存在の仕方）と比較してみよう。われわれは通常、世界を常識的に分節化して知覚している。個物は個物として、他の物と融合したりせず、自己同一性を保つものとして認識する（事法界）。しかし、それぞれの個物は、ほかのものとさまざまに関係しあっている（縁起）。空間的にも時間的にも、非常に複雑な仕方でかかわりあっている（理法界）。しかし、このかかわりは、その結節点である「事」という個物がないと成立しない（理事無礙法界）。このように考えると、全関係性の結節点であるそれぞれの「事」には、すべての関係がたたみこまれていることになる。ある一つの視点をとれば、そこから全宇宙が展開されるというわけだ（事事無礙法界）。このような華厳の世界と西田の「絶対無」とが、とても類似していると末木剛博はいう。

西田の後期思想は一切の実体を否定する。即ち一切の根底となるものは「絶対無」として無実体であり、「絶対無」のなかのあらゆる事物は「作られたものから作るものへ」という形の因果関係によって成立するものとして無実体である。――『善の研究』の体系も無実体的であるが、それは後期思想ほど明瞭ではない。――華厳の体系も無実体的である。（『西田幾多郎　その哲学体系IV』465）

「絶対無」という無実体的場所に全宇宙は、存在している。「有の場所」という「事法界」は、「絶対無」という「事事無礙法界」と二重になっている。述語という「理」によって、主語という「事」は、そのすべてが関係しあう。絶対無の場所は、唯一無二の個物（事＝超越的主語面）が、その無限の述語によって複雑に関係している場所（超越的述語面）であり、まったく実体のない「事事無礙法界」だといえるだろう。

井筒は、この事態をつぎのように説明する。

つまり、事物相互間を分別する存在論的境界線――荘子が「封」とか「畛《しん》」（原義は、耕作地の間の道）とか呼んだもの――は、我々が日常生活を営んでいく上に欠くことのできないものでありま

> して、我々の普通の行動も思惟も、すべて、無数の「畛」の構成する有意味的存在秩序の上に成立しているのであります。このように、存在論的境界線によって互いに区別されたものを、華厳哲学では「事《じ》」と名づけます。（中略）「畛」的枠組みをはずして事物を見る。ものとものとの存在論的分離を支えてきた境界線が取り去られ、あらゆる事物の間の差別が消えてしまう。ということは、要するに、ものが一つもなくなってしまう、というのと同じことです。限りなく細分されていた存在の差別相が、一挙にして茫々たる無差別性の空間に転成する。この境位が真に覚知された時、禅ではそれを「無一物」とか「無」とか呼ぶ。華厳哲学の術語に翻訳していえば、さっきご説明しました「事」に対する「理」、さらには「空」、がそれに当ります。（『井筒俊彦全集』第九巻、17—18）

われわれは通常、世界をソシュールのいうような意味で「差異の織物」として見ている。すべての個物は、他のものと比較することによって認識されるのだ。個物がもつ多くの性質は、他の個物と共有しているものもあれば、そうでないものもある。共有しているものは、そのちがいによって、それぞれの個物を認識し、共有していなければ、「その性質をもつ——もたない」という差異によって認識する。

多くの性質の集合としての個物は、他の個物との性質間のちがいによって造型されている。しかし、このような差異の相が消え、すべてのものが同じものになったとき、「無」が現出してくるという。これは、西田のいう「絶対無の場所」が成立したのと同じ事態だといえるかもしれない。個物間の差異によってそれぞれの個物にちがいがでてくるのであれば、最終的に、それぞれの個物はすべての差異を含みもつことになる。そうなると、すべての個物は無限を孕《はら》み、他の個物とまったく同じものになってしまう。その結果、ちがいはなくなり、すべて同一のものが折り重なり無限そのものが現出する。

こうした「理法界」あるいは、「理事無礙法界」の段階のつぎには、さらに（というよりも同時に）つぎのような段階が訪れる。

> 事物間の存在論的無差別性を覚知しても、そのままそこに坐りこんでしまわずに、またもとの差別の世界に戻ってくるということであります。つまり、一度はずした枠をまたはめ直して見る、ということです。そうすると、当然、千差万別の事物が再び現われてくる。外的には以前とまったく同じ事物、しかし内的には微妙に変質した事物として。はずして見る、はめて見る。この二重の「見」を通じて、実在の真相が始めて顕《あらわ》になる（同書18—19）

ここで井筒は、「事法界」と「事事無礙法界」を自在にいききし、実在の真相を明らかにする方法を書いているといえるだろう。「理」という無差別性をしっかり認識したうえで、ふたたび、差別《しゃべつ》相に戻る。このことによって、世界の真の姿が現前してくるというわけである。これは、しかし、西田のいう「絶対無の場所」を背景にした「相対無の場所」（意識野）や「有の場所」（物理的世界）のことをいっているともいえるだろう。絶対無の場所にいながら同時に、有の場所を見ている。あるいは、自己のうちに映している。これは、井筒のいう「二重の見」と同じ事態なのではないか。

このような段階に達したところで、井筒は、西田の「純粋経験」が描写している事態を、むろん西田には触れずに、つぎのように説明する。

このような境位に立って見れば、我々が通常、最も具体的で最も原初的、と考えている「我」と「物」（主と客、認識主体と認識対象）は、実は、ある種の第二次的操作によって、存在経験の根源的所与から抽出されたものといわなければならない。原初的なのは、いわゆる現実ではない。本当に原初的なのは、いわゆる現実、すなわち感性的に認知可能な（つまり「自性」固着的な）実体的主・客の作り出す世界、の深層に伏在してフィジカルな経験の表面には現われない非「自性」的主・客の世界、すなわち主と客とがともに非固着的で、両者の間をわかつ分割線が微妙に流動的であるような、そんな意識・存在の全体的領野なのである。この全体領域が、能動的部分領域と受動的部分領域とに分割され、それぞれが自立する実体として把握される時、そこにいわゆる主・客が生起する。（同書398）

ここでは、「純粋経験」が、主客未分の状態から、主と客が分かれる様子、あるいは、主客が分かれた現実の、原初をなす状態が、じつに明晰に語られている。このように、井筒による華厳、そして「禅意識のフィールド」の説明をみると、「純粋経験」という概念が、「絶対無の場所」により、ある意味で、その構造が明解に腑分けされた、といえるかもしれない。あるいは、「純粋経験」と「絶対無の場所」が、同じ事態を二重に説明していることが、わかったといえるのかもしれない。つまり、「有の場所」が客であり、「絶対無の場所」が主であると考えれば、「場所」という概念によって、「純粋経験」の主客未分の状態が、〈無〉であり〈場所〉であるという、矛盾しているが同一である状態だということが、わかったといえるだろう。

2. 有時

さて、ここでしばらく道元の『正法眼蔵《しょうぼうげんぞう》』の時間論を見てみよう。西田は、道元の「現成公案《げんじょうこうあん》」の一節「仏道をならふといふは、自己をならふ也。自己をならふといふは、自己をわするるなり。自己をわするるといふは、万法《ばんぽう》に証せらるるなり」を自分の文章に、しばしば自然に挟む。また、道元が「有時」で展開する時間論は、西田の時間論と根柢で通じているように思われるからだ。

道元は、つぎのようにいう。

たき木はひとなる、さらにかへりてたき木となるべきにあらず。しかあるを、灰はのち、薪《たきぎ》はさきと見取すべからず。しるべし、薪は薪の法位《ほうい》に住して、さきありのちあり。前後ありといへども、前後際断せり。灰は灰の法位にありて、のちありさきあり。

（薪《たきぎ》は灰となる。だが、灰はもう一度もとに戻って薪とはなれぬ。それなのに、灰はのち、薪はさきと見るべきではなかろう。知るがよい、薪は薪として先《さき》があり後《あと》がある。前後はあるけれども、その前後は断ち切れている。灰もまた灰としてあり、後があり先がある）（『正法眼蔵（一）』「現成公案」講談社学術文庫、46―47）

しかあれば、松も時なり、竹も時なり。時は飛去《ひこ》するとのみ解会《げえ》すべからず、飛去は時の能《のう》とのみは学すべからず。時もし飛去に一任せば、間隙《かんげき》ありぬべし。有時《うじ》の道《どう》を経聞《きょうもん》せざるは、すぎぬるとのみ学するによりてなり。

（とするなれば、松も時であり、竹も時である。時は飛び去るとのみ心得てはならない。飛び去るのが時の性質とのみ学んではならない。もし時は飛び去るものとのみすれば、そこに隙間が出てくるであろう。「ある時」ということばの道理にまだめぐり遇えないのは、時はただ過ぎゆくものとのみ学んでいるからである）（同書「有時」257―258）

最初の引用の「前後際断せり」は、まさに西田の時間論の本質である「非連続の連続」の「非連続」の側面を表しているといえるだろう。たしかに「たき木はひとなる、さらにかへりてたき木となるべきにあらず」というあり方で時間は「連続」している。しかし、「薪は薪の法位に住して、さきありのちあり」なのだ。それぞれの「法位に住して」、「前後際断せり」（非連続）なのである。「松」も「竹」もそれぞれが非連続的な「時」であるから、「時は飛去《ひこ》する（連続している）とのみ解会《げえ》すべからず」なのだ。時がもし飛び去るだけならば、飛び去った後に「間隙」がなければならない。「有時」というのは、それぞれの存在（松や竹）が非連続の時そのものであるということだ。だから、どこにも「間隙」はない。時が存在としてぎっしり詰まっている。すべての存在に時が満ちみちている。

そして、このことは〈今・ここ〉にいる自己の「絶対現在」にすべての時間がたたみこまれていることを意味する。すべての存在のどの結節点に焦点を合わせても、そのつどの存在が「絶対現在」であり、その現在は「前後際断」なのである。井筒は、先に引用した道元の一節をつぎのように説明する。

薪は薪でありながら、しかも、べったり連続して薪であるのではなく、刻一刻、新しく薪であるのだ。刻一刻、新しい薪の現出。この存在現出的一瞬一瞬のつらなりには、明らかに前後関係がある。そうして見れば、薪が薪であるあいだ、灰が灰であるあいだの存在現出的瞬間のひとつ一つも、またそれぞれ「前後際断」なのであって、そういう瞬間の非連続的連続が、すなわち、薪の「法位住」、灰の「法位住」、なのである。（『井筒俊彦全集　第九巻』149）

さらに、「現在」に焦点をあて、道元の「有時」についてつぎのようにいう。

過去も未来も、「現在」に融入することによって、はじめて、「過去」として、また「未来」として意味づけられる。この「現在」の一点には、全存在世界を己れのうちに凝縮する存在論的厚みがある。およそこのようなものとして、道元の「有時」は理解されなければならない、と私は思う。（同書156）

「現在」こそが「新しく薪である」ことであり、それが「法位住」であることが明晰に語られる。「現在」の一点に、「全存在世界」が「凝縮」しているのだ。西田の言葉でいえば、この「絶対現在」（つまりは、「絶対無の場所」）こそが「法位住」であり、「前後際断」ということになるだろう。井筒が、道元の用語をつかいながら「現在」をつぎのように説明するとき、それは、あたかも西田の「絶対現在」の説明をしているかのようだ。

一瞬でありながら一瞬ではない。無限の過去と無限の未来とのすべての内的区分を己れのなかに呑みこんで、しかも一瞬であるような「現在」だ。この「現在」には、いわば全時間を溶融した時間的厚みがある。道元的な言い方をするなら、「而今《にこん》」としての「現在」は、一瞬一瞬に「尽時」でなければならない。そして「現在」が、時々刻々に「尽時」（すべての時を尽す）であるということは、とりもなおさず「現在」が、時々刻々に「尽有」（すべての存在を尽す）であるということでもある。「尽時」「尽有」の「現在」。（同書168）

西田の時間論によれば、「絶対無の場所」である「絶対現在」から、すべての時間が流れはじめ、世界は創造される。そのつど、絶対の領域に触れ（死）、ふたたび蘇るというあり方で、時は非連続的に刻まれていく。まさに、道元的な「尽時」「尽有」が〈今・ここ〉（現在）にあるといっていいだろう。

道元の「有時」の巻を読むと、「経歴《きょうりゃく》」という概念がでてくる。この概念がどうしてもうまく理解できなかった。この概念をそのまま受けとると、道元の「時間」は「空間」と同じようなものになる。すべての時間が空間的領域で自在に行き来することになってしまう。つまり、時間が全方位的に可逆的なものとなるのだ。時間の流れの「不可逆性」という常識的な性質がなくなってしまう。「経歴」とは、いったいどういう意味なのだろうか。

道元は、つぎのようにいう。

有時に経歴《きょうりゃく》の功徳《くどく》あり。いはゆる、今日より明日へ経歴す、今日より昨日に経歴す、昨日より今日へ経歴す、今日より今日に経歴す、明日より明日に経歴す。

（そのある時には経《へ》めぐる作用がある。いうところの今日から明日に経めぐる。今日から昨日に経めぐる。昨日から今日に経めぐる。また、今日から今日に経めぐり、明日から明日に経めぐる）

（『正法眼蔵（一）』「有時」259、261）

経歴といふは、風雨の東西するがごとく学しきたるべからず。尽界《じんかい》は不動転なるにあらず、不進退なるにあらず、経歴なり。経歴は、たとへば春のごとし。春に許多般《こたはん》の様子あり、これを経歴といふ。外物なきに経歴すると参学すべし。たとへば、春の経歴はかならず春を経歴するなり。

（思うに、経めぐり来るといえば、風の吹き来り、雨の降り去るように思うであろうが、そんなふうに考えるべきではない。この世界はすべて、変転せぬものはなく、去来《こらい》せざるものはなく、みな経めぐり来るのである。そのありようは、たとえば春のようなものである。春にはいろいろの様相がある。それを経めぐるというのである。春のほかには何物もないのに、ただ春がめぐり来るというのである。たとえていえば、春の推移はかならず春を経きたるのである）（同書264―265）

「今日より明日へ経歴す」「昨日より今日へ経歴す」は、常識的に理解できるだろう。時の流れそのままだから。しかし、ここでいわれている「今日より昨日に」「今日より今日に」「明日より明日に」の「経歴」とは、いったい何だろうか。よくわからなかった。この難問に一つの答を提供してくれたのは、阿部正雄である。まず、阿部による道元の時間論の説明を見てみよう。

阿部によれば、「有時」で描かれている時間のあり方は、「覚」といわれる状態、つまり「それは、また「仏性」とも「自性」とも「心」とも「法」とも「如」ともいわれる」（「道元の時間・空間論」『道元思想の特徴　講座道元Ⅳ』166）状態におけるものであり、われわれが日常的に生きている時間とは次元を異にする。阿部はつぎのようにいう。

> なんとなれば、時間・空間の限定を絶した証（仏性）の立場は、時間・空間の限定を免れない修（成仏）の立場とは、明らかに、その次元を異にするからである。（同書169）

しかし、この「証」と「修」は、「一如」である。仏性がなければ修行は始めないし、修行しなければ仏性は顕現しない。阿部はいう。

> 根拠として不可欠な証（仏性）は、それ自体、非実体的・非対象的な無である。したがって、それと、機縁として不可欠な修（成仏）との間には、上述した如く、根拠—機縁という意味での不可逆的な関係があるのではあるが、それのみではなく、むしろ根拠の無の自覚（根拠が無的な根拠であるという自覚）を介して、機縁である修（成仏）自体が、更に根拠としての実在性をもったものとして自覚されてき、証と修、仏性と成仏が、可逆的な相即において把握されてくるということ。
> 人間存在の根拠として不可欠な証（仏性）は、「仏性は空なるが故に、所以に無と云ふ」（「仏性」）といわれる如く、何か有的なものではなく、それ自体空であり、無である。（同書170—171）

このような事態と「経歴」という概念とは、どのように関係しているのだろうか。阿部はつぎのようにいう。

わずかに一人一時の坐禅（今ここでの自己の坐禅）であっても、それが真に修証一等の坐禅であり、本証妙修の坐禅であり、身心脱落の坐禅であるならば、それは諸法（宇宙の諸々の有）とあい冥し諸時（時間のあらゆる刹那）とまどかに通ずるのである。（同書173）

「修証一等」ということは、個々人の修行がそのまま、覚の世界を表しているということだろう。修行と悟りとは、同じことなのだ。そこにおいては、もはや個々人はなくなり、世界全体と一つになっている。阿部はいう。

吾我（自己中心的な我）は脱却せられ、脱自的な自覚が果てしなく十方に拡がっているからである。（同書173）

個人的自我を脱し、脱自的な自覚が世界に拡がっている。このような次元から「有時」は語られているのであって、個人的自我に閉じこめられている状態では、道元の時間論の要諦《ようてい》はつかめない。このような状態に入ってしまえば、自我とその対象との区別はなくなってしまう。阿部は、念を押すようにいう。

それは正に主客を絶した自覚であるが故に、そのような自覚の拡がりにおいて坐禅する身心脱落底の自己は「諸法とあひ冥し、諸時とまどかに通ずる」のである。（同書174）

しかし、このような事態は、一面矛盾した状態を表してもいる。つまり、個々別々の自覚は、個々別々でありながら、同時に相互に通底しあってもいるからだ。主客を絶した自覚でありながら、それは「一人一時の坐禅」でもある。阿部はいう。

有時は、一面どこまでも「或る時」である。「有時ハ高高タル峰頂ニ立チ、有時ハ深深タル海底ニ行ク」、高々たる峰頂に立つ或る時と、深々たる海底に行く或る時は、それぞれ前後際断であって、つながりがない。しかも有時は、他面どこまでも「有る時」であり「有と相即する時」である。すなわち高々たる峰頂に立つ或る時と、深々たる海底に行く或る時は、相互に相異なる時でありながら、両者共に「一人一時の坐禅」とまどかに通ずるのであり、したがって、そこでは互いに礙《さまた》げ合わない。（同書174—175）

このような事態を、阿部は、「事事無礙即時時無礙」（同書175）と表現している。すべての事態が他の事態と礙《さまた》げ合うことはない。それは同時に、すべての時が他の時と相即相入していることになるだろう。こうした次元に達したとき、初めて「経歴」という語の意味が明らかになる。つまり、「一々の有は、そのままで一切の有を尽しており、一々の時は、そのままで一切の時を尽している。このようなものとしての有と時が、相即しているのは〈自己〉においてである」（同書176）のだから、それぞれの「有」が別でありながら、それはそのままで全てを尽している。だから、まるごと他のすべての「有」に通底しているということになるだろう。

　すると、存在と時間のあり方が、まったく異なった様相を呈するだろう。つまり、「一つの有が、他の有に連続的になる（生成する）のでないと同様、一つの時が、他の時に連続的に移る（経過する）のではない。むしろ一々の有は、それぞれの法位に住しつつ、衆法の現成であり、それと同様に、一々の時は、それぞれの法位に住しつつ（而今《にこん》でありつつ）、他の時へと経歴するのであるということ」（同書177）になる。存在は、「現成《げんじょう》」し、時間は「経歴《きょうりやく》」する。「生成」と「経過」が、「現成」と「経歴」というまったく異なったものになるのだ。

〈今・ここ〉のなかに、すべての個物、すべての世界はたたみこまれている。〈今・ここ〉は、世界全体をたたみこんでいながら、その構成要素である個別的なものとして「現成」する。しかし、その個別も世界全体を含みもっているので、世界全体が現成したことにもなる。同じように、「ある時」には、すべての時間がたたみこまれている。したがって、その時から、どの時にも「経歴」することができる。しかし、それは、時の経過ではなく「経歴」なのだ。つまり、時間の流れを超絶した次元で、すべての時を包みこむ〈今〉において、一つの時の現成が別の時の現成に転じただけなのだ。

　したがって、ただの一つの有の現成においても、尽界は究尽され、また、ただの一つの時の経歴においても、尽時は偏参されるのである。ここにおいて我々は、有に関しては一々の有が、直下当処に現成するのであり、時については一々の時が正当恁麼《しょうとういんも》であり、而今であるということを、見落し

てはならないのである。（同書179）

この「而今」こそ「絶対の今」（同書180）であり、あらゆる宇宙時間を包みこんでいる。（「絶対の今は、却って果てしない宇宙時間をつつむということ」（同書180））「山水経」の一節を引用し、阿部は結論をいう。

> 更に「而今の山水は、古仏の道現成なり。……空劫已前の消息なるがゆゑに、而今の活計なり」（山水経）といわれるように、過現未の一方向性を越えて、今の刹那と永遠とは直ちに相即し、時は自由に経歴する。それは時時無礙の世界である。（同書190）

西田のいう「永遠の今」もまた、このような「時時無礙の世界」ではないのか。

3．仏教の時間論と西田

さて、そもそも仏教が考える時間である「刹那滅」と、西田の時間論とは、どのようにかかわっているのか。刹那滅という考えを中観思想の立場から批判した山口瑞鳳の論文を手がかりにして考えてみたい。まずは、山口の所論をじつに明晰に説明した植村恒一郎の論文から出発しよう。植村は、刹那滅のもつ問題点を、つぎのようにまとめる。

それはおそらく、刹那滅という概念は、われわれのもつ時間・空間理解がその自明性を失わざるをえない境界線上にあるからだと思われる。そもそも「変化」や「生成・消滅」といったごく普通の日常的な概念からして、それを過去・現在・未来という時間様相や「AがBを引き起こす」という因果概念と関連させて厳密に定義しようとすると、循環が生じてしまう。（中略）とりわけ「生成・消滅」における「無」の概念が不分明であることが、刹那滅の理解を困難なものにしている。（「刹那滅と排中律」『思想』二〇〇四年一〇月号、44）

この世界は、一刹那（七五分の一秒といわれている）が、生成消滅しているという考え方をどのように考えればいいのか。生成するためには、それなりの事態がそこで成立していなければならない。そして、それがまるごと消滅するのであれば、今度は、〈無〉が現れる。しかし、無がもし本当の〈無〉なのであれば、世界は一切合財なくなっているのであるから、それを認識する存在もいない。つまり、〈無〉は、現れないのだ。

植村は、つぎのようにいう。

たとえば、「AがBを生み出す」「AがBになる」などのように、われわれが因果（山口博士の用語では「同類因」）や変化を語るとき、このAやBの位置に来るのは、一定の自立した項としての「もの」や「こと」である。この「もの」や「こと」はまさに「実体的思考」の産物である。（同書44）

この「もの」や「こと」とは、いったい何だろうか。刹那というごく短い瞬間が現れては消えていくのであれば、現実に起きている連続的変化を、われわれの都合に合わせて（主に言語による分節）、非連続なものにしているだけではないのか、と植村は指摘する。

現実に起きている過程は連続的変化であるのに、それを省略的で不連続な語り方で把握することは、世界を人間の側の都合に合わせて分節化することである。このような分節化の根底にあるのが「停滞的現在」としての時間単位であり、それにもとづく変化の論理構造のみを純化したものが、刹那滅なのである。（同書45）

この「停滞的現在」（いわば、ベルクソンのいう「空間化された時間」）を徹底的に批判するのが、龍樹（ナーガールジュナ）なのだ。植村は、ナーガールジュナの『中論』を引用する。

縁起して生ずるものは、滅することがなく、生ずることがない。断滅することがなく、常住であることがない。来たことがなく、行くことがない。（同書46）

この頌に刹那滅批判をつぎのように読みとる。

「滅しない、生じない」という句が刹那滅を批判しており、その様態を述べる句「断滅しない、常住でない」は、刹那滅批判の論理の核心を述べている。また、「来たのではない、行くのではない」という句は、周囲に広がっているとわれわれが思い込んでいる空間の批判である。実在世界の実相という視点から見るならば、自立した空間とみえるものは「停滞した現在」の虚構であり、このように時空が結合して単位化されたものが刹那滅の基本単位を与えている。刹那滅の基本となる諸単位は、外面的に対立し、それぞれの単位の間に「断滅」という名の「無」が要請されるという根本的な難点が避けられない。（同書47）

世界は、時の流れのなかにある。われわれ自身もその流れのなかにいるのだから、一瞬もとどまることなく変化し運動しつづけている。もし、このような状態をそのままとりだすのであれば、「もの」や「こと」といった言語的分節によってとりだしてはならない。そのような名詞的な切りとり方をすれば、時の流れは止まってしまい、本当の姿を取り逃がしてしまう。ナーガールジュナがいっているのは、「刹那」という概念も、そのような名詞的切りとりの一環だということだ。

「刹那」は時間の幅をもつ「停滞的現在」であり、「実体的思考」の産物であるが、それに対して本来の〈今〉は、決して止まることのない潜在的な流れの一点であり、顕在的な「広がり」になりえず、その意味では、それとして取り出すことのできないものである。（同書50）

ここでいわれている〈今〉は、そのような時間の幅をもつ「刹那」ではなく、「流れの一点」といいながら、顕在的には出現していない「われわれの体験の根底に働く一種の「力」のような潜在的な流れ」（同書50）なのである。だから、本来であれば「一点」という言い方はおかしいだろう。〈今〉は、つぎのようにも説明される。

> 「広がりが見える」ためには二点の隔たりが与えられなければならないが、〈今〉はつねに広がりのない一点を占めるだけであり、どれほど高速で動いたとしても〈今〉において隔たりをもつ二点を手に入れることはできないからである。詩頌が言うように、「既に来てしまったところ」と「未だ行っていないところ」との隔たりを、それ自身どこまでも一点であるこの〈今〉において手に入れることはできない。（同書50）

> 空間的なものとは、ことごとく縁を切っている〈何か〉が、この〈今〉であり、しかし〈今〉という名詞すらも拒絶している否定的なものなのだ。〈今〉が空間的なものに見えるとしたら、それは錯覚である。

つまり主張の核心は、〈今〉である一点は広がることができないから、その〈今〉においては、二点の隔たりを必要とする空間の広がりは本当はありえず、広がりのある空間が今見えているとしても、それは一種の錯覚である、ということにある。（同書50）

この「一種の錯覚」を、われわれはどのように考えればいいのだろうか。われわれは、世界の風景を恒常的に眼前に見ている。しかし、これは明らかに〈現在〉の風景ではない。過去化された記憶に過ぎない。そのような風景からは、〈今〉にたどり着くことは決してない。ナーガールジュナも、つぎのようにいっている、という。

> 滞留のない〈時〉は捕捉されない。捕捉されるような「時」の滞留がありえないので、捕捉されたことのない〈時〉が如何にして概念化されようか。［第五頌］（『中論』第19章、山口瑞鳳訳）（同書51）

> とどまることのないものを、われわれは認識できない。そして、時はとどまることなく流れつづけているので把捉できない。しかし、われわれは、過去化されたものを手にとり（言語化によって）、逆算して〈今〉にたどり着こうとする。
> それは、本来は連続的である体験の流れが、「AがBになる」という言語表現の形式に合わせて、「停滞的現在」の不連続な交替に変えられるところに成り立つ。この不連続な交替がそれとして意識されると「刹那滅」になるが、通常はそのように意識されることはない。（同書52）

つまり、こういうことだろう。連続的で、言語によって決して表すことのできない時の流れを、言語化する際、「刹那」という単位が必要になった。そして、刹那と刹那の変化によって、連続的な時の流れを表現した。しかし、そうなると、刹那という単位と次の刹那という単位との間隙を埋めなければならない。そこで、消滅による〈無〉が要請されたというわけだ。このようなメカニズムを丸ごと否定したのが、ナーガールジュナだということだろう。刹那という「停滞的現在」も、その間の「空所」（無）も存在しない。

今度は、植村の論文のもととなった山口瑞鳳の所論も見ていきたい。

自然科学をはじめとして、われわれは、外界の存在を認めることから出発する。外界の存在を認めなければ、自然科学だけではなく、われわれの生活全般が成りたたないからだ。そして、外界の存在は、われわれの知覚によってたしかめられている。山口は、次のようにいう。

自然科学では、生体が五官の働きによって対象として知覚・把握しているものを、五官の生理的把握と関係のない独立の外界的存在であるとみなした形ですべてが考察される。（「時間と空間に関する知識と意識」『思想』二〇〇一年四月号、143）

われわれが対象として認識しているものを、われわれの認識とは無関係なもの（いわゆる客観的なもの）とみなすのが自然科学というわけだ。しかし、もちろん、そのような客観的なものは、客観的なものであるという確認はできない。どこまでいっても、われわれの認識から逃れることはできないからだ。山口はいう。

ただ、そのように外界の「存在」とみなされるものは、如何なる場合も最終的には経験主体の五官の「表象」としてしか確認されない。（同書143―144）

そして、そのような知覚の構造を、山口は、つぎのように詳細に説明する。

言いかえると、知覚一般の生理が成立するためには、先ず知覚の「素因」になる未顕現勢力の一連の経過から受けた刺激を停滞的な空間的特徴を持つ「知覚原因」に変換する「感受」が必要になる。一連の「素因」は〈今〉として先験的に経過するが、その刺激によって知覚構造の中に順次に生ずる「知覚原因」構成因子の総体が「感受」を成立させる。従って、その因子の発生から表象の知覚までの時間的なまとまりが、各官能による対象把握にとって固有な「生理的単位時間」として必要になる。これが「縁起生」の生理的構造である。（同書144）

つまり、われわれが何か対象を知覚する際には、どうしても「生理的単位時間」が必要になるというわけである。当たり前のことだが、幅のある時間を前提としなければ、知覚は成立しない。しかし、そうなるとここで〈今〉といわれているものは、いったい何なのか。つぎのように説明される。

なお、これらの「生理的単位時間」の末尾で知覚される「表象」は「感受」がもたらす「知覚原因」を前提とするからもちろん、知覚「素因」の一連の経過が過去に消失した後に成立するが、「現在」知覚されると言っても、後述の『八千頌般若経』が言うように〈今〉の経過の上には何も成立しないからその直前の「近過去」に表象として捉えられた経験になる。従って、その表象は知覚の先天的能力によって「過去」にただ仮構されるだけの在り方になる。（同書144）

つまり、〈今〉そのものにおいては何も成立していない。しかし、最終的に「過去」に仮構された存在をわれわれは知覚するから、今度はその存在から出発して、逆に遡って〈今〉そのものの存在も仮構しようとする。

それらすべての「対象的存在」の成立のために、知覚の形成に必要とされる各種の「生理的単位時間」を一括して、理論的にそれらの本質を損なわない形で代表するものを探り、つきつめた極限の在り方で「無限小」の停滞的時間を設定して、その間に問題の「対象的存在」が普遍的に成立するように図られている。つまり、極限の「単位時間」である「無限小」の自然科学的「現在」毎に「対象的存在」が成立させられているのである。(同書144)

最も具体的なあり方では、〈今〉には何もなく、過去化された「対象的存在」をわれわれは知覚する。その過去の構成物から、〈今〉に至り、「「無限小」の停滞的時間」を設定するといっているのである。こうして原子的な単位時間を手に入れることによって、時間と外界の存在が実在のものとなるというわけだ。

山口は、しかし、そこに矛盾が生じるという。

このようにして設けられた理論的極限値としての「無限小」の「現在」には、時間的経過に相応する静止的停滞が必ず含まれるのであるが、静止的停滞があれば必ずそこに中間があり、中間があれば、いかなるものも分割できるから、分割できない極限という観念のもとに設定される「無限小」の「現在」は、哲学的には矛盾を含む概念になる。（同書144）

無限分割された時間の単位（「現在」）が、静止しているならば、時を流すためには、その静止したアトムとアトムとの「中間」をどうにかして処理しなければならない。アトム間の連続を支えるものが必要になってくる。しかし、それが無理だからといって、その最終単位をなくすわけにもいかない。これに反して最終単位を逆に分割できない形で求めるなら分量のない「零」になるしかないが、「零」であれば無限に集めても無分量のものになり、「対象的存在」を成立させないからこの規定も採れない。（同書145）

したがって、

「一過不滞の「零」」とでもいうしかない先験的時間の〈今〉を「無」とすれば「空間的存在」が否定されるので、「無限小」の静止的「現在」の上にそれを表現した自然科学の処理は見事ではあるが、「無限小」の概念は紛れもない矛盾を蔵しており、虚構の時間に成立させられる虚構の空間は哲学では決して妥当とされるものではない。（同書145）

こうした矛盾を解決するためには、山口の考える仏教（ブッダ、そしてナーガールジュナ）は、どのようなものでなければならないのか。

真の現象は、われわれの経験（認識）とは、かかわりなく（「先験的」に）流れつづけている。それをもし〈今〉と呼ぶのであれば、〈今〉は、こちらからは決して触れることのかなわない〈流動〉というあり方をしている。たしかに、こちらに影響を与えるが、その影響によってわれわれが、その〈流動〉そのものを認識することは不可能だ。〈今〉は、決して静止することはなく、唯一無二のものであり続けるのだから、もし認識したとしても（それは、もちろん不可能だけれども）、それを表現する術は、われわれの手元にはない。したがって山口は、つぎのようにいう。

> 現象を介してであれ厳密に推知される〈今〉は、過去と未来の境として経過し続ける。そのような〈今〉として経過する知覚の「素因」は、一連の経過が刺激として知覚に取り込まれ、「感受」が成立した後でない限り（「表象」の直接原因としての特質を形成しないため）、経験されるものにならないから、知覚経験される「静止した状態」の「相」（空間的特徴）が、〈今〉生じている〔＝経過している〕ものの上に見られることはありえないというのである。（同書146）

現象そのものは、つねに流動し続けている。それを、こちらも感受している。だが、その感受の成立のためには、時間の幅（いわば「空間」）が必要なのだ。しかし、そのような「静止した状態」の「相」が成りたつことによって、本来の唯一無二の流動そのものである〈今〉は、消えてしまう。その「相」と〈今〉は、まったく異なったものだからだ。山口は、つぎのようにまとめている。

ともあれ、仏教の哲学では、現象世界の経験の「素因」になる「未顕現勢力」は過去と未来の境でしかない〈今〉として経過するだけ（「一過不滞」）であると考えられ、決して、知覚機能の中で停滞的に構成され、「空間」を知覚される「単位時間」の「現在」と同一視されない。前者は「勝義」として推知される先験的事情であり、後者は「世俗」と呼ばれる経験的環境を支える。（同書148）

われわれの世界は、すべての対象が変化せず、恒常的に存在しているように見える。石は石であり、机は机であり、窓は窓として静かに存在している。しかし、仏教の哲学においては、すべて外界は常に流動し続け、一刻もとどまることはない。そのつど世界は、全面的に変容し続けている。過去から未来へと、いちども同じあり方はなく、〈今〉の経過は、ことごとく唯一無二のものなのだ。シャーンタラクシタは、つぎのような喩で、時間の流れを説明していると山口はいう。

一つは暗闇の中で廻した松明が一つの静止した火輪に見えるという「旋火輪」の喩である、松明が一回転して始点に戻った時、初めて一つの静止した火輪が見られる。その間の経過には、実体的な推測を許すなら、火輪の軌跡上を通過する松明の光の像が全て含まれているはずである。移行し続けて始点に戻った〈今〉もしそれが見えるとすれば、最後の松明像だけが成立することになるが、それは起こらない。もちろん、途中でも火輪の軌跡上にそのような個別の像の知覚は起こらない。そこに推知されるのは「素因」となる一連の先験的な未顕現勢力の〈今〉の経過である。（同書150—151）

結果として旋火輪になる〈今〉の連続は、見ている者には決して捉えることはできない。あくまでもその〈今〉は、結果として知覚した旋火輪からさかのぼって「推知」しているだけだ。そしてこちらに知覚可能なのは、一定の幅をもった「現在」をそこに、いわば幻視しているからということになるだろう。つまり、「新しい「素因」の刺戟がつぎの知覚過程を始める〈今〉の直前の近過去の経過を「現在」として経験」（同書151）しているということだ。しかし、このように事態を記述した時、〈今〉の経過とは、いったいどのようなものなのか。

山口は、龍樹（ナーガールジュナ）を引用する。

すでに行き去ったところは歩まれない。まだ行き去っていないところはもちろん歩まれない。すでに行き去ったところとまだ行き去っていないところと切り離された〈今〉歩みつつあるところは（ありえないのだからそこも）歩まれない。（『中論』観去来品）（同書156―157）

われわれが歩いているとき、当たり前だが、いままで歩いたところを歩いているわけでもなく、これから歩くところを歩いているわけでもない。しかし、歩いているまさにその状態を、われわれは知覚することはできない。われわれが知覚するのは、「歩いた」という過去であり、ある幅のある「時間」だ。歩いているまさにその最中、〈歩いている〉ということを知覚し確認することは、誰にもできない。われわれは、過去化されたものだけを手にすることができる。山口はいう。

知覚の「素因」になる〈今〉の〈歩行動作〉の経過があっても、その〈動作〉の経過が知覚と接触しなければ、「現在」という近過去の時間のうちに「感受」され、直接の「知覚原因」となって曖昧な形の「歩み」の運動表象として知覚されるようにならないことと、その表象が対象として実在するものの「相」を示すのではなく、「素因」に由来して「単位時間」毎に生滅するものであり、成立時に「素因」が過去に失われているため生ずる度に直に消失する「虚妄の法」であることを知らない場合、この表現（先の引用―中村注）は理解できない。（同書157）

つぎつぎと唯一無二の〈今〉は、流動し経過していく（と「推知」される）。そして、この〈今〉は、「一時」（いっとき）もとどまることはなく、そもそも確認できる対象にはならない。「経過そのもの」「流動そのもの」なのだ。

そして、このような先験的な時間の流れを「空」と呼ぶ。

その上で、我々の知覚のもつ時々刻々の表象が、知覚の置かれる環境と関わりなしには生じないと言う確認を持ち、表象の原因を知覚の外に認め、それが、いかなる表象ももたらさないような、「作用」を潜在させてもいない、「全く静止した」「無」でもないとした。このような形で「有」「無」を同時に否定して、知覚の向き合っているものについて、「有」「無」に共通な静止的性格を排除して、「無自性」「空」と言う在り方を示した。（「二種類の「零」・「無」と「空」」『思想』一九八九年一一月号、90）

つまり、「空」とは、存在と無という関係でいわれる「無」とは、何のかかわりもない。われわれの経験的世界には、決して現れることはない（原理的な潜在性）けれども、知覚の原因としてわれわれの現象界の裏面にあるものだ。この〈今〉の流動によって、「現在」という幅のある時間が構成され、それによりわれわれの知覚や認識が成立するからだ。そのようなあり方をしている潜在性そのものを「空」と呼ぶのである。

時間の幅をもつ実体的なものが存在したり、しなかったりするのは、「有―無」といえるだろう。西田の言葉でいえば、この場合の「無」は、「相対無」ということになる。それに対して、「空」は、そのような「有―無」という対立そのものを背後から支える潜在性ということになるだろう。このような「空」によって、過去化された時間の幅が成立し、われわれは、知覚し認識することが可能になるからだ。だから山口は、「空」について、つぎのようにいう。

「空」は知覚の原因になる外界の実相であり、顕示されない（aparidipakam）。（『評説　インド仏教哲学史』172）

「空」と言われる外界の「知覚原因」は、過去と未来の境の〈今〉停滞なく〈経過〉して失われつつある〈変動〉であり、「不所縁」「不所得」であるが「虚妄の法」ではなく、「勝義」の実相である。（同書172）

「空性」とは外界に静止的に成立しない〈変動〉が〈今〉停滞なく〈経過〉して消失する様態を言う。（同書176）

〈流動そのもの〉を、幅のある現在において成立する知覚と鮮明に区別し、山口は、前者を「空」と呼ぶ。このような立場に立つ山口と西田哲学との関係を見てみたい。山口は、西田の「純粋経験」という概念を、こうした中観解釈の見地から徹底的に批判した。この批判をまずは、検討してみよう。

4．山口瑞鳳の西田批判

まず山口は、西田のつぎのような「純粋経験」についての説明を引用する。

純粋経験は直接経験と同一である。自己の意識状態を直下に経験した時、未だ主もなく客もない、知識とその対象とが全く合一している。（中略）真の純粋経験はなんらの意味もない、事実そのままの現在意識あるのみである。（Z30―31）（「西田哲学「純粋経験」論の幻想」『成田山仏教研究所紀要』二〇一〇年第33号、23、以下Y）

ここでいわれている「知識とその対象との合一」そして「事実そのままの現在意識」について、山口は、つぎのように批判する。

現在の「純粋経験」で意識される「知識」が、知覚主体が向きあっている外界の「対象」と合一しているという判断には、問題の「純粋経験」が成立する以前に、知覚されることになる外界の「対象」がどのようなものであるかという判断がこの「純粋経験」以外の手段によって知覚主体に成立していなければならない。しかし、客観的にその認識が成立するという根拠が示されていない。

「対象」は外界にある事物と想定されているのであろうが、「知識」の方は、知覚内で時間的滞留のある「現在」に知覚能力によって形成されたものが経験されているという理解に立っているとしても、それらの関係を確言する分析は全くない。（Y24）

ここで山口がいいたいことは、もうすでにわかるであろう。山口にとって外界とは、「過去と未来の境の〈今〉」が停滞することなく〈経過〉しているだけであり、それは、先述したように「空」である。われわれの知覚や経験とは隔絶されて（ただし、原因にはなっている）、唯一無二の〈流動〉状態なのだ。そうなると、西田のいう「対象との合一」などということは、そもそもありえないことになる。

われわれの知覚する対象とは、本来の〈流動〉そのものではなく、時間の幅をもった幻なのだから、真の対象との合一など不可能なのだ。山口は、つぎのようにいう。

仏陀の哲学では、この「知覚表象」は、外界の「知覚原因」の〈経過〉が「相続」するのに対して向き合っている「知覚」がその間に「知覚機能」を「進行させた状態」pratītyatā を持って得た、「(持続的軌跡の）感受 vedayita」から「総合的に成立した samutpāda」ものとして経験されると言

われている。この結果が仏陀によって「縁起生」した「虚妄の法」と呼ばれた。(Y25)

われわれの知覚対象とは、虚妄の法なのだから、「合一」も「比較」もできないものなのだ。そして、知覚によって経験される表象、対象は、「言語化」という決定的な操作もこうむらざるをえない。

仏陀の観察では、人間は「言語表現」を介して自らものを考え、発表して他に伝え、さらに他人の言うところを理解する。そのために人は言語を利用しなければならない。元来の言語には、それが指す「形態観念」がある。後段で見られる『スッタニパータ』七五七で仏陀が説明しているとおり、知覚に経験される表象を我々は個々に区別出来ないため、表象を「静止像」として意識する。そのとき、同八六七で説かれたように、「形態観念」をそれらの「静止像」から抽象して、人間の場合ではそれを指す「名」を「好・悪」の評価と共に記憶することで「名色」が成立し、それによって「言語表現」が構成されている。これを限定する日時などとともに意識すれば、その他の観念も交えた「言語表現」によって、現実に経験された事象を大まかに写すことが可能になる。(Y27)

外界の本来の対象は、静止した像として意識し、さらに形態観念を抽象し、好悪の評価とともに言語化し記憶するというのだ。このように本来の対象が幾重にも異なったものに変わるのであれば、対象と合一するなどというのは、不可能だろう。

そもそもわれわれにとって、本来の対象は「記憶直前に五官によって「直接経験」された太初以来一回かぎりの日付のある具体的「表象」」(Y28)である。そして、これは、〈流動〉そのものであるから、「その推移どころか表象の一部分でさえ「記憶」できない」（Y28）ものなのだ。唯一無二の〈流動〉そのものを、記憶というかたちで定着させるのは、そもそも不可能ということになるだろう。ところが、西田は、つぎのようにいう。

記憶においても、過去の意識がただちに起こって来るのでもなく、したがって、過去を直覚するのでもない。過去と感ずるのも現在の感情である。抽象的概念といっても決して超経験的の物ではなく、やはり一種の現在意識である。（Z32）（Y28—29、西田の原文と異なる場合は、山口にしたがう）

「記憶」もまた、西田は「一種の現在意識」だという。そして、これもまた、「純粋経験」ということになる。山口によれば、そもそも現時点での「純粋経験」も、真の現象である「太初以来一回かぎりの日付のある具体的「表象」」ではありえないのだから、記憶による想起といった現時点での「純粋経験」よりも、さらに真の現象からはなれた過去化されたものの形象をもつことを、主客合一の「純粋経験」というわけにはいかないだろう。山口は、つぎのように結論をいう。

「純粋経験」論では、「想起」された経験が語られるとき、外界を原因として知覚される「表象」経験の知覚活動と「記憶」されている『観念』を「想起」する意識活動が全く区別されないで、後者について《過去と感ずるのも現在の感情である》と記述している。その際「想起」によって取り上げたものについて、「過去の意識」が甦ったり、「直覚」されるのではないとする言わずもがなの但し書きを添えているが、「想起」による意識経験を現行の「純粋経験」ではなく《「名色」による

「言語表現」の構成》であると知らないため、以後の類同の主張と一括して「一種の感情」として論じている。(Y30)

山口によれば、過去を想起するのは、「「過去」として抽象された観念が取り出されているのであり、人間の場合であれば「言語表現」の形で意識されている」(Y30)という。しかし、ここで西田がいっているのは、そのようなことではない。西田は、現時点での直接の経験を「純粋経験」という。そして、どのような想起も、たしかに過去を思いだしてはいるのだろうが(この時点で、たしかに山口の批判はあたっている)、しかし、思いだすという行為そのものは、現時点での純粋経験にほかならないといっているだけだ。つまり、思いだしたり、思考したり、知覚したり、感情をいだいたりするとき、その内容(それが眼前のものであろうと、過去の記憶であろうと)のいかんにかかわらず、現時点での経験という意味では、同じ純粋経験だという意味だろう。

たとえば、昨日近くの本屋に行ったときのことを思いだしてみよう。本屋に行って、中島敦の小説を探した。ところが、その本屋には、中島敦は一冊も置いてなかった。落胆して帰宅した、という小一時間の出来事を思いだす。このとき、たしかにこの出来事は、「本屋に行き、中島敦の小説を探すが在庫なく帰宅する」といった言語表現を伴っているだろう。つまり、「名色」による「言語表現」の構成をおこなうかもしれない。しかし、この「構成」行為は、現時点でのひとつの「純粋経験」なのであって、「一種の感情」がともなっても何の不思議もない。たしかに、このような言語表現がともなうことにより、現時点での知覚や感情といった純粋経験とは異なったものになるだろう。しかし、それは、内容や対象のちがいであって、経験そのものであることにちがいはない。

山口は、つぎのようにいう。

想起されたものが経験された事象内容を写した「言語表現」であれば、それを改めて「過去」と感ずるのでなく、「過去」に認識されている観念内容が「言語表現」されて「現在」想起、意識されるのである。それ以外の形で「過去」を意識させる経験の想起はない。したがって、「想起」されたものを改めて「過去」として「感ずる」現在の感情は成立しないとされるべきであろう。（Y31）

ここで山口がいう「「過去」に認識されている観念内容が「言語表現」されて「現在」想起、意識されるのである」のなかの「「現在」想起、意識される」という経験こそ、まさに西田が「純粋経験」といっているものではないか。ただもちろん、この経験も、山口がいう先験的経験（唯一無二の流動そのもの）には触れてはいない。だから、山口が考えているような主も客もない「純粋経験」ではないことはたしかだ。しかし、山口のいう引用文中の西田の言は、山口の解釈とは異なったことを意味しているのではないか。

さらに山口の所説を検討してみよう。山口は、『スッタニパータ』７５７番を引用した後で、「名色」と呼ばれる観念の成立を次のように説明する。

ここで言われているのは次のような事情である。ある事物を見て例えば「机」という「名色」を思って表象を経験する場合、次にまた同じ事物を見て「机」と思って表象を経験するなら、前後して経験される表象は同じと判断されるが、決して同じではないとされる。経験される前後の瞬間に

「原因」が常に「無常」に〈変動〉しながら〈経過〉しているため知覚されるものが前後同じに見えても同じになる「結果」がありえないからである。（Y33）

したがって、われわれが何かを記憶するとき、それはあくまでも「名色」（言語化された形態）であり、世界の真のあり方（そのつどの〈流動〉〈経過〉）を捉えることはできないことになるだろう。したがって記憶だけではなく、そのつどの知覚や認識も、全て幻のようなものになる。山口もいう。

これらの場合、知覚される一瞬毎の「縁起生（表象）」は「幻」であり、外界に〈経過〉する真実が把握されるのではなく、一瞬間毎に知覚に成立する「虚妄の様態」が経験されているのである。（Y33）

たしかに、われわれの現実がこうした構造をなしているのであれば、西田のいう「純粋経験」は、決して成立しない。なぜなら、〈経過〉する真実は、われわれにとっては、決して把握できない「先験的世界」のものだからだ。西田が「主客未分」というとき、その「客」は、実は「幻」であり、「虚妄の様態」なのだから、「主」側の一人芝居だということになる。

山口によれば、こうした錯誤を西田が犯すのは、「先験的時間」である〈流動〉〈経過〉そのものと、それが原因で生じるこちら側の「幻」との違いを認識していないことが原因であるだけではなく、その「幻」が言語表現によって、「名色」が成立するということを認識していないことも原因なのだ。

山口による西田の引用をまず見てみよう。

思惟というのは心理学的から見れば、表象間の関係を定めこれを統一する作用である。その最も単一なる形は判断であって、すなわち二つの表象の関係を定め、これを結合するのである。しかし、われわれは判断において二つの独立なる表象を結合するのではなく、反ってある一つの全き表象を分析するのである。例えば、「馬が走る」という判断は「走る馬」という一表象を分析して生ずるのである。それで、判断の背後にはいつでも純粋経験の事実がある。(Z57)(Y61)

判断の背後には必ず純粋経験があると西田はいう。「馬が走る」という判断を示す命題の背後には、「走る馬」という純粋経験があるというわけだ。しかし、この「走る馬」という言語表現は、決して純粋経験になれないと山口はいう。

「走る馬」というのは複合した「名色」から構成される「言語表現」であるが、実は「その名」に指される「走る」「表象」がないため、「走る」を複合した「静止像」は知覚に意識されない。人間がこの世に「走る」事象を知覚する現実がないからである。それにもかかわらず「走る」という事象を認めるのは「走る」「推移」を先天的に推測するので「言語表現」される『動詞』によってその事象が「意味」として認識されているからである。「言語表現」に深く依存する人間は、この「意味」が示す「論理」を経験と関係なく承認しているのである。つまり、「走る馬」の事象は決して「表象」として経験されないため《純粋経験》されないのである。(Y63)

走る馬が、実際に経過し流動しているとき、それを知覚することによって、われわれは「幻」である「虚妄の様態」を形成する。しかし、真の〈流動〉そのものである〈走る馬〉あるいは〈馬が走る〉を把握することは決してできない。ところが、われわれが言語をもっていることにより、「走る」という事態、「馬」という恒常的状態を「意味」としてもつことができる。「走る」や「馬」が言語によって実体化されることにより、あたかも、そのような固定した対象が（もちろん流動を前提としながら）、存在するかのように思いなすことができるのだ。そのような言語による詐術《さじゅつ》によって、「走る馬」を表象として純粋経験したと、西田は間違っていっているのである。

山口は、さらにつぎのように詳細に説明する。

> 俗に言う《走る馬》を人間が見る場合、「形態観念」の明らかな「馬」とされるものが場所を変える「表象」の連鎖が先ず「知覚」される。そのとき、「知覚機能」は「運動を連想させる静止表象」に類する連鎖を毎瞬間意識させるであろう。すると「運動を連想させる静止表象」から「静止像」が意識されて「形態観念」が抽象されることになる。このようにして「今まさに場所を変えようとする馬の姿勢」が抽象され、静止的実体像として記憶される。（Y64）

このような「静止像」は、あくまでも「静止像」なのであり、どこにも「走っている」という事態は現れていない。連続すると思われる二つの「静止像」の間こそが「走っている」という事態だからだ。

いずれの「静止像」も独立して実体的に顕現しており、二つの「静止像」は先天的認識の「走る」事象に反して何らの関連もなく、二つの「運動を連想させる静止表象」の断絶した前後の連鎖になっているだけである。（Y64）

そこから、二つの「馬の姿勢」の間に『運動』を表現する「論理」が設けられ、それを意味する『動詞』「走る」が採用されたのである。（Y64）

山口によれば、この〈走る〉という事態、つまり、真の〈流動〉や〈経過〉は、われわれによって、認識、知覚できるものではない。「先験的時間」での流動は「幻」であり、「虚妄」である。さらにそれを「言語表現」すると、言語そのものの論理によって、全く異なったものになる。『スッタニパータ』（909番）を引用した後で、山口はつぎのように結論をいう。

いわゆる《思惟》の限界は、その内実である「言語表現」が観念的実体の「名色」で構成されるため、知覚に映る外界的変動を写すには「有・無」「生・滅」による変化をそこに仮託するしかなかった。このようにして《思惟》は実体にありえない「有・無」「生・滅」の「論理」を公認するものとして、「虚偽」への全面的依存によって成立している。ただ、この本質的欠陥は人間以外の動物にはない。

『西田哲学』では、経験から抽象された「形態観念」が「名」を介して想起される場合と、外界が

「純粋経験」される場合との間に区別のあることを重視するどころか気づきもしていない。そのため、これらの間にある重大な本質的相違を意識できなかった。（Y74）

実際の世界は、「有・無」や「生・滅」によって変化しているわけではない。そのような観念（言語）によって表現できるような事態はどこにも存在しない。この概念はあくまで人間がつくった恣意的なものだ。外界の〈流動〉そのものは、言語や観念によって表されているあり方とは、絶対的に異なる。だから西田が「走る馬」というとき、「走る」や「馬」という語（概念）が静止したあり方を表現してしまうと、実際の事態とは隔絶してしまうことになる。もし、純粋経験が、真の純粋経験として成りたっているのであれば、それは、「有・無」や「生・滅」、「走る」「馬」といった言語化された概念群とは全く別の領域で、つまり、言語以前の「先験的時間」において成りたっていなければならないだろう。

こうした真の純粋経験は、西田哲学のなかにはないのだろうか。『善の研究』の後に西田が提出した「絶対無の場所」という概念はどうなのか。何といっても、「絶対無」という概念は、「有無以前」であり「有・無」の対立そのものを生みだす場所だからである。

5.『無の自覚的限定』における時間

改めて西田の時間論をふりかえってみよう。『無の自覚的限定』（一九三二年）という論文集において、「場所」という概念から出発した西田哲学が一つの到達点を迎える。そこにおいて、「絶対無の場所」という概念に依拠した時間論が展開された。そして、「絶対無」における「自覚」が、西田の時間論の中枢をなす概念だ。つぎのようにいう。

絶対無の自覚といへば、絶対に無なるものが如何にして自覚するかなど云はれるかも知らぬが、私の絶対無といふのは単に何物もないといふ意味ではない。我々の自覚といふのは自己が自己に於て見るといふことである、而も自己として何物かが見られるかぎり、それは真の自己ではない、自己自身が見られなくなる時、即ち無にして自己自身を限定すると考へられる時、真の自己を見るのである、即ち真に自覚するのである。かゝる意味に於て絶対に無にして自己自身を限定するのを絶対無の自覚といふのである、そこに我々は真の自己を見るのである。（五－93）

「絶対無」というある種の事態が考えられている。それは、「無」であるから、事態として存在しているわけではない。ただ西田もそういっているように、「何物もない」という意味でもない。「絶対の」無なのであるから、それはむろん「何物もない」以上の（あるいは、それとは、隔絶した）「無」でなければならない。しかし、そのような「無以上の無」であるにもかかわらず、この無は、この世界全体を現出させる。というよりも〈現出そのもの〉なのだ。表面に世界があり、裏面に透明な（「無」以上の）絶対無がある。ただ、もちろん表面、裏面といったからといって対立しているわけではない。これは、あくまで比喩にすぎない。

世界の存在、そして世界のなかの諸々の存在者は、何の合理的根拠もなく、現出して流動している。それはそれで単にそのことを認めればいいだけの話なのかもしれない。しかし、そのような存在が、存在するための「場」に着目すれば、どうしても最終的に絶対無の場所にたどり着かざるをえない、と西田は考えた。

物理的世界が空間によって、さらにその空間は意識野によって包まれているのだとすれば、最終的にその意識そのものも包まれているにちがいない。われわれの言語の「主語─述語」という文法形式においても、述語は主語を包摂している。その述語の最大の集合を考えれば、全世界をみずからの要素とするような集合、つまり絶対無の場所がなければならないだろう。その集合の要素は無限（集合の個々の要素の唯一無二の属性において）なのだから、それを包摂する集合は、「絶対無」にならざるをえない。無限を包摂する有限は存在しないのだから、量の支配する相対的世界とは隔絶した「絶対的な無」が要請されるのだ。

『無の自覚的限定』において、絶対無の場所から、世界の存在を説明しようとした。絶対無の「自覚」という始源の事態から、世界「創造」を解明しようとした。先ほどの比喩をつかえば、裏面から表面への道筋を明らかにしようとしたのだ。さらに、この世界の空間的構造（絶対無からの世界「創造」）は、時間にもあてはまる。それが、「永遠の今の自己限定」だ。西田は、つぎのようにいう。

それでは自覚の根柢として、すべての自覚的限定がそれによつて成立すると考へられねばならぬ私の所謂絶対無の自覚といふのは、如何なるものであらうか。それは上に云つた如き「永遠の今」の自己限定といふ如きものでなければならない。（五－109）

この世界の空間的構造が、時間という文脈にも、そのままあてはまっている。「絶対無の場所」の自己限定によって生じる時間のあり方は、「永遠の今」の自己限定なのだ。それでは、西田のいう「永遠の今」とは、どのようなものなのか。

永遠の今 nunc aeternum など云へば、すぐ神秘的と考へられるかも知らぬが、神秘学者はそれによつて「永遠なるもの」即ち神を考へた。併し私の永遠の今の限定といふのは唯、現在が現在自身を限定することを意味するのである。移り行く時と永遠とは現在に於て相触れて居るのである、否、現在が現在自身を限定するといふこの現在を離れて、永遠といふものがあるのではない、現在が現在自身を限定すると考へられる所に真の永遠の意味があるのである。(五－109)

「今」は、流れることなく、永遠に静止している。「今」という語は、時間をあらわす語ではなく、時間や時の流れとは、もっともかかわりのない語である。ウィトゲンシュタイン的な言い方をすれば、世界の中心(「空虚」な〈ここ〉)を示す、何も意味しない語だ。「今」には、意味の上で対立する語は存在しない。「今」でないときは、ありえないのだから。そのような「永遠」である「今」は、しかしながら、流動しているような印象をわれわれに与える。

西田は、そのような矛盾した事態の原因を、「移り行く時と永遠とは現在に於て相触れて居る」と表現する。このことを「現在が現在自身を限定する」ともいう。本来、永遠であり流れることのない「今」が、自分自身を限定することによって、移り行く時ともなるというわけだ。西田のいう「限定」とは、一般者が、具体的なものとなる(というよりも、一般者が、そのまま具体的なものでもある)

事態を指す。流れることのない現在が、自己限定することにより、時間が流れはじめるというわけだ。この自己限定という事態こそ、絶対無の場所からこの世界が湧出する原因である。だから、この「永遠の今の自己限定」は、「絶対無の自己限定」といいかえられる。

現在が現在自身を限定するといふ時、現在は何処までも摑むことのできないものである、かういふ意味に於ては現在は無である、是に於て永遠の今の限定として単なる受働性といふものが考へられる、無は単に受け取るもの、単に映す鏡と考へられる、そこに「時のないもの」が考へられるのである。併し無が無自身を限定する所に、現在が現在自身を限定する真の永遠の今の限定の意味があるのである。現在の底は絶対の無でなければならぬ、現在の底に現在を限定する何物かがあるならば、現在が現在自身を限定するといふ意味はなくなる、従つて真の現在といふものがなくなると共に真の時といふものがなくならねばならない、真の時と考へられるものは絶対に無なるものの自己限定でなければならない。(五―112)

ここにおいて、世界を包摂する「絶対無の場所」が時間論の文脈では、「現在」を意味することがはっきりした。世界全体の基底に「絶対無の場所」があるのと同様に、時の始まりは、その「底」が「絶対無」である「現在」の自己限定なのだ。

世界そのものは時間とともにあり、「今」は、そのまま「ここ」なのだから、つぎの西田の文章も、大層わかりやすくなるだろう。

此の如き時の自己限定と考へられるものは無にして自己自身を限定するものの自己限定と云はねばならない、私の所謂場所自身の自己限定として時といふものが考へられるのである。かういふ意味に於て、私は最後の場所的限定として永遠の今の自己限定といふものを絶対無の自覚的限定と考へるのである。（五－125）

「今」「ここ」が、この現実の基底をなし、その底は無へと陥没している。時でも場所でもない「今・ここ」は、絶対無の深淵へとつながっているというわけだ。このように考えれば、「絶対無の場所」を空間的なイメージで思い描くことは、根本的に誤謬《ごびゅう》へと導かれる。世界を包摂する無限大の場所というよりも、世界内の一地点（というよりも、一無点）というべきだからだ。

こうして空間と時間が、「絶対無の場所」において合一することは、西田の最後の完成論文「場所的論理と宗教的世界観」では、つぎのように表現されていた。

絶対矛盾的自己同一として、真にそれ自身によってあり、それ自身によって動く世界は、何処までも自己否定的に、自己表現的に、同時存在的に、空間的なるとともに、否定の否定として自己肯定的に、限定せられたものから限定するものへと、限《かぎ》なく動的に時間的である。時が空間を否定するとともに空間が時を否定し、時と空間との矛盾的自己同一的に、作られたものから作るものへと、無基底的に、何処までも自己自身を形成し行く、創造的世界である。此《かく》の如き世界を、私は絶対現在の自己限定の世界という。（「場所的論理と宗教的世界観」Ⅲ－304―305）

時と空間とが、たがいを否定しあい、その双方が矛盾的自己同一的に自己自身を形成していくことによって世界は進行していく。流れない（永遠）はずの今が、時を刻み、そのことによって絶対無の場所は、無でありながら、存在の世界を現出させる。このような矛盾を基底にしているのが、われわれの世界なのであって、それは、時間と空間の関係も同様なのだ。べつの言い方をすれば、われわれの世界は、矛盾によって始まる世界であり、矛盾そのものが基礎になければ、そもそも世界は成立しない。そして、その矛盾は、絶対的に無であるという「絶対無の場所」が、無であるにもかかわらず、自己を限定してしまうことから生じる。

このような時間のあり方は、先に論じた道元の「有時」における時間論、そして阿部による「時時無礙」というあり方と、非常に似ているといえるだろう。時の流れを支えながら、実は、時は流れるのではなく「現成《げんじょう》」していく。そして「現成」を支えているのは、空間的な「経歴《きょうりゃく》」という場所だというのだから。まさに道元の「現成」と「経歴」というのは、西田の「絶対無の場所」（＝「永遠の今」）における「絶対矛盾的自己同一」をべつの角度から表現しているのだといえるだろう。

西田はいう。

世界は絶対矛盾的自己同一的に、絶対現在の自己限定として、自己の中に焦点を有《も》ち、動的焦点を中心として自己自身を形成して行く。世界はそこに自己自身の秩序を有つ。我々の自己は、かかる世界の個物的多として、その一々が世界の一焦点として、自己に世界を表現するとともに世界の自己形成的焦点の方向において自己の方向を有つ。（中略）斯《か》く我々の自己が世界の一焦点として自己表現的に自己自身を限定するということは、自己を対象論理的に必然的と考えることではない。

永遠の過去未来を含む絶対現在の一中心となるということである。私が、我々の自己を、絶対現在の瞬間的自己限定という所以《ゆえん》である。（Ⅲ－307）

絶対現在（絶対無の場所）が世界の動的焦点であり、世界はそこで形成されていく。そのつどの絶対現在のなかに世界が表現され、そこで自己（今・ここ）も限定され方向をもつ。世界と自己が、多と一の矛盾というあり方をすることによって、世界が形成され時間が流れるというわけだろう。このような自己（今・ここ）こそ、「対象論理的に必然的」なものではなく、「絶対現在の瞬間的自己限定」なのである。この「自己限定」によって、〈自己・今・ここ〉つまり〈絶対現在〉に、永遠の過去・未来がたたみこまれるのだ。そもそも「絶対無」とは、どのような意味なのか。これも、西田が最終的に到達した地点から見てみよう。

絶対といえば、いうまでもなく、対を絶したことである。しかし単に対を絶したものは、何物でもない、単なる無に過ぎない。何物も創造せない神は、無力の神である、神ではない。無論、何らかの意味において、対象的にあるものに対するとならば、それは相対である、絶対ではない。しかしまた単に対を絶したものというものも絶対ではない。そこに絶対そのものの自己矛盾があるのである。（Ⅲ－326―327）

単なる無でもなく、だからといって相対でもない。このように「無でもなく相対でもないあり方」が、「絶対」だという。それは、われわれの通常の論理（「対象論理」）では、明らかに矛盾であって、そのようなものは、そもそも考えることもできないし、いわんや存在など決してしていない。しかし、西田の論理（「場所的論理」）においては、このような「絶対そのものの自己矛盾」こそが、万象の根柢をなしている。ここから、すべてが始まる（生まれる）のだ。この「自己矛盾」をどのように解釈すればいいのか。矛盾だから、解消しなければならないのか。それとも、「絶対」という事態そのものは、そもそも本来自己矛盾しているものなのか。つづけて西田は、つぎのようにいう。

如何なる意味において、絶対が真の絶対であるのであるか。絶対は、無に対することによって、真の絶対であるのである。絶対の無に対することによって絶対の有であるのである。而して自己の外に対象的に自己に対して立つ何物もなく、絶対無に対するということは、自己が自己矛盾的に自己自身に対するということであり、それは矛盾的自己同一ということでなければならない。（中略）絶対は、自己の外に自己を否定するもの、自己に対立するものがあるかぎり、自己は絶対ではない。絶対は、自己の中に、絶対的自己否定を含むものでなければならない。而して自己の中に絶対的自己否定を含むということは、自己が絶対の無となるということでなければならない。（中略）故に自己が自己矛盾的に自己に対立するということは、無が無自身に対して立つということである。真の絶対とは、此《かく》の如き意味において、絶対矛盾的自己同一的でなければならない。（Ⅲ－327―328）

絶対が無と対立することによって、真の絶対だというのは、対立そのものを無化するはずの〈無〉（本当に何もないのだから、対立などありえない）と対立関係になるという根源的に矛盾した事態が成立することなのだ。対立する相手は、自己の外に対象として存在しない（無だから）のだから、自己自身のなかで対立せざるをえない。つまり、自己でありながら、無でもなければならない。したがって、自己という「有」であってはならないのだ。自己でありながら自己でないのでなければならない。これが「絶対は、自己の中に、絶対的自己否定を含むものでなければならない」の意味だろう。そしてこの事態は、「無が無自身に対して立つ」といいかえられる。

われわれの通常の論理は、存在するものの関係性から始まる。しかし、西田の論理は、関係性そのものの矛盾から始まるといえるだろう。場所的論理においては、矛盾が基底になければ、そもそも論理は始まらない。存在や論理といったわれわれになじみの風景は、その裏面に、それを破壊する矛盾そのものが支配する〈絶対無の場所〉が存在（しかし同時に無である）している（いない）のだ。この場所こそが、われわれの〈今・ここ〉なのである。

西田の時間論においてもっとも重要なのは、現在である。次のように西田は述べる。

アウグスチヌスの如く時は現在に於てあると考へねばならぬ、而も斯く考へる時、時といふものはなくなるのである。時は自己自身に於て矛盾するのである。如何にしてかゝる時が自己自身を限定すると云ひ得るであらうか。（五－145）

先に述べたように、「現在」（〈今〉）は、特定できない。「現在」とは、世界を開く中心であり、個別の時間や時刻とはなんら関係がない。その「現在」にこそ、「時」はあると西田はいう。そして、当然のことながら、決して捉えることのできない「現在」においては、時はなくなってしまう。ここには、フッサールの「生きいきした現在の謎」と同じような謎があることになるだろう。時の本質である「現在」は、ある意味で存在しない、しかしながら、時は流れている。この「現在」（時）のあり方を「矛盾」と西田はいっているのだ。

ここには、「絶対無の場所」が、時間論の文脈で「現在」として登場していることがわかるだろう。「絶対無の場所」は、この存在の世界をつつむ透明な裏面のようなものだった。この場所がなければ、相対的な存在の世界は成りたたない。それと同じように、絶対的な無である「現在」がなければ、時間は流れない。相対的な（過去や未来という対立による）時間の流れは、絶対無である「現在」があるからこそ登場するというわけだ。そして、「無」である現在が時間の流れを生みだす働きを「自己自身を限定する」という。

以下のように西田はいう。

無にして、自己自身を限定するものの自己限定として、無の場所的限定として、時といふ如きものが考へられるのである。（五－145）

而も上に云つた如く現在といふものから過去と未来とが考へられるのである、過去から現在が限定せられるのではなく、現在が現在自身を限定することによつて、過去と未来とが限定せられるのである、現在といふものなくして時といふものはない。（五－146）

現在という無の中心があって、その現在が自己を限定することによって時間が流れる。無が、時間の流れる場所を、自己限定によって設《しつら》えることによって過去や未来が登場するということになるだろう。しかし、「無の自己限定」あるいは、端的に、この「無」とはどのようなことなのか。先に述べたように、われわれは、つねに〈今・ここ・私〉というあり方をしている。しかし、この〈今・ここ・私〉という世界の中心は、どうしてもこの世界に登場しない。「絶対無の場所」とおなじように、この相対的世界においては、〈無〉なのである。しかし、この〈今・ここ・私〉という背景がなければ、世界は開かれない。だから、「無」とはいっても、「有」の源泉としての「無」といわざるをえない。

この事態を西田は、「矛盾」という。「現在」と「矛盾」と「自己限定」について、西田の言葉を聞いてみよう。

唯無にして有を包むものに於て矛盾といふものが考へられるのである。現在として摑《つか》み得た時、それは既に現在ではない、現在は摑み得ざるもの、矛盾は考へられないものと考へられるでもあらう。併し自己が自己自身を知る、即ち自覚するといふことは、無にして有を限定するといふことであり、そこにいつも現在が現在自身を限定するといふ意味があるのである。（五－146）

〈今〉は、無であるが、その〈今〉がなければ、時間の流れ（有）は発生しない。この存在と無の関係を西田は「矛盾」と呼ぶ。現在は無であり、それは、つねにこの世界を開く原点なのだから特定することはできない（「現在は摑み得ざるもの」）が、その現在が自己限定（「自覚」）することによって、時間が、つまり有が限定されることになると西田はいう。この現在の自己限定、つまりは無の自覚とは、どのようなものなのか。

絶対無の自覚的限定としては、無にして自己自身を限定するもの、即ち自己自身を限定する現在といふものが限定せられるのである。而も真に自己自身を限定する現在といふのは摑むことのできない瞬間といふものであり、絶対無の自覚的限定として自己自身を限定する瞬間といふ如きものが限定せられるのである（五－147）

「絶対無」は絶対である以上、この相対的世界には登場しない。しかし、それがたんなる無にすぎないのであれば、世界そのものの発生はありえなかった。この世界が存在し、時間が刻々と流れているという事態から逆算すれば、世界発生以前の「無」は、ただの「無」ではなく、ある潜在的な状態だったといわざるをえないだろう。その潜在性が顕在化する契機を西田は、「絶対無の自己限定」と呼び、そこでは「矛盾」が重要な役割を演じる。

絶対的領域には、矛盾は存在しないだろう。そもそも相対的二項対立は、そこにはないのだから、矛盾という事態はおこりえない。そのような絶対的領域が、相対的世界へのある種の傾向性をもち、ついには自己限定という事態が発生する。そのとき、無（あるいは有無以前）であるはずの絶対的領域が、有への傾向性をもったがために、自己限定という事態がそのまま矛盾になってしまう。このような構造を西田は考えていたのだろうか。

矛盾なき世界（絶対無）が矛盾という契機をへて、相対的世界を生みだす。時間論に即していえば、現在という絶対無が、無であるのに有を生みだすという矛盾をへること（自己限定）によって時間が流れ始めるということになるだろう。そのとき、記憶がとても重要な役割を演じることになる。

記憶なくして我といふものはない、併し記憶は如何にして成立するのであらうか。（中略）記憶といふものは無の自己限定によつて成立すると考へざるを得ない（五－171）

記憶は、現在という無の自己限定によって成立する、と西田はいう。無が自己限定することによって、記憶が生まれるのであれば、記憶こそが時間の流れということになるだろう。先にも確認したように、記憶がなければ変化はなく時間は流れない。その記憶は、過去のものであり現在には属さない。西田の時間論においては、現在は無なのだから、われわれは、つねに記憶という過去のなかで時間の流れを認識しているということになるだろう。記憶が無の自己限定の結果なのであれば、記憶は、無自身の働きによって生みだされた幻のようなものなのかもしれない。

西田はいう。

記憶に於て既に非連続的なるものの連続といふ意義がなければならない、単なる事実の連続と考へられるものが之に於て限定せられるのである。（五－171）

われわれの生は、周りの事物を知覚することによって成立している。その知覚は、ベルクソンによれば、記憶の場が開かれることによって可能となった。つまり、知覚は記憶なのである。もし記憶がなければ、瞬時の知覚（しかし、これは原理的に不可能なのだが）が走馬燈のように非連続的に点滅するにすぎなくなるだろう。あるいは、その点滅さえも存在しない。この非連続を連続させるのが、記憶という場なのだ。このことによって、われわれが認識できる事実の連続が成立する。そして西田によれば、その記憶は、現在という原理的に把握できない〈無〉の自己限定によって生みだされる痕跡のようなものだった。だとすれば、われわれのこの世界、生、そして時間の流れというのは、われわれには決してたしかめることのできない源（絶対無）によって生みだされた幻だといえるのではないか。

時間の流れは、記憶によって成立している。記憶がなければ、時間は流れない。記憶がなく時間が流れなければ、われわれの世界はどうなるのか。西田にしたがえば、「記憶による無の自己限定」という働きがなくなるのだから、「有」すなわち「存在」は、構成されないだろう。ベルクソンもいっているように、「知覚＝記憶」なのだから、記憶がなくなれば、知覚もなくなるだろう。あるいは、現時点での知覚とは、まったく異なるものになる。すでに記憶をもっているわれわれには、こうした世界を、正確に想像することはできない。ただ、可能性としては、「無の自己限定」の結果である記憶がなくなるのだから、端的な「無」が現出するのかもしれない。しかし、その無は、自己限定の可能性をもっている（いた）以上、「端的な」ともいえないし、そもそも「無」なのだから「現出」などしないだろう。

なぜ、「実在」が表で、「絶対無の場所」が裏だったのか。なぜ、「絶対無」は、「無」でなければならないのか。記憶がなくなれば、「実在」の方が消え、「絶対無」だけが残ることにはならないのか。記憶が、われわれ人間にとって必然的な性質でないならば（とても必然的とは思えない）、それが存在しない世界も可能なのではないか。そのとき、どうなるのか。「実在」が大きさのない点に収縮し、「絶対無」だけが残るのか。いままで透明な裏面であった「絶対無の場所」が、表面になるのだろうか。世界は、存在ではなく、無に覆われるのか。
　このように考えるならば、われわれの世界は、たまたまわれわれに備わっている記憶の能力によって、このように見えているだけで、その裏面には、透明な無が、あるいは、「絶対無の場所」が控えているのかもしれない。その裏面が表面になる可能性ももちろんあるだろうし、そもそもその裏面の方が真の世界なのかもしれない。

6.「行為的直観」「種の生成発展の問題」における時間

　さらに、「行為的直観」を書いた時期（一九三七年）に、西田は、時間についてどのように考えていたのか。「歴史」という重要なファクターが時間論に入ってくる。少し見てみよう。

　個性的に自己自身を限定すると云ふことは、世界が作られたものより作るものへと断絶の連続として自己自身を限定することであり、それは現在が何処までも決定せられたものでありながら、何処までも自己自身の否定を含み、自己自身を越えて、現在から現在へ行くと云ふことである。我々は現在に於て触れることのできない絶対に触れると云ふことである。（八－225）

　時間が流れるというのは、現在の瞬間がつぎの瞬間へと移行することだ。これを西田は、「限定」という概念で説明する。「個性的」というのは、「個にして一般」という意味だ（八－200）。つねにこの世界のなかに個体は、個にして一般というあり方をしているので、個という性質をもつものはすべて、個性的（個にして一般）というわけである。そのように個性的に自己を限定することによって、われわれの参与によりつくられた歴史的現実を背景にしてつぎの瞬間の現実をつくっていく。これが、自己限定であり時の流れである。しかし、この流れは、連続したものではない。

たとえば現時点での状態をとりあげてみよう。現時点の状態は、それまでの過去の状態により形成された。現時点の状態が、突然現れたわけではない。現在がどこまでも決定せられたものでありながら、しかし同時に、その現在は、つぎの現在へ変化しなければならない。

まず「個性的に自己自身を限定する」というのは、どういうことだろうか。われわれはつねに「個として」今の時点に存在している。しかし、この「個」は、最初からただそれだけで存在しているわけではない。ヒトの種としての身体をもち、特定の時代背景、特定の地域的背景のもとに現実に存在している。個であると同時に一般的なものとして存在しているといえるだろう。そして、その一般性は、他の個との関係も前提していることになる。種としての身体や、時代、地域といったものは、それだけで存在するものではなく、一般的なあり方をしているからだ。それらは、多くの個を包摂する集合として存在している。種としての身体は、その種を構成する同じ身体をもつもの達の集合であり、特定の時代は、他の時代背景という全体集合のなかの一要素であり、地域も同様だ。

このように考えると、特定の一時点である現在の背景には、もろもろの集合が控えていることになるだろう。「種の生成発展の問題」においては、同じ事柄をつぎのように述べている。

現在は何処までも決定せられたものでありながら、自己自身の中に否定を含み、自己自身を越えて現在から現在へ移つて行く。現在は絶えず動き行くものでありながら、いつも現在である。そこに歴史の世界といふものがあるのである。それは時間空間の矛盾的自己同一として、永遠の今の自己限定と考へられる世界であり、現在に於て無限の過去未来が同時存在的な世界であるのである。（八－190）

現在は、過去からの流れを受けとめ（しかし同時に、その流れを切断し、絶対無の場所に触れながら）、決定されたものとなる。この「決定」は、〈今〉がもっている絶対性の現れである。〈今〉という絶対性の領域がなければ、時間は流れ過去から現在へとたどり着いたように思われる。しかし、これは、記憶という「場」による詐術《さじゅつ》であって、記憶の幻が溶けてしまえば、〈今〉という絶対的に静止した場を開く。つまり、「絶対無の場所」が現れてくる。だから、記憶の場にいるわれわれには、決定された現在は、自己自身を否定し（今という瞬間が消え）、自己自身を越えて（次の今という瞬間へと移り）、「現在から現在へ移つて行く」のだ。

こうして「現在は絶えず動き行くものでありながら、いつも現在」なのだ。記憶という場で、つぎつぎと現在が進行していく。しかし、その記憶は、絶対的な場である〈今〉に、〈今〉の過去の痕跡を二重映しにしているだけだ。このような記憶の痕跡群が、「歴史の世界」だといえるだろう。これは、記憶の痕跡の蓄積としての「時間」の流れと、〈今〉という静止した「空間」との「矛盾的自己同一」であると同時に、通時的な歴史の時間と、ある特定の時代の共時的な歴史の空間との「矛盾的自己同一」でもある。時間は、決して流れてはいない（「永遠の今」）のに、歴史（記憶の痕跡群）は存在しているのだから。これを西田は、「永遠の今の自己限定」という。流れることのない絶対的な

「永遠の今」が、無数の自己（流れる現在）に限定されて、時間が流れるというわけだ。

そしてこれは、「現在に於て無限の過去未来が同時存在的な世界」ということになるだろう。この引用とまったく同じことを数頁あとで「歴史的現在」といいかえて、西田はくりかえす。


而も作られたものが作るものを作り行くと考へられる所に、歴史的生成があるのである。歴史的現在は何処までも決定せられたものでありながら、自己自身の中に自己否定を含み、自己自身を越えて現在から現在に行く。そこに歴史的現在が絶対に触れることのできない絶対に触れると云ふことがなければならない。此故に歴史は創造的である。時代とは歴史的現在が有つ個性といふことができる。（八－192）

「歴史的生成」とは、過去の蓄積である「作られたもの」に依拠して、「作るものを作り行く」ことである。記憶を礎《いしずえ》にして、新たなものを創ることだといっていいだろう。われわれの周りには、われわれの記憶によって把握された諸々の過去があり（このなかには、もちろん自分自身の身体も含まれるだろう）、それをつかって新しいものを、現時点で作っていくというのだ。そして、それはもちろん、現在を否定し、つぎの現在へと越えていくという時の流れのうちでおこなわれる。そこで「歴史的現在が絶対に触れることのできない絶対に触れる」のである。これは、どういうことか。

もし、「歴史的現在」が「歴史のなかで流れて行く現在」という意味であれば、現在の中心にある静止した場所に触れることは絶対にできないだろう。しかし、「歴史的現在」は、「絶対現在」として自己を否定するとき、歴史の連続した流れを切断して「絶対に触れる」。「永遠の今」という「絶対無」に触れるのだ。しかし、「此故に歴史は創造的である」というのは、どういう意味だろうか。時の流れが切断されることにより、記憶の蓄積としての過去が、現在にそのまま重なることが拒絶される。そうなると、自己自身が否定され、新たな現在（ここでは、「歴史的現在」）が創造されるというわけだろう。ということは、ここでいわれる「絶対現在」（絶対無としての現在）は、まったく新しい創造をうながす場所だといえる。

さらに西田はつづける。

既に成つたものが成るものの基となり、個性的に自己自身を限定し行くと云へば、従来の考へ方では、それは単なる連続とも考へられるであらう。併しそれは対象的方向にも、作用的方向にも、連続を考へられるものであつてはならない。既に成つたもの、過去の方向に基体を置くならば、既に有つたものが現れると云ふに過ぎない。その逆の方向に基体を置くならば、既に成つたものが基となるとは云はれない。その何れにしても歴史的生成といふものは考へられない。過去は既に過ぎ去つたものであり、未来は未だ来らざるものである。そこは絶対の断絶である、無である。而も矛盾的自己同一として成つたものが成るものの基となる所に、歴史的生成といふものがあり、個性があるのである。（八―192―193）

先述したように西田も、歴史の流れは「単なる連続」ではないという。現在という時点にいるわれわれにとって、「過去は既に過ぎ去つたものであり、未来は未だ来らざるもの」なのだ。レヴィナス流の言い方をすれば、過去と未来は、〈現在〉にとって絶対的他者なのである。それは「絶対の断絶である、無である」のだ。過去が現在になり、現在が未来になることはない。現在が現在になるのである。そして、それぞれの現在は、絶対現在として、他の現在とは絶対的な深淵によって隔たっている。絶対現在は、絶対無の場所で、そのつど誕生するのである。

このような「絶対現在」が、無であり、現在として生成すること、しかもそれが、つぎの現在へとみずからを否定して新たな創造の場をひらくこと、これこそ「矛盾的自己同一」であり、「歴史的生成」ということができるだろう。さらに西田は、このような〈永遠の今〉のあり方、現在の絶対性について、つぎのように結論をいう。

> 時の過去と未来とは絶対に結び附かないものでなければならない。而も時は過去から成立するのでもなく、未来から成立するのでもなく、いつも現在が現在自身を限定する、現在の矛盾的自己同一から成立するのである。永遠の今の自己限定として時が成立すると云ふ所以である。そこに過去未来の同時存在性、無数の時の成立を考へることができる。（八―193）

この引用から考えられるのは、西田の時は「現在」しか存在しないということだろう。「過去と未来とは絶対に結び附かない」のだから、つねに「現在」のみが存在し続ける。それを「現在が現在自身を限定する」と表現している。現在自身の「矛盾的自己同一」から、現在は成立するのだ。現在の基底には、「絶対無」があり、それは、存在全体（現在における世界）の裏面にある底知れない鏡である。存在全体と裏面の絶対無とは、矛盾している。「有⇕無」という矛盾というよりも、「有無⇕有無以前」という矛盾だ。

「有無以前」という裏面がなければ、有と無とが対立する存在の世界は、表面化しない。そして、この矛盾は、同時に「現在」という、時の流れのなかでの切断面、「永遠の今の自己限定」と相即的だ。「永遠の今」は、絶対無の時間的側面（時間と絶対的に隔絶していながら、時の流れを非連続的に支えるとでもいうべき側面）を現す。時間とは最も遠い流れることのない〈今〉が、粒なりに重なっている（いわば「量子化」のように）ことにより、時間があたかも流れているように思われるということだろう。

これが、「永遠の今の自己限定」だ。ここに「過去未来の同時存在性、無数の時の成立を考へることができる」と西田はいう。どういう意味だろうか。つねに〈永遠の今〉のみがある。時は流れているのではなく、永遠の今が、すべての世界にゆきわたっているといえるだろう。この無数の〈永遠の今〉間の関係こそが、過去未来であり、それは、われわれの存在が歴史的身体でないならば、自在に行き来できるだろう。だからこそ、それは、「無数の時の成立」であろうし、このような無数の時が成立しているからこそ、道元のいう「経歴《きょうりゃく》」という事態も可能になる。

未来から過去へ、過去から未来へ、現在から現在へと自在に往来する。これは、無数の時が（いわば）量子的状態として全宇宙に拡がっているからこそ可能なのだ。しかし同時に「現在に於て時が可逆的だといふのでなく、現在は矛盾的自己同一として、いつも作られたものから作るものへ、唯一的方向を有つて居るのである」（八－193）。無数の時が成立しているにしても、われわれが現に生きている（行為的直観として）歴史の中の時間は、不可逆でなければならない。現在は、自己を否定することによって、つぎの現在を肯定し、時間は進行していく。つまり、「この故に現在が現在であるのである」（八－193）。しかし、ここでまた西田は、つぎのようにもいう。

右の如く云ふも、歴史的進展が対象論理の立場から考へられる如き意味に於て連続だと云ふのではない。(八—195)

時間は、通常考えられているように「連続」して流れているのではない。ベルクソンがいうように、「純粋持続」として有機的に連続している、というわけではないのだ。

現在は動き行くものでありながら、いつも空間的である。否、真に客観的な歴史の時に於ては、それが絶対に空間的でなければならない。何処までも結び附かない過去未来が、現在に於て結び附いて居る。現在は時でありながら、時の否定を含んで居る。それは自己矛盾である。併しかゝる矛盾的自己同一から、時が成立するのである。歴史的現在に於ては、それが絶対矛盾的自己同一でなければならない。(八—195)

現在は動いていながら、空間的なものとして、過去未来がそこにたたみこまれていなければならない。たたみこまれていることによって、その現在は、世界の中心となり、ある意味で「静止」、つまり、一つの絶対的な空間のようなものとなる。時は流れていながら、しかし、その中心には、まったく流れない〈絶対〉が存在しているということになるだろう。このような矛盾こそが、歴史的現在を連続させる機動力になっている。このような「歴史的現在」を、西田はつぎのように描写する。

> 併し主体的なるものは現実の自己否定によつて媒介せられたものであり、それは自己自身を否定して個性的に自己自身を形成する所に、歴史的生命を有するが故に、それは単に同時存在的といふのでなく、歴史的現在の自己矛盾的傾斜面に於てあるものとして、その何れかが歴史的現在の傾向を担ふものとして、時代の中心となる、矛盾的自己同一の中心的地位を有つのである。そこが多即一の中心点となるのである。斯くして、時代の中心と考へられるものは、いつも現在から現在へ連続的に動き行くものと考へられながら、即ち連続的な一つの傾向を有つと考へられながら、而もそれはその根柢に於ては絶対の多の一としての傾向でなければならない、そこにはいつも絶対空間的なものに接して居ると云ふことができる。時代は時代から時代へ唯連続的に移つて行くのではなくして、絶対弁証法的に移つて行くのである。（八－196）

多くの現在（多）が、世界の中心である〈絶対現在〉（一）にたたみこまれている。そしてその空間的なあり方をしている〈絶対現在〉において、そのつどの現在が自己否定し、つぎつぎとさらなる現在として自己肯定していく。本来であれば、すべてが現在（時は流れない）であってしかるべきなのに、不可逆的方向へと進まざるをえない現在のあり方も、絶対矛盾的自己同一だといえるだろう。このような〈絶対現在⇔そのつどの現在〉の矛盾的自己同一こそ、「歴史的現在の自己矛盾的傾斜面」を形成する原動力とでもいえるかもしれない。こうして、時は非連続の連続として流れていく（ように見える）のだから。

絶対矛盾的自己同一として世界は進行していく。世界という一般者は、自己限定し個々へと分かれること（そのつどの現在を生きる個物）によって歴史を進行させていく。西田はいう。

歴史的世界は最始から絶対矛盾的自己同一として自己自身を限定するのである。絶対の断絶の連続である、段階的である。そこに歴史的発展に於て意識といふものの現れ来る理由があるのである。それは歴史の始にも意識があつたと云ふのではない、歴史的進行には意識発生といふことが含まれてゐなければならないと云ふのである。意識は断絶面的である、故に中性的と考へられる、映す鏡の如く考へられるのである。（八－197）

時間の流れは、断絶し連続するのでなければならない。流れそのものも矛盾的自己同一的なあり方をしている。このような流れの背景には、「意識」の存在が欠かせないと西田はいう。たしかにわれわれは、そのつどの現在（断絶面）に生きている。もし、断絶面だけにいるならば、〈今・今・今……〉と今だけが反復するだけで、時間は流れないだろう。そこに意識があって、そのつどの断絶面で背景のように出来事を映していけば、鏡の連鎖のようなやり方で時は流れていく。たしかに意識は断絶面的ではあるが、その意識の連続こそが時の進行を支えているといえるのだ。

時の進行について、西田はつぎのようにもいう。

歴史的現在は何処までも決定せられたものでありながら、自己自身を越えて動き行くと云ふことは、逆に現在はいつも動き行くものでありながら、いつも現在であり、時は現在に於て永遠に接すると云ふことである。そこに我々は現在に即し、現在と共に動きながら、永遠なるものの自己形成、歴史的実在的なるものに接すると云ふことができるのである。現在は矛盾的自己同一として、

動揺的であり、無限の行先を有しながら、いつも一定の自己形成の方向を有つて居るのである。（八－210）

つねにわれわれの時間は現在であり、現在以外のあり方はできない。しかし、その現在は同じものではなく、つぎつぎと新しいものに変容していく。つまり「自己自身を越えて動き行く」のである。他方、現在は現在以外の何ものでもないのだから、「永遠に接する」といわれる。この永遠にいるかぎり、「永遠なるものの自己形成」に接していることになるという。たしかに「永遠の今」にいるかぎり、何も起こらないといってもいいかもしれない。「永遠の今」は、「世界＝私」であり、世界全体を包摂する枠としての私であり続ければ、時も流れず空間の移動もない。〈今・ここ〉にありつづければいいのだから。この枠は永遠であり、枠のなかの出来事とは、一切かかわることはない。

この枠そのものと、枠のなかの出来事とは、〈静⇕動〉というあり方で矛盾しているだろう。ただし、背景そのものが不動だからこそ、枠のなかの出来事は、動くことができるともいえる。枠そのもの（無）と枠のなかの出来事（有）とが、静と動という矛盾したあり方で自己同一だからこそ、歴史は進行している（ように見える）。これが、「現在は矛盾的自己同一として、動揺的であり、無限の行先を有しながら、いつも一定の自己形成の方向を有つて居る」ということだ。

7.『意識の形而上学』と「絶対無の場所」

山口瑞鳳によって指摘された西田哲学の言語に対する鈍感さについて、ちがった側面から考えてみたい。井筒俊彦が、『大乗起信論』をもとに書いた『意識の形而上学』の観点から「絶対無の場所」について考えてみよう。『大乗起信論』は、井上克人や竹村牧男、末木剛博が指摘したように(特に井上の『西田幾多郎と明治の精神』に詳しい)、西田にも大きな影響を与えた仏教書である。西田の「絶対無の場所」を基底に据えた構造と似たような構造を、『大乗起信論』は提示している。井筒の論述にしたがいながら探っていきたい。井筒は、『大乗起信論』の特徴をつぎのように二つ挙げる。

その一は、思想の空間的構造化ということ。「心《しん》」とか意識とかいう非空間的な内的機能を主題としながら、『起信論』の形而上学的思惟はそれをどこまでも空間的、領域的に構想する。(『井筒俊彦全集　第十巻　意識の形而上学』481)

『起信論』の思想スタイルの第二の特徴は、思惟が、至るところで双面的・背反的、二岐分離的、に展開するということである。言い換えるなら、思惟の進み方が単純な一本線でない、ということ。そこに、この論書の一種独特の面白さ、と難しさ、とがある。(同書482)

空間的でありながら、「双面的・背反的」というのは、西田の「場所」や「絶対矛盾的自己同一」

を思わせるような特徴ではある。そして、後者の「二岐分離的傾向」を表す概念が、『起信論』では多く使われていると井筒はいう。井筒は、二例を挙げる。「真如」と「アラヤ識」だ。

『起信論』の立場からすると、「真如」は、第一義的には、無限宇宙に充溢する存在エネルギー、存在発現力、の無分割・不可分の全一態であって、本源的には絶対の「無」であり「空」（非顕現）である。（中略）この意味で、「真如」は先ず存在論的に双面的である。一方において、それは「無」的・「空」的な絶対的非顕現、他方においては「有」的・現象的自己顕現。このように双面的・背反的であるからこそ「真如」は「真如」なのであって、もしそうでなければ、存在エネルギーの全一態としての真実在とか、そのエネルギーの全顕現的奔出とかいうことは考え得られないであろう。（同書483）

この世界に充溢《じゅういつ》するエネルギーであり、存在そのものであり、現象的自己顕現でありながら、他面では、絶対の「無」であり「空」であるのが「真如」だという。これは、まさにわれわれの世界（相対無の場所）と、その裏面にある「絶対無の場所」という二面性を表しているかのようだ。さらに「アラヤ識」については、こう書いている。

『起信論』的「アラヤ識」は、何よりも先ず、「真如」の非現象態と現象態（＝形而上的境位と形而下的境位）とのあいだにあって、両者を繋ぐ中間帯として構想される。「真如」が非現象的・「無」的次元から、いままさに現象的・「有」的次元に転換し、それ本来の寥廓《りょうかく》たる「無」（＝「本来無一物」）の境位を離れて、これから百花繚乱たる経験的事物事象（＝意味分節体、存在分節体）の形に乱れ散ろうとする境位、それが『起信論』の説く「アラヤ識」だ。（同書485）

「絶対無の場所」においては、矛盾も何もかもすべてが包摂されている。そこでは、相対的な領域ではありえないことも、すべて生じている。しかし、その生成は、存在しえないというあり方で、生成しているのだ。つまり、生成がそのまま消滅というあり方をしているのである。こうした矛盾そのものの場所が、われわれの矛盾律の支配する諸存在の世界へと転換するとき、『起信論』では、「アラヤ識」という中間地帯を通るという。したがって西田哲学において、この「アラヤ識」は、相対無と絶対無という表裏の転換そのものだということになるだろう。

そして『起信論』においては、言語が非常に重要な要素になっている。まず、井筒は、東洋哲学一般における言語観について、つぎのように語る。

一般に東洋哲学の伝統においては、形而上学は「コトバ以前」に窮極する。すなわち形而上学的思惟は、その極所に至って、実在性の、言語を超えた窮玄の境地に到達し、言語は本来の意味指示機能を喪失する。そうでなければ、存在論ではあり得ても、形而上学ではあり得ないのだ。（同書487）

われわれの世界の最も究極的な場面においては、言語は役にたたなくなると井筒はいう。たしかに、この世界が、わかりやすく分節化されているとき、言語は、日常生活でも学問的著作においても、それなりの力を発揮するだろう。言語的分節によって、誰にとっても同様の事柄を共有している積りになるからだ。しかし、存在の最も奥底においては、言葉は、何ものでもない。そもそも言語的分節がなされていない世界では、共通の基盤がどこにもないからだ。あらゆるものが、「他者」的なもの（〈ものそのもの〉）として、真の姿を現す。
しかし、われわれの出発点は、やはり、分節化され、言語を使用するこの「生活世界」からでなければならない。したがって、世界の奥底に素手で挑むためにも、とりあえず言葉の力を借りるしかない。

だが、そうは言っても、言語を完全に放棄してしまうわけにもいかない。言語を超え、言語の能力を否定するためにさえ、言語を使わなくてはならない。いわゆる「言詮不及」は、それ自体が、また一つの言語的事態である。生来言語《ロゴス》的存在者である人間の、それが、逆説的な宿命なのであろうか。（同書487）

言語以前へとたどり着くためには、言語を使用せざるをえない。これが、われわれ人間のどうしても逃れられない「宿命」なのだ。こうした根源的な矛盾を『起信論』も共有している。

いかに言語が無効であるとわかっていても、それをなんとか使って「コトバ以前」を言語的に定立し、この言詮不及の極限から翻って、言語の支配する全領域（＝全存在世界）を射程に入れ、いわば頂点からどん底まで検索し、その全体を構造的に捉えなおすこと――そこにこそ形而上学の本旨が存する。そしていま、『大乗起信論』は、まさにそれを試みようとするのである。（同書488）

そして、『起信論』は、「ことば以前」へと到達するために「真如」という仮名《けみよう》を選びとった。井筒は、『起信論』を引用している。

「一切の言説《ごん》は仮名《けみよう》にして実《じつ》なく、ただ妄念に随えるのみにして不可得（＝コトバでは存在の真相は把捉できない）なるを以ての故に、真如と言うも、また相（＝この語に対応する実相）の有ることなし。言説の極（＝コトバの意味指示作用をギリギリのところまで追いつめて）、言《ごん》に依りて言を遣《や》るを謂うのみ（＝コトバを使うことによって、逆にコトバを否定するだけのこと）……」（同書490）

何とも名づけようのない真実のあり方は、「名づけようがない」のだから、言語化不可能である。しかし、そうなると、われわれがその真実のあり方に気づくことはない。といって、名づけてしまうと、まったく別のものに変質せざるをえない。この矛盾を根柢に据えることによって、『起信論』は、「真如」の真相を突きとめようとする。真のあり方の命名というこの根源的矛盾を、井筒はつぎのように正確に記述している。

形而上学的思惟の極限に至って、なぜ言語が、その意味指示的有効性を喪失してしまうのか。それは、この極限的境位においては、「形而上的なるもの」は絶対無分節だからである。無辺際、無区分、無差別な純粋空間の、ただ一面の皓蕩《こうとう》たる拡がり。このようなものを、このようなものと

して、そのまま、把捉することにおいては、言語は完全に無能無力である。（同書492）

分節化というのが、言語の根本的機能だとすれば、そもそも分節化以前のものに対して、言語は、まったく働かない。分節化していない状態が、真のあり方であるような存在に対して、言語は、どのような側面からも手をつけることはできないだろう。手をつけたとたんに、その対象は、分節化され、真の姿とは、似てもにつかぬものになるからだ。

絶対無分節的な「形而上学的なるもの」を、例えば「真如」と名づけたとたんに、それは真如なるものとして切り分けられ、他の一切から区別されて、本来の無差別性、無限定性、全一性を失ってしまう。（同書492）

そして、このような言語の「分節化」というはたらきと深くかかわることにより、「真如」は、二重構造をなす。言語を超えた「離言真如《りごんしんにょ》」と言語に依存した「依言真如《いごんしんにょ》」である。しかし、この二重構造は、あくまでも同じ一つの「真如」の構造なのだ。したがって、「離言真如」と「依言真如」を同時に一つのものとして見る必要がある。

井筒は、つぎのようにいう。

すでに何遍も言ったことだが、「真如」は、それ自体としては（すなわち形而上学の極処としては）絶対無分節であり、従って完全にコトバ以前（「離ル二言説ノ相ヲ一」）であるが、その下に拡がる言語的意味分節・存在分節の世界（すなわち、内的・外的事物事象の現象界）と無関係ではない。いや、無関係でないどころか、分節的存在界は、実は、隅から隅まで、根源的無分節「真如」自身の分節態にほかならないのだ。この意味では、現象世界も「真如」以外のなにものでもないのである。（同書503）

「真如」は無分節であり、言語的領域によっては把握することはできない。そこは、存在も無も何もない無分節の世界だ。「存在」という語によって、そこを表すと、「存在―無」という相対的対立が生じ、その世界は分節されてしまう。したがって、存在も無もない「存在―無」以前の世界ということができるだろう。これは、まさに西田の「絶対無」という概念に直接つながっている。「絶対無」の「無」は、「有無以前」という意味だからだ。しかし、その「絶対無」が、実は、存在の世界の基盤（裏面）にあり、存在の分節的構造を支える根源となっている。

この領域から、「相対無」の世界と存在が現出するのを、言語による分節化として捉えるのが、井筒の解釈による『大乗起信論』であるといえるだろう。つぎのように説明している。

すなわち、全現象界のゼロ・ポイントとしての「真如」は、文字どおり、表面的は、ただ一物の影すらない存在の「無」の極処であるが、それはまた、反面、一切万物の非現実的、不可視の本体であって、一切万物をうちに包蔵し、それ自体の内的意味によって、あらゆる存在者を現出させる可能性を秘めている。この意味で、それは存在と意識のゼロ・ポイントであるとともに、同時に、存在分節と意識の現象的自己顕現の原点、つまり世界現出の窮極の原点でもあるのだ。（同書504）

このような真如の二面性を、井筒は、左のような図にして説明する。

この図を見ると、西田の場所の三層構造のエッセンスだけを示したもののように思われる。つまり、Aが「絶対無の場所」であり、Bが「相対無の場所→物理的世界」ということになるだろう。もちろん、AとBは、同じ世界の両面であって、西田の場所のように重層的に同一の場所として存在（無として）している。井筒の説明をきこう。

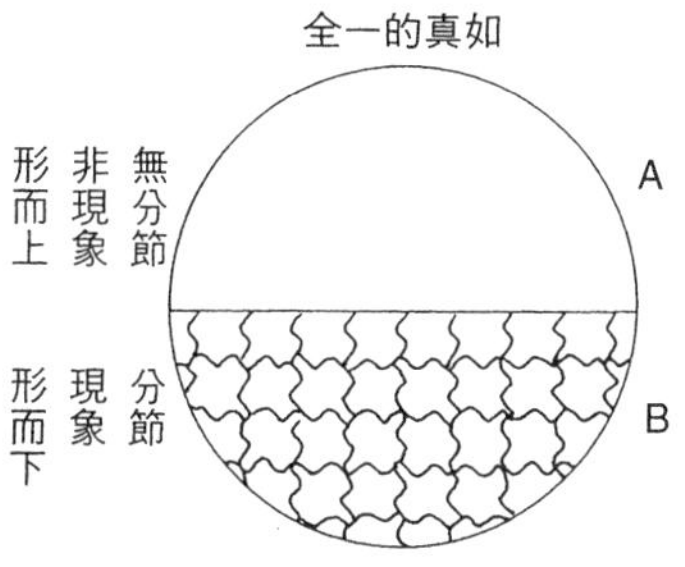

上段の半円（以下、便宜上A空間、またはA領域とする）は、割れ目も裂け目もない一面のブランク・スペースで、言詮不及の無分節態。下段の半円（以下、B空間、またはB領域とする）は、無数の有意味的存在単位からなる分節態。A空間は絶言絶慮の非現象における「真如」、B空間は現象的存在界に展開した次元での「真如」。Aは元来コトバにならないことは勿論、心に思い描くことすらできない（「離レ㆓名字ノ相ヲ㆒、離ル㆓心縁ノ相ヲ㆒」）「真如」の形而上的極限を、無理に空間的表象であらわしたものであり、Bは、言語と意識とが、「アラヤ識」をトポスとして関わり合うことによって生起する流転生滅の事物の構成する形而下的世界を表示する。（同書505）

このようにして、井筒の『大乗起信論』解釈に依拠すれば、西田の「絶対無の場所」のあり方も、言語という側面から解明することが可能になるのかもしれない。

第六章 世界の論理と相補性

1．現実の世界の論理的構造

西田には、「現実の世界の論理的構造」というタイトルの論文、講演が三つある。時代の早い順から、一九三三年一一月一〇日から一二月八日までの講演（於・大谷大学）。そして一九三四年一月一日、二月一日、三月一日発売の『思想』の論文。最後に一九三五年一月七日から九日にかけて、京都府教育会館に於いておこなわれた講演である。同じタイトルではあるけれども、それぞれ重なっている部分もあれば、異なっているところもある。ここでは、主に最初の講演をもとにして、西田のいう「現実の世界の論理的構造」について考えてみたい。

西田は、ヘーゲルの弁証法を「有の論理」と呼び、それに対して、みずからの「無の論理」を強調する。ヘーゲルは、個々のもの（多）と一般的なもの（一）との関係をうまく説明できないという。

ヘーゲルはさうでない、ヘーゲルの Begriff は Geist と云ふもの、それ自身のうちに多を含んだものであつて、それは弁証法的に動かなくてはならぬ。自分は一であつて多であるからどうしても動いて行かなければならぬものである。然るにこれはやはり一つと云ふものを中心として考へる。だからヘーゲルの哲学でも、本当にヘーゲルの哲学と云ふものを徹底的に考へるとやはり個々の我々の個人的自己、一々の個人的自己の絶対独立性、真の我々個人の自由と云ふものはやはり考へられないことになる。ヘーゲルの自由と云ふのはやはり個人の自由でなしに一つの絶対精神の自由であつ

て個人そのものの自由でない。(十三―187)

このようにヘーゲルを批判したとあとで、個々のものが独立しているということと、一般者が一つのものであることの調停を、西田はつぎのように説明する。

然るに我々の個々のものが独立であると云ふことと、一つであると云ふ、かう云ふ考は、これはやはり絶対の無と考へなければならぬ。絶対の無と云ふもの、それが即ち我々の個々のものを成立たせる、かう云ふ風に考へなくてはいかない。(十三―187)

ここでいう「絶対の無」とは、どのような概念なのか。「多」である個物の最も典型的な例は「自己」だと西田は考える。そのような個物についてつぎのようにいう。

この多の個々独立性と云ふもの、これが我々に最も現実であつて、そこでさうすると云ふと即ち全く結び付くものはなくなる訳ですが、絶対結び付くものがないと云ふことによつて結びつく、私が無の論理とか、場所とか云ふことを云ふのはさう云ふ意味を有つて居るのです。(十三―188)

われわれは、それぞれ「個」として存在している。そして、この「個」は、他の「個」と結びつくことはない。「私」は「私」であり、「他人」は「他人」だ。この「私」は、他の「私」と重なったり結びついたりはしない。原理的に〈我―我〉は、独我論的状況にある。このような絶対的に独立した

「多」が、どのようにして全体的「一」となるのか。つまり、「多」と「一」とが、どのように関係しているのか。その結びつき方を西田は、「無の論理」あるいは「場所」という。

「有」の領域に、個々のものが別々に存在しているのであれば、それらは決して結びつくことはないだろう。いつまでも個別のままである。このように「絶対結びつくことはない」というあり方を個々のものがしていることによって、「結びつく」と西田はいう。つまり、絶対的に個として存在している、ということ自体を共有していることによって結びついている、というのだ。

個々のものが、唯一無二の絶対性をもつ、ということは、他の個々のものとの相対的あり方から隔絶して、それだけで絶対的に存立しているということになるだろう。そうなると、個々のものが他の個々のものと相対的に関係しているというあり方が全否定されることになる。相対的に関係しあう論理や場所がなくなってしまう。つまり、「無の論理」（存在しているものが相対的に関係しあうことのまったくない論理）や「無の場所」（存在しているものの関係性の裏面とでもいえる場所）が、そこには「ある」（＝「無い」）ということになるだろう。

このような転換を、西田は別の側面からつぎのようにもいう。


我々が一々絶対無限であると云ふことが、それが即ち我々が何かに結びついて居ると云ふこと、即ち自己と云ふものは絶対に自己を否定する。（十三－188）

「我々が一々絶対無限である」というのは、どのようなことなのか。われわれ個々の存在は、それだけで、他のものとは根本的に異なる唯一無二のものだ。唯一無二であるということは、その属性の組み合わせ（たとえば、人間であり、男性であり、哲学研究者であり、……）が、他のどんな個とも異なっているということを意味している。そのような属性の組み合わせを、西田はここで「絶対無限」という。他の多くの（無限に近い）個と、あらゆる側面において異なっているからこそ唯一無二だからだ。このことが、他の個々のものとの結びつきを否定し、「自己」という唯一無二の個を成立させる。しかし、この「絶対無限」である「自己」が、「絶対に自己を否定する」と西田はいう。これは、どういうことだろうか。

西田はつぎのようにいう。

個物は無限の性質を有つて居る。色々一般的として考へられるのは個物の性質だ、其の属性だ、かう云ふ風に考へる。併しどこ迄も個物と云ふものは一般的性質を有たなければならぬ。そこで其の一般的なものがそれからどこ迄も個物と云ふものを限定しようとする時には、やはり一般的なものは自分自身を否定してしまはなければならぬ。個物と云ふものはその外にあるものだから、それを自分の一般の中へ入れようとするならば却つて一般自身が自分を否定しなければならない。個物と云ふものは又個物と云ふものだけで考へられるのでなしに、どこ迄も一般的性質を有つて居る。それでどこ迄も個物と云ふものを考へて行くならば個物と云ふものは又個物を否定しなくてはならない。それで一般と云ふものは自分自身を否定する、自分自身を否定すると云ふことが即ち其の個物、個々無数の個物が成り立つ、かう云ふ風に考へなければならぬと思ふ。一般的なものはなくなつてしまふ。（十三－191）

色や形など一般的性質が限定されて、個物が形成される。一般的なものが自己自身を否定して、その唯一無二の個物の形成要素となる（たとえば、色が赤になり、赤がその個物だけの独自の赤になる）。多くの一般的なものが、ただひとつの個を構成するために自己自身を否定するのだ。しかし他方、一般的なものが存在するということは、個々のものが否定されることでもある。したがって、無数の個が成立するということは、一般的なものの自己否定と個の否定とが同時になされるということになるだろう。こうした個と一般との二重否定を西田はつぎのようにまとめる。

絶対の死と云ふことが何かやはり生きると云ふやうな意味を有つて居る。かう云ふ風な否定で結びつく。そこに無と云ふやうなものがある。だからして絶対である。ヘーゲルの論理でもやはり何か有と云ふやうな方向へ中心を置いて考へるのである、それを全く裏返して絶対の無と云ふやうなものに於て我々は結び付いて居るのだ。（十三―188）

一般的なものが存在するためには、個が自己自身を否定し、個が成りたつためには一般的なものが自己を否定しなければならない。そのようなそれぞれの否定を「絶対の死」と西田はいう。一般的なものと個とが同時に成立するためには、それぞれが自己否定（「絶対の死」）しなければならない。「絶対の死」があるからこそ、この世界そのもの、そしてわれわれの「生」が、続いていくということだろう。二重の否定によって、本当は絶対無であるはずなのに、その絶対無において、一般と個がわれわれにおいて結びつく。そのことによって、その裏面で「生きる」という事態が進行していく。このような「個」のあり方、つまりは、自己のあり方を「心」といいかえて、西田はさらにつぎのようにいう。

我々の心と云ふものは其の時其の時に絶対である、其の瞬間瞬間に於ても我々絶対である。併し其の絶対であると云ふこと、即ち我々が一つであり、我々が多と結び付いて居ることである。一瞬一瞬に於て絶対死と云ふことが一つの生と云ふやうなことだ。（十三－188）

われわれがそのつど成立しているというのは、そのつどの個と一般との相互否定がおこっているということであり、その際、裏面に絶対無があり、表面に生の進行があるということだ。それは、表裏一体であり、非連続と連続とが、一と多とが、表裏になっているということである。つまり、「一瞬一瞬に於て絶対死と云ふことが一つの生」ということになる。

そして西田は最終的につぎのようにいう。

世界と云ふものは絶対無い、無である。併し無であると云ふことそれが即ち我々の個物を成立たしめる所の意味を有つて居る本当の世界である。かう云ふ風に見える。（十三－189）

このように成立しているこの世界の個と個との関係を西田は、いくつかの観点から説明していく。まずは、電磁場の説明をした後で、重力場へ移り、さらに「場」という概念を、つぎのように説明している。

力があると云ふことは空間が歪んでゐると云ふこと、空間の歪み、さう云ふ風に考へる。だからして空間の歪んで居ると云ふことは「力の場」(Kraftfeld)と云ふが、それはかう云ふことを意味する。段々物理学ではさう云ふ風に考へてゐる。ニュートンの物理学では、何か物と物とが、個物と個物とが対立して居つて、さうして互に相働く、かう云ふ風に考へた。併し段々さう云ふ考は捨てられて、詰り物と物とが相対立する場所、即ち空間と云ふものの変化として力と云ふものを考へる。かう云ふ風になつて来る。実際物理学上、初めにさう云ふ物と物との対立と云ふものを考へて来た、其の考が段々にさう云ふ風になつて来た。(十三-194—195)

一九世紀から二〇世紀にかけて、電磁場、重力場と「場」という概念が、物理学の基礎をなすようになった。「場」そのものが基底にあって、その場の変化により、粒子や電荷が確認できる。物が個別的にあるのではなく、最初に場があって、個別的な物が、その場の変化として現れるというわけだ。こういう西田の説明を読むと、西田の「場所」の概念が、明らかに物理学の進歩を前提していたことがわかるだろう。

この説明をした後で、つぎのように個物と個物との関係を説明する。

個物と個物が対立面に於て互に相働くものと考へる。さう云ふ考を段々徹底して行くと云ふと、其の相働くと云ふことに其の空間になる所のメディアムと云ふものがなくてはならない。詰り其のものはメディアムの変化と云ふことになつて行く。(十三-195)

「メディアム」というよりも、空間そのものの変化といった方がいいかもしれない。ただ、いずれにしろ明らかにここで西田は、物理学における「場」という概念を意識していることがわかるだろう。

さらに、その直後につぎのようにもいう。


詰り個物が、自分自身が本当に個物となると云ふ時にはどこ迄もやはり単に他から離れると云ふことでなしに、他と関係する、だからして、それだけの意味に於ては自分を否定すると云ふことでなくてはならない。さう云ふ互に相否定する世界と云ふものを考へると云ふと、又一般的なものがそこに考へられて来なくてはならない。それだからして一般的なものが自分自身を否定すると云ふことは個物の世界となること、個物と云ふものはまた自分自身を否定すると云ふことで又一般的の世界になる。（十三―195）

ここでは、先に述べた「個」と「一般」との相互否定のあり方は、ソシュール的な体系内の項同士の相互否定的なあり方ととても似ている。あたかもソシュールの「体系」とその構成要素という概念に関係づけて説明されているかのようだ。ソシュールによれば、ある項（単語）の意味は、体系内でのその項以外の否定によって示される。体系が先行し、そのなかの項同士の差異によって、項（体系内の単語）の意味が決まるというわけだ。一般的なものと個物との、そして個物同士の相互否定の関係は、ソシュールのいう「体系」と「項」（体系内の個物）の関係によく似ているといえるだろう。

また、つぎのような西田の文章を読むと、アーサー・ケストラーの「ホロン」という概念を思いだしてしまう。

一即多とか多即一と云ふやうなことを普通に考へる時、どう云ふ風に考へるか。本当に多と云ふものの独立性、多の世界と云ふものを認めないで、やはり一の世界、一と云ふものを基礎にして考へて居る。例へばオルガニズム、有機体、人間のからだと云ふものでもよい、さう云ふものを考へると云ふと、そこにも何か一と多と云ふものが一つあると云ふやうなことが考へられる。例へば我々のbodyと云ふやうなもの、これはやはり一と考へなければならぬ。一つの統一、unityを有つたものと考へなければならぬ。（中略）足は足、手は手、目は目、耳は耳と云ふ風にdifferentiate（分化）する、それが一つのユニティをもつた人間になる。unityとvarietyと云ふものは一つだ、やはりさう云ふものがあると思ふのです。（十三—197）

人間の身体は、それで「一」であるが、しかし、それを構成している器官、足、手、目、耳といったものも、それだけを見れば「一」（unity）である。しかし、それは身体全体から見れば「多」になっているということだ。器官もまた、細胞や分子という下位区分に分けることができるし、出発点であった「身体」も、多くの生命体のなかの一部分つまりは「多」でもある。このように考えれば、どの大きさのスケールでも、「unityとvarietyと云ふものは一つ」ということになるだろうし、それはつまり「一即多、多即一」ということになるだろう。

ケストラーの「ホロン」という概念は、つぎのようなものだった。

ここで強調すべき点は、このヒエラルキーの構成メンバーのひとつひとつがどのレベルにおいても亜全体、すなわち〈ホロン〉であることだ。それは自己規制機構とかなり程度の高い「自律性」（あるいは自治性）を備えた、安定した統合構造である。たとえば細胞、筋肉、神経、器官などすべてがそれ自身に特有の活動のリズムとパターンをもち、それらはしばしば外部からの刺戟なしに自然発生的に表にあらわれる。つまり細胞も筋肉も神経も、ヒエラルキーの上位のセンターに対し「部分」として従属しているが、同時に準自律的な「全体」としても機能する。まさに二面神ヤヌスである。上位のレベルに向けた顔は隷属的な「部分の顔」、下位の構成要素に向けた顔はきわめて独立心に富んだ「全体」の顔だ。（『ホロン革命』田中三彦ほか訳、56）

この世界に存在するものは、どの部分もどのレベルでも「全体であり部分」なのだ。西田のいう「一即多、多即一」という矛盾的自己同一が、有機体のそれぞれの統一体（全体）のレベルで「ホロン」になっているといえるだろう。「身体―器官―細胞―分子」といったヒエラルキーのそのどのレベルが、「一即多、多即一」になっていて、さらに時間の流れのなかで、それぞれの瞬間そのつどの部分で、「一即多、多即一」が成立していることになるだろう。「一即多、多即一」が時間的にも空間的にも、そして宇宙の構造のレベルでも、当てはまるということになる。

さて以上のように「現実の世界の論理的構造」を論じてきた西田は、結論のようなものを述べている。

客観的に動いて行くのだがそれも Allgemeines が分裂して段々来るのでなくして、絶対無の場所と云ふ風なもので、個物と一般と云ふものは一だと云ふことを考へて行く。場所と云ふものを中心と

して考へられて行くのだからして、いつでも絶対現在と云ふものが基礎になつて居る。（十三－233）

ここには、西田が「場所」あるいは「場所的論理」ということでいわんとしていたことが、凝縮されているように思われる。「絶対無の場所」＝「絶対現在」において、個物と一般が矛盾的自己同一というあり方をしている。ここにこそ、われわれの現実の世界の根源があり、この様態こそが、世界が「非連続の連続」で進行していく原動力になっているのだ。

さらに西田は、つぎのようにつづけて話す。

けれどもその客観的世界の根柢には絶対自己同一と云ふやうなもの、絶対現在と云ふやうなものがある。それが即ち世界の根柢ですな。そのものとの関係、そのものと世界との関係、そこに宗教と云ふやうなことが考へられて来る。だから今言ふやうに、世界が自分自身のうちに矛盾を含んで居つて、自分自身が動いて行く、かう云ふ世界と云ふものは普通に creation と云つて居る、自分自身に世界を創造して行く。（十三－233）

世界の根柢に「絶対自己同一」があり、「個物」と「一般」との根源的「矛盾」を原動力にして世界は進んでいく。それを西田は、「創造」と呼ぶ。

創造と云ふことは一体何か。主観的に於てもまた客観的に於てもどつちかに基礎があつて、それから物が限定されて来ると考へた時にはクリエーション、創造と云ふことにはならぬ。例へば客観的に物質と云ふものがある、物質と云ふものから世界を見て来ると創造でない。精神と云ふものを考へて、絶対精神から考へても、やはり創造でない。（十三－233―234）

主観的か客観的、あるいは精神か物質、いずれかを基礎にして、世界ができあがっているのでは、世界の創造行為は動き始めない。その両方の側面が矛盾しつつ表裏をなし非連続に連続していくのが創造なのだ。

創造と云ふものは、だから、絶対にどちらにも、主観的にも客観的にも何等のそこに限定するものはなく、さう云ふ一と云ふものがない。さう云ふ何等の根柢に限定するもののない世界を限定する、それが創造。（十三－234）

絶対的に相反するものが、原理的に矛盾しつつ、表裏をなすように（決して一致しないけれども、ある意味で、最も近接している）自己同一である時、創造はおこっているというわけだ。西田の世界は、このような「絶対矛盾的自己同一」の場所が、〈今・ここ〉にあり、そこには、「無」であり、かつ〈永遠の今〉であるような「絶対現在」だけがある。

こういう〈今・ここ・私〉である「絶対無の場所」を源泉にした論理こそ、「場所的論理」なのだ。時間も空間も身体も精神も一も多も、私も汝も、そこで相互に矛盾しつつ同一であるのだから、それが通常の「対象論理」とは、絶対的に隔絶しているのは、火を見るより明らかだろう。

西田の結論をあらためて聞いてみよう。

即ち私が言ひます弁証法的に世界と云ふものが動いて行く。その世界の主観的方面に私と云ふものが考へられて居る。即ち人間の世界、menschliche Welt と云ふものが考へられた。さう云ふものの成立つ根柢に人間の世界と云ふものを全く否定した立場、さう云ふものが何時でもなくちゃならない。それは全く我々の世界から見れば、絶対無と云ふやうなものでなくてはならない。併しその絶対無と云ふものは、即ち絶対無の限定と云ふものは個物と云ふものの成立つ根柢である。そこからまた個物と個物が一般を限定すると云ふやうな世界も考へられて行く。（十三 - 234）

あらゆる弁証法的関係が、流動的に成立している世界の裏面には、「絶対無」がある。つまり、世界は絶対の無によって基礎づけられている。ということは、つまり、絶対に基礎づけられてはいないということだろう。無だけが根柢にある（無い）のだから。

2.「相補性」と「絶対矛盾的自己同一」(1)

西田は、晩年、物理学に多く言及した。たとえば、「知識の客観性について」（『思想』248号、249号、一九四三年）では、冒頭いきなり、ハイゼンベルクの不確定性原理をつぎのように説明する。

如何なる場合にも、速度を決定せうとする操作と、位置を決定せうとする操作とは、互に妨げ合つて、一方を精確にせうとすれば、他方が不精確となる。併しそれは単に不精確と云ふのでなく、如何なる実験でも、この不精確度の間に成立する一定の関係に到達する。この関係が所謂ハイゼンベルグの不精確律であつて、位置の不精確度と運動量の不精確度の相乗積が、プランクの常数より小さくなり得ないと云ふことである。物理的出来事の空間・時間的記述と古典的因果律とは、相補的に互に排他的ではあるが、その間に量子論のシェーマによつて結合せられるとハイゼンベルグは云ふ。（九－362）

不確定性原理（「不精確律」）をわかりやすく説明した後に、ニールス・ボーアがいいだした「相補性の原理」についても触れている（「物理的出来事の空間・時間的記述と古典的因果律とは、相補的に互に排他的ではある」）。この論文や、他の論文においても、「相補性」と「絶対矛盾的自己同一」とを並べて論じたり、量子力学的世界像を自らの場所的論理と比較したりしている。このあたりの西田の論述をすこし追跡してみたい。

まず西田は、量子力学を大変高く評価していた。ハイゼンベルクの論文を読んだ感想をつぎのように述べる。

併し古典物理学よりも、更に広範囲に亘りて美しく適用せられ、古典物理学を、その特殊の場合とも考へる量子力学的知識は、古典物理学以上に、何か深い広い客観性を有つものと考へざるを得ない。（九－366）

この「深い広い客観性」とは、どのようなことを考えていたのだろうか。まず、常識的に考えれば、「不確定性原理」の解釈として提示された「観測の理論」のようなことを想定していたのかもしれない。今まで客観的であると思われていた対象観測の際に、主観的な観測が対象に影響を及ぼすのだから、そのような事態をも理論的に包摂する（しようとしている）量子力学の「広さ、深さ」を考えていたのかもしれない。たしかに、この引用文の直後につぎのように西田は書いている。

量子力学の対象界は、如何なる意味に於て、それ自身に自己同一性を有する客観的世界であるか。（中略）それは実験的操作そのものを含む世界である。我々の自己に対立する世界ではなくして、我々の自己を含む世界でなければならない。（九－366）

西田は、まず「従来の認識論」を否定する。われわれは、身体をもって歴史的世界で生きているのであって、それは、唯一無二の個々人の立場のことを指す。抽象的に個人を超えた「意識一般」から出発するのではなく、実際にこの世界で働き、一度きりの生を経験している「自己」から出発しなければならない。「我々は此の世界に於て生れ、働き、死に行くもの」（九－368）なのだ。ところが、いままでの哲学は、このような考え方をしていないと西田はいう。

従来の哲学は、かかる立場を深く考へてゐない。唯、何事も主観客観の相互作用の立場からのみ考へて居る。併し単なる主観的立場と云ふのは抽象的であり、従つて之に対立すると考へられる客観界と云ふのは、又却つて主観的たるを免れない。（九－369）

これまでの哲学は、主観・客観を前提にして、世界を考えていた。しかも、主観から出発しているので、客観的世界といっても、主観的な色合いの強いものでしかない。つまり、われわれが歴史という大きな流れのなかにいて、自分自身ではどうにもコントロールできない身体という既製服を着ていることを自覚していないというわけだ。ここでも、ハイゼンベルクが登場する。

知識の根柢には、歴史的身体的なものがなければならない。ハイゼンベルグが、自然を内的にそのまゝ受入れる人々に、開かれたる直接的理解と云ふのは、此の如きものであらう。（九－369）

西田は、当時の量子力学が「自然の直接的理解」につながっていると思ったのだろう。そして、そのような「直接的理解」が西田の考える「場所的論理」と密接にかかわっていると考えていたのかもしれない。西田はいう。

真に客観的なる具体的一般者、即ち私の所謂場所的として世界と云ふものは、歴史的形成作用的に、即ち歴史的技術的に、自己自身を限定するものでなければならない。（九－370）

したがって、そのような限定によってでてくる客観的知識も、やはり歴史の一回性を免れるものではない。歴史的であり身体的であるわれわれによって獲得される知識は、特定の歴史的場所において、その（一般的かつ個別の）場所の自己限定によって、唯一無二のその時だけのもの（だが、同時に客観的なもの）である。

物理学的知識と云つても、此の歴史的世界に於ての、或時或場所に於ての実験的操作に基礎附けられなければならない。実験的操作とは一度的なる歴史的事実の性質を有つたものでなければならない。（九―370）

西田は、つねに歴史における〈今・ここ〉の場から出発する。物理学の実験をするにしても、現実の歴史の特定の場においてなされる。そして、そのような歴史的世界は、「作られたものから作るものへの世界」であると西田はいう、これは、どういうことなのか。西田のひじょうに独特な「理性」解釈から考えてみたい。西田はいう。

真の理性と云ふのは、事実を唯非合理的として、之を否定するものではなく、却つて之を自己の技術的形成として含むものでなければならない。（九―370）

事実と技術的にかかわることこそ「理性」であり、その技術的かかわりは、歴史的世界における唯一無二の一回性をもつ。このように考えれば、「理性」がいわゆる普遍的なものではなく、一回一回の事実にかかわっていくものだということがわかるだろう。さらに、そういう意味で、「特殊な現実化を必ずともなう普遍的なもの」ということになる。われわれは、一刹那も一秒も同じあり方でとどまってはいない。そのような唯一無二の切断面のそのつどの事実とのかかわりあい（ただ、もちろん、かかわる主体とかかわられる客体が、分かれているわけではない）こそが、「歴史的理性」なのである。

この事態を西田はつぎのようにいう。

我々の自己が真に物となつて見、物となつて行ふ、そこに歴史的形成作用として我々の自己が成立する。かかる自己成立の事実が理性的でなければならない。真理とは、歴史的世界自身が、我々の自己を媒介としての自己表現に外ならない。（九－370）

われわれは、事実的世界と対立しているわけではない。われわれは、「物となつて見、物となつて行ふ」ことにより、「自己が成立する」のだから。歴史的世界は、われわれをも、このように要素として、つまり、世界全体の関係性の結節点として自己表現していく。こうした関係性の結節点の一つとして、物理学の実験も成立するのであって、世界を客観的事実とみなして操作するわけではない。ここから「作られたものから作るものへ」という説明に西田は移っていく。まず、「作る」とは、どういうことなのか。

物を作ると云ふことは、多を一となすことである、多から一へと云ふことである。（九－370）

これは、ごく一般的なことをいっていると考えられるだろう。家を建てる（つくる）とき、われわれは多くの建築材（多）をつかって、一軒の家（一）をつくる。「作る」というのが、「多から一へ」

というのは、こういうことだろう。さらに西田は、「作る」という概念を説明する。

物を作ると云ふには、先づ我々の身体と云ふものから考へて行かねばならない。身体なくして作ると云ふことはない。(九-370—371)

ここでいっている「身体」は、二つの解釈の可能性があるだろう。まず、「作られたものから作るものへ」という歴史的世界自身の進行に参与するためには、われわれが身体をもっていなければならないということ。身体がないと、歴史に参加する支えがない。西田は、「歴史的」と「身体的」とをしばしば同じような意味で使っているのだから、当然その可能性は高い。

しかし、もう一つの解釈も可能かもしれない。先に引用した「我々の自己が真に物となつて見、物となつて行ふ、そこに歴史的形成作用として我々の自己が成立する」(九-370)という文を受けて、われわれの自己が成立するためには、自己が物になって見、物になって行わなければならないというのであれば、「物を作る」(歴史の形成作用)ためには、われわれが物になるための「身体」が必要だ。そもそも身体をもたなければ、物を作るための自己が物となって見、物となって行うことが、できなくなるからだ。

しかし、この二つの可能性は、同じことをいっていることになる。つまり、前者の可能性の歴史に参与する仕方が、後者の可能性のように「物となって見、物となって行う」ことであれば、同じことになるからだ。さらに西田はつぎのように続ける。

我々の生命は何処までも多を一となし行くのである、逆に一から多へと云ふ所に、生命はない。（九－371）

生命というのは、多くの原子、分子、そして細胞によって構成されている。そのような「多」によって「一」の生命が生きていく。それに対して、熱力学の第二法則によれば、エントロピーが増大することによって生命は死滅へと向かう。一から多へと向かうと、生命は、四分五裂して、死物となる。しかし、「単なる生物的生命」にはない「作る」という行為は、このような単なる「多から一へ」とは異なる様相を呈している。西田は、つぎのようにいう。

生物的生命に於ては、一は未だ多から独立的でない、形相は質料に依存して居る。之に反し、物が作られると云ふことは、多が一となることである、多から一へと云ふことである。（九－371）

単なる生物的生命では、未だ形相が質料に依存しているので、これまでとまったく異なる新たなものが生成されることはない。多は、その多性のままつぎなる段階に移行する。真の「作る」とは、つぎのようなものなのだ。

作るものは、作られたものの絶対否定からでなければならない。作られたものは、作るものの絶対否定からでなければならない。一が自己自身を否定することによつて多となり、多が自己自身を否定することによつて一となる所に作り作られると云ふことがあるのである。（九－371）

ある一つの事態（一）が成立するためには、それまでのさまざまな事態（多）が、その一つの事態に影響を与え、かかわりをもたなければならない。そのような一つの事態が成立するためには、ある種の能動的な結節点がそこで働く必要があるということだろう。それを「作る」と西田はいう。

私がここで今コーヒーを飲むとする。この事態は、この事態がおきる直前までのあらゆる事象とかかわりをもっている。私が誕生して以来の今までの個人史、私が誕生する前の父母の出会いも含めたすべての歴史、ビッグバン以来の宇宙史、そして手にとるこのコーヒーの歴史（もちろん、コーヒーそのものの全史）、コーヒーカップの来歴、これらすべてが、「私が今ここでコーヒーを飲む」という結節点を出来《しゅったい》させるための因果的要素だといえるだろう。そしてまた、その「今」という切断面における、全世界の全事象（共時的側面）も、何らかのかたちで「私が今コーヒーを飲む」という事態にかかわりをもつ。こうしたすべての関係事象を「多」ということができるだろう。このようなすべての関係群を「絶対否定」するとは、どのようなことだろうか。

多くの因果の流れが、そして共時的事象のすべてが、一つの結節点に集まることによって、今まで一度も成立したことのない唯一無二の事態「私が今ここでコーヒーを飲む」が生まれる。この事態は、まさに歴史の一回性であって、過去にも未来にも二度と現れることのない出来事なのだ。つまり、この結節点である一事態以外を「絶対否定」することによって成立した事態であるといえるだろう。そして、唯一無二の事態は、瞬く間に消え、つぎなる事態へと移っていく。このような歴史の一回性である唯一無二の事態の継起を西田は、「一が自己自身を否定することによって多となり、多が自己自身を否定することによって一となる」と表現しているのだ。

そして、この「継起」は、唯一無二の事態が、その全事象を「絶対否定」しつつ成立するのだから、非連続である。唯一無二の事態は、そのつど、過去的なものと絶対的に切断されることによって成立する。しかし、すぐに消滅して、つぎの唯一無二の事態の成立のための背景となり、直前の事態とは、絶対的に隔絶している。こうして、時間は過去を「絶対否定」しつつ、非連続に連続していくといえるだろう。

このような事態を、西田は、つぎのようにまとめる。

故にそこでは、作ることが即ち作られることであり、作られることが即ち作ることでなければならない。作るものと作られるものと、一と多との絶対矛盾的自己同一として、作られたものから作るものへといふ歴史的必然の世界が考へられるのである。（九－371）

それまでの過去や現時点での他の事象すべてにより、ある事象（一）が成立する。その成立は、成立するための要素や条件群（多）を絶対否定した唯一無二のものである。しかし、それは、比喩的な言い方をすれば、裏面に全過去やその時の全事象があり、その裏面とはまったく異なる（裏面は決して表面にはならない）唯一無二の事態が、表面に成立しているということになるだろう。その事態を成立させるための全要素と現実に出来した一事態とは、表裏一体でありながら、表と裏は原理的に同じ地平にはないという意味で、絶対的相互否定関係にあるといえる。これこそが、「一と多との絶対矛盾的自己同一」といえる。そして、歴史的世界の「非連続の連続」とは、唯一無二の結節点である表面同士の「非連続」と、あらゆる事象群の因果関係である裏面の「連続」とで成りたっているといえるだろう。
しかしながら、「生命」という別の論文では、「一と多」について、つぎのように書かれている。

世界は個物的多と全体的一との矛盾的自己同一の世界である。何処までも多の自己否定的一として時間的に、何処までも一の自己否定的多として空間的に、時間と空間との矛盾的自己同一的に、作られたものから作るものへと、形が形自身を形成し行く世界である。（十―249）

「一と多」は、先に述べたように、唯一無二の出来事と、それに至るまでのもろもろの個別の事象という意味ではなく、世界の「全体的一」と「個別的多」という意味で使われている。また、先に引用した「知識の客観性について」においても、つぎのように西田はいう。

全体的一と個物的多との矛盾的自己同一として、歴史は動き行くのである。（九―371―372）

この「全体的一」と先述した唯一無二の事態とは、どのように関係しているのだろうか。この関係を説明するかのように、上の引用の直後に、ライプニッツが現れる。ここにおいて、多と一との矛盾的自己同一の関係が、はっきりとわかることになるだろう。西田はつぎのようにいう。

モナドは此世界の個物として自己自身に於て全世界を映すと共に、唯一なる世界の一観点である。多と一との矛盾的自己同一の世界に於ては、無数なる個物の相互限定として、世界の唯一なる形が決定せられると共に、無数なる個物は、自己自身を形成する世界の形成要素と考へられねばならない。後者の立場即ち一の立場からは、無数なる個物は、自己自身を形成する世界の質料と云ふことができる。併し多の一々が何処までも個物的として形成的であり、それぞれに世界形成の一つの仕方、一つの立脚点とするならば、それは単なる質料ではなくして、世界形成の形相として、与へられた世界を質料として之を形成するものでなければならない。作られて作るものへの方向にあるものでなければならない。矛盾的自己同一の世界に於ての個物的多は、一々が我々の自己の性質を有つたものでなければならない。故に無数なる個物の相互限定として一つの世界が決定せられると云ふことは、世界が作られたものとして自己自身を質料化することであり、物質化することである。（九－373）

ライプニッツの「モナド」（一）において、すべての世界（多）は、そこにたたみこまれている。しかも、それぞれの「モナド」独自の視点から、全世界がそのモナドに映りこんでいるのだ。だからこそ、唯一無二の事象が成立するということは、そこに全世界が包含されているということであり、唯一無二の事象こそが森羅万象そのものであり、同時に唯一無二の事象は、それぞれの観点からの事象であり全世界の構成要素でもある。つまり、過去の全事象と現時点での他の事象との全関係性の結果として成立する唯一無二の事象は、その時点でのすべての世界を含んでいるのである。しかし、その含み方は、その事象独自の観点からのものなのだ。

ここに、多と一との矛盾的（一と多が同時である）自己同一があるといえるだろう。つぎに西田は、時間について語りはじめる。

時は過去から未来へと、一瞬も止まることなき直線的進行として成立するのでなく、実在的時は一面に於て円環的でなければならない、即ち空間的でなければならない。之に反し、実在的空間は時間的でなければならない。力の場は時間空間の矛盾的自己同一でなければならない。（九－375）

実在的時間は、直線的に流れているのではなく、一面に於いて「円環的」つまり「空間的」でなければならないという。一方、実在的空間は時間的でなければならない。これは、どういうことだろうか。西田は、時の流れを連続的なものとは考えていない。直前の過去（つまりは、直前現在であったとき）の絶対否定としての現在だと考える。

現在をつねに絶対的に否定することによって、新しい唯一無二の現在が現れるのだ。この唯一無二の現在は、前後とは切断された（絶対否定することにより）「絶対現在」である。そうなると、その「絶対現在」は、そのつど「現在」という空間を開いていることになるだろう。それでは、「実在的空間」の方は、どうだろうか。

空間について、論文「場所」では、つぎのように説明していた。

単に物が空間に於てあるという如き場合においては、空間と物とは互に外的であって、空間に主観という如き意味はないであろう。しかし物の本体性がその於てある場所の関係に移って行く時、物は力に還元せられる。（中略）しかし関係の本体となるものが単に点という如きものならば、力という如きものはなくならねばならぬ。真に力の関係を内に包むものは力の場という如きものでなけ

ればならぬ。而して力の場においては、すべての線は方向を有《も》ったものでなければならぬ。（I―76）

物と空間とが「力」という関係性をもつためには、力の本体が空間そのものにあることにしなければならない。物に力の本体があることになると、物同士の関係が成立しなくなるからだ。そして、空間に力が帰属することになると、空間そのものが「力の場」となり、その空間を構成する線は方向をもったものになると西田はいう。

空間内のすべての線がベクトル的なものになることによって、「力の場」は構成される。だからこそ、ひとつ前の引用でも、「力の場は時間空間の矛盾的自己同一でなければならない」といっているのである。空間そのものが、すでにベクトル的な方向をもつ線によって構成されているのだから、その方向性には時間が潜在的に組みこまれていることになるだろう。

時間は、過去と未来から切断され、場所的な空間を開き、空間は力の場として、あらゆる線が時間的方向をはらんでいる。この時間的空間と空間的時間が「同時にここで」成りたつ。こうした時間空間の矛盾的自己同一こそが、われわれの生きている「この場」ということになる。西田はつぎのようにもいう。

我々が働く即ち作るといふ方向に、無限なる時の方向が考へられ、我々が働かれるといふ方向に無限なる空間が考へられる。我々の自己は空間に於てあり、空間的関係に於て他から働かれるのである。故に時間空間と云ふのは、要するに私の所謂一と多との矛盾的自己同一の形式と考へることができる。かかる意味に於て、我々の実在界の枠と考へられるのである。一から多へといふ方向が時間的であり、多から一へといふ方向が空間的である。(九－375)

われわれが唯一無二の事態（そしてこれには、すべての世界がたたみこまれている）から、つぎの唯一無二の事態へと非連続に連続するとき、「無限なる時の方向が考へられ」、その唯一無二の事態が新たに成立するさい、その事態のある空間において他の唯一無二の事態から影響をうける（「空間的関係に於て他から働かれる」）のだ。これが「一と多との矛盾的自己同一の形式」だろう。

ここから西田は、時間論に移っていく。

絶対矛盾的自己同一の世界に於て、個物は何処までも個物的でなければならない。個物的多の一々が、全体的一を否定する意味を有つたものでなければならない。故にそれに於て運動が可能なる実在時に於ては、既にプラトンによつて瞬間は時の外にあると考へられた。然らざれば、我々は働くとか作るとか云ふことは考へられない。働くと云ふには、何時も時の個物的多的立場としての瞬間が出立点とならねばならない。単に直線的進行の中にあるものには、働くと云ふことは云はれない。故に我々は時の瞬間に於て、永遠に触れると考へられるのである。(九－375―376)

ここでいわれているのは、こういうことだろう。「個物的多の一々の瞬間」は、時の直線的均衡の外にある。そこは、「全体的一」の外側に立ち、その全体的一を否定する位置にある。この瞬間において（既述した「時間的空間」）、「働く」という創造行為が可能になる。したがって、この「瞬間」は時の流れの外に立つ「永遠」という場にあることになる。だから、西田はつぎのようにいう。

そこに我々は作られたものから作るものへといふ歴史的世界の過程的進行を離れて、絶対矛盾的自己同一的世界の個物として、即ち作るものとして、創造的要素として立つのである。（九－376）

しかし、このような「個物的多の一々」は、〝同時に〟「全体的一」を作りあげている。この「個物的多の一々」の「瞬間」こそが、世界全体の「絶対現在」でもある。だからこそ、つぎのようにいわれる。

我々の世界は、作られたものと作るものとの絶対矛盾的自己同一として、何処までも作られたものから作るものへと過程的に動き行くと共に、その根柢に於ては、何時も絶対現在の世界でなければならない。我々の世界即ち歴史的世界は、絶対現在の自己限定として、現在から現在へと移り行くのである。（九－376）

「絶対現在」において、時間と空間の矛盾的自己同一はおこっている。「作られたものから作るものへと過程的に動き行く」とはいっても、多くの個物的多が、他の個物的多との対立的関係によって、それぞれが時の外にたち、創造行為（「作る」）をおこなう。これが、「絶対現在の自己限定」であろう。しかし、この創造行為は、「個別的多」それぞれが、「全体的一」を否定しつつ、自らの観点からそれを含みもっているがゆえに、それぞれがまったく新たな観点からの創造でありながら、〝同時に〟

同じ新たな「全体的一」を生成することになる。

われわれはつねに〈今・ここ〉にいる。〈今・ここ〉が中心であり、周囲を過去化された空間がとりまいている。この〈今・ここ〉こそが、「絶対現在」であり、この「絶対現在」が「絶対現在」のまま、つぎの「絶対現在」になる。つまり「現在から現在へと移り行くのである」。これは、先述した道元のいう「経歴《きょうりゃく》」のようなあり方で移っていく。

しかし、この「絶対現在」をとりかこむ個別的多としての過去も、それぞれが「絶対現在」であり、それぞれがそれぞれの観点から、周囲に過去化された空間をもつ。だからこそ、一つの「絶対現在」に焦点を当てると、その「絶対現在」は、あらゆる個別的多を含みもつ全体的一が、多と一とが相互に否定しあいながら存在していることがわかるのだ。

いわゆる時の流れとは、この「絶対現在」のとびとびの移行（非連続の連続）であり、そのつど、過去化された全空間が〝同時に〟成立している。時は流れてはいるが、そのつど、空間化された全時間が「絶対現在」とともに〈そこ〉（〈今・ここ〉）にある。

西田はいう。

所謂時と空間との（一と多との）矛盾的自己同一、即ち絶対現在或は絶対空間の自己限定としての実在的時に於て、始めて時と永遠とが瞬間に於て触れると云ふことができるのである。（九－378）

われわれは、個別的多として、いつも〈今・ここ〉にいる。しかし、この〈今・ここ〉は、時の流れの外側の「瞬間」であり、「絶対現在」だ。この「絶対現在」は、過去化された全時空を、その観点から含みもつ。この「絶対現在或は絶対空間の自己限定」において、時と永遠とが触れ合うというのである。

さらに西田は、華厳の話を少しして、やっと量子力学の「相補性」という概念を語りだす。つぎのようにいう。

物理的実験に於て、粒子の位置と速度とが同時に決定せられないと云ふことが、現今の量子力学の出立点となつて居る。併しその一方の概念だけでは、粒子の行動を記述することはできない。物理学と云ふものは成立せない。そこで相補性と云ふことが考へられねばならないと、物理学者は云ふ。（中略）併し古典的物理学は、自己自身の立場が矛盾的自己同一であると云ふことを自覚するに至らなかつた、単なる自己同一と考へてゐた。恰も実在そのものを直観するかに考へた。直観そのものの矛盾的自己同一に気附かなかつた。量子力学に至つて、物理学がかかる自己自身の本質を自覚するに至つたのである。（九－404）

先に述べたハイゼンベルクの「不確定性原理」が発見されるに至って、初めて物理学は、われわれの自己が、矛盾的自己同一という本質をもつことに気づいたというのである。量子力学が登場することによって、西田が哲学の立場からたどり着いたわれわれの真の姿が、物理学の世界で明らかにされたといっているのだ。この考えが正しいかどうかは別として、西田が量子力学に、そして「相補性」という概念に大きな期待を寄せていたことはよくわかるだろう。

3.「相補性」と「絶対矛盾的自己同一」(2)

「相補性」という概念を提唱したニールス・ボーアは、つぎのようにいう。

相補性は、互いに排他的な二つの概念の間に、まったく新しい種類の論理的関係が成り立つことを表している。これらの概念は、互いに排他的ゆえに同時に考えることができず、同時に考えようとすると論理的誤りに行き着いてしまう。しかし対象とする状況を完全に記述するには、どちらの概念も必要になるのだ。(ジョージ・グリーンスタイン／アーサー・G・ザイアンツ『量子論が試されるとき』森弘之訳、182)

したがって、「不確定性原理」における位置と運動量との関係も、相補的なあり方ということになるだろう。「空間・時間的記述」と「古典的因果律」(九-362)とは、排他的な二つのシステムであり、それらによる位置と運動量とが同時に決められないというのが、相補的関係だというのだ。この「相補性」という概念を、デヴィッド・ボームは、実に簡潔にまとめている。

相補的な可能性の対の一番ありふれた例は古典力学の正準共役変数：運動量と位置、エネルギーと時間、といったものである。(中略)物質の波動的な面と粒子的な面とは、与えられた物質部分に含まれる可能性の実現される、対立するが補足しあう様式であり、いずれか一方が、適当なまわりのものと相互作用するときにより強く現われ得るものであることを見てきた。

相補的な概念の対の他の例は連続性と不連続性である。（中略）遷移の連続的な面と不連続的な面とは、一方を完全に正確に定めることが他方のそれと両立しないにもかかわらず、両者が過程の完全な記述に必要であるという意味で相補的なことが示されるであろう。（『量子論』高林武彦ほか訳、186）

ボームが挙げている「相補的」な例は、不確定性原理の運動量と位置、物質の波動的な側面と粒子的側面、そして電子の連続性と不連続性である。いずれも、その片方を、あるひとつの原理や体系によって明確に規定することは可能だけれども、その両者を同時に同じ説明原理や体系で説明することはできないというわけだ。

しかし、自然界は、そのような両面から同時に説明できなければ、包括的に理解できない。このようなあり方が「相補性」であろう。この相補的なあり方が、西田のいうように、「矛盾的自己同一」と同じことを表しているのだろうか。

西田は「真の客観的世界即ち実在界」について、つぎのようにいう。


かかる世界は、論理的に多と一との絶対矛盾的自己同一として、作られたものから作るものへと無限に動き行く世界、形が形自身を限定する世界であり、歴史的因果に於て自己同一を有つ世界である。而して又かかる世界は一面に絶対現在の自己限定として、何処までも現在が現在自身を限定する世界である。（中略）我々の自己はかかる世界の瞬間的要素として作り作られるのである、即ち

絶対矛盾的自己同一的世界の個物として自己自身を限定するのである。(九－379)

世界は、個物的多によって形成されている。個々の事物、細胞、素粒子、あらゆる事物が個物として存在し、その集合体が世界だ。このような要素還元的な見方をとれば、世界は無限に分割された個物の世界だろう。しかし、それと同時に、世界全体、全宇宙に眼を移せば、それらは、統一され、すべてのものが緊密に結合しあっていて、そのつど、全体として唯一のあり方をしている。個物的多の無関係なもの同士の集合とは明らかに異なったあり方だ。こうして個物的多と全体的一との関係は、それぞれの観点からは、矛盾なく説明できるが、世界全体を過不足なく表現するためには、この二つの説明様式が、相補的な関係にならなければならないだろう。

二つの説明様式を統一的に説明する地点は存在しない。しかし、二つの説明は相補的な関係をもつことにより、総合的に世界のあり方を説明することができる。

「歴史的因果」に着目すれば、そのつどの世界は、直線的な時間の流れにおいて成立している。だが同時に、あたかも時間の流れなどないかのように、そのつどの〈今〉は、静かに「自己同一」を保っている。不確定性原理において、位置と運動量が同時に決められないように、時間は流れていながら、とどまっている。たしかに、「相補的」なあり方といえるかもしれない。「絶対現在」という視点から時間を考えれば、時間は流れることなく「永遠の今」という無時間的な状態だ。しかし、この「絶対現在」は、自己限定することにより、歴史的因果のなかで、時の流れのなかの「現在」という一点として流れはじめる。すなわち、「絶対矛盾的自己同一的世界の個物として」流れはじめるのだ。時の流れと永遠の今という矛盾する二つのあり方が、時間という事態のなかで、同時におきている。これこそ「相補性」であり、「絶対矛盾的自己同一」といえるのだろう。
さらにつぎのようにもいう。

歴史的世界は、何時も全体的一と個物的多との矛盾的自己同一として、個性的に自己自身を決定するのである。各瞬間に、人間行動の源泉から、新な何物かが出て来るのである。前の状態から次の状態を予言することはできない。一々が唯一の世界である。（九－395）

ここでもまた、全体的一と個物的多という異なった視点が同時に歴史的世界で成立しているという。全体的一と個物的多という、ある意味で空間的な関係によって、歴史的世界は決まる。そして、その空間的関係は、そのつどの瞬間のあり方を決め（「個性的に自己自身を決定する」）、新たな何ものかを出来《しゅったい》させる。

もちろん、この生成は時間的な生成であるが、同時に過去のものをすべて否定する唯一無二の生成だ。その瞬間瞬間は「唯一の世界」なのである。まさに、とびとびにしか存在しない電子のように、そのつどの「唯一の世界」が非連続的に、つぎつぎと生じていく。時の流れとは、そうした非連続の「唯一の世界」が、つぎつぎと「連続的」に生成することなのだ。

さて、西田は、「相補性」という語を、つぎのような意味で使っている。

今日の物理学者が相補性と云ふものは、私の所謂個物的多と全体的一との矛盾的自己同一と云ふことでなければならない。粒子と場とが（個物と世界とが）相補的と考へられる。（九－401）

ボーアがいいだした「相補性」とは、すこし趣が異なる「粒子と場」の相補性とは、どういうことだろうか。吉田伸夫がいうように、「物理的な場で生じる最も基本的な現象は、振動である。さらに、ある場所で振動が始まると、すぐに波として周囲に伝わっていくので、波動が基本だと言っても良い。素粒子を生み出す場は、電磁場をはじめとして、全て振動し波として伝わることが知られている」(『素粒子論はなぜわかりにくいのか』34—35)ということなのであれば、ここで西田がいっている「相補性」も、本来の意味と変わらないといえるだろう。粒子と波動との相補的なあり方をいっていることになるからだ。

さて、西田のいうことを少し検討してみよう。ここで西田は、「個物的多」と「我々の自己」を考え、「全体的一」を歴史的世界、あるいはその空間と考えているようだ。つぎのような言い方もする。

我々は先づトポスのトポスとして、最も包括的な根本的トポスとして、歴史的空間と云ふものを考ふべきであらう。それは絶対現在の自己限定として、何処までも矛盾的自己同一的な場所と云ふべきものである。(中略)物を環境との関係に於て見ると云ふだけでは、未だ真に対象論理の立場を脱してゐない。我々の自己は、歴史的操作的個物として、歴史的世界の中にあるのである。(九—402)

つまり、ここでは「自己」と「歴史的空間」との関係が、相補的なのであり、その際、自己が「知るもの」であり、歴史的空間のなかに含まれているということが、とても強調されている。さらに、この「知る」ことは、「観測の理論」を想起させるようなつぎの文にまで登場する。

物を環境に於てと云ふだけでは、まだ量子力学以前の力の場の拡大に過ぎないであらう。場所は矛盾的自己同一の場所であり、知るといふ操作は、云はば知られる世界即ち対象界を攪乱することではあるが、自己自身を限定する形として、そこに我々の世界が自覚するのである。我々の真の客観的知識は、世界そのものの自覚と云つてよい。（九－402―403）

粒子の位置と運動量を同時に確定できないことの説明として提出された観測による対象側の「攪乱」（観測の理論）がここでは示唆されているようにも読める。そして、この文には、西田の量子力学に対するつぎのような評価も前提されているといえるだろう。

併し古典物理学よりも、更に広範囲に亘りて美しく適用せられ、古典物理学を、その特殊の場合とも考へる量子力学的知識は、古典物理学以上に、何か深い広い客観性を有つものと考へざるを得ない。（九－366）

西田は、「不確定性関係」のなかに、観測者であるわれわれが世界そのものに含まれ、われわれが世界を知るという操作によって「世界そのものの自覚」がおこると考えているようだ。

それでは、西田の先の「相補性」についての言明（「粒子と場の相補性」）にもどって、あらためて「場」という概念について考えてみよう。この物理学の概念が、西田の「場所」とどのようにかかわってくるのか、少し探ってみたい。
吉田伸夫は、つぎのようにいう。

素粒子は粒子ではない。素粒子には、電子やクォーク、クォーク同士を結びつけるグルーオン、光の実体とされる光子、ほとんど観測できない幽霊粒子ニュートリノなどがあるが、いずれも、ビリヤード球のような自立的な粒子としてイメージするとおかしなことになる。ヒッグス粒子の場合と同じように、空間全域に拡がるのっぺりしたものがあり、これがエネルギーを得て振動すると、あたかも粒子のように振る舞うのである。この〝のっぺりと拡がったもの〟を、物理学では〝場〟と呼ぶ。(『素粒子論はなぜわかりにくいのか』11—12)

素粒子とは、粒子的なあり方をしているわけではなく、場というあり方をしている。全体が、特定の振動状態なのだ。吉田は、つぎのようにもいう。

量子場の理論が一般読者にとってわかりにくい理由の一つは、素粒子といった言葉を聞くと、何か「小さな物」としてイメージしてしまうからだろう。しかし、これらは、空間の中にポツンと存在するような「実体」ではなく、むしろ「状態」や「作用」を数学的に表現したものなのである。
(『光の場、電子の海』132)

またつぎのようにもいう。

粒子のように見えるものは、実は場に生じたエネルギー量子というリアルな波であり、他の波と干渉することで定在波を形成したり明暗の縞模様を生み出したりする。（『量子論はなぜわかりにくいのか』102）

さてこのような「場」の考えを前提すれば、西田の個物的多と全体的一との絶対矛盾的自己同一は、どのようになるのだろうか。

吉田による「場」という概念から出発すれば、世界には個物的なものは実は存在していないことになる。「素粒子は粒子ではない」のだから、個物的なものが、そう見えるにしても、それは「場」という波動の一形態に過ぎない。西田の用語を使えば、この世界には「全体的一」しか存在していないということになるだろう。しかし、この「全体的一」が働くためには、ある個別の状態が生じなければならない。場そのものの変化が起こらなければならないのだ。そのような場全体の変化が粒子のように見えるということになるだろう。だがもちろん、粒子のように見えたとしても、それは場全体の変化であり波動の状態ということになる。

場全体の波動の存在をたしかなものとする（その存在を確認できる）のは、粒子的状態が生起すること（励起）によってだということになるだろう。たしかに吉田がいうように、場という波動しかないのだけれども、それが現実化するためには、粒子的「形相」（現実の形）が必要だということだろう。

西田は、「相補性」という概念について触れたあとで、つぎのようにいっている。

すべて歴史的実在は、絶対現在の自己限定として、現在が現在自身を限定する所に基礎附けられねばならない。そこが作るものと作られるものとの矛盾的自己同一として、行為的直観の場所である。そこに我々の自己は自己自身を形成する形として、形相と質料との矛盾的自己同一として、即ち生きるものとして、歴史的身体的であるのである。（九－404）

「絶対現在」は、直線的な時の流れとはかかわっていない、〈流れる／流れない〉以前の絶対的な〈場所〉だ。ようするに「絶対無の場所」ということになる。

そのような「絶対現在」（絶対無の場所）が自己限定することによって、「歴史的実在」が現れる。これは、「場」という概念を使うならば、場における波動が場全体のなかである特別な状態になり、粒子的なものとして眼に見えるようになるということだろう。

つまり「場」の自己限定によって、「粒子」が生起するといえる。そしてそれは、「作るものと作られるものとの矛盾的自己同一」なのだ。「場」でありながら、「粒子」的状態を作りだすから、矛盾した自己限定をおこなうということになる。そしてそれは、身体をもちつつ、歴史のなかで行為するわれわれのそのつどのあり方と同じだということになるだろう。われわれは、波動としての場そのものでありながら（質料としては）、そのつど何らかの粒子的「形相」を帯びることによって、電子のように非連続に連続していく。場と粒子とは相反するものでありながら、このような統一した事態を生みだしている。これが、われわれの「歴史的身体」なのだ。このあり方こそ、「矛盾的自己同一」といえるだろう。

このように考えれば、西田が「粒子と場」を「相補的」といい、それこそ「矛盾的自己同一」といった理由も、ある程度、理解できるのではないだろうか。

第七章 場所的論理

1．デカルトと西田

西田は、『善の研究』でつぎのようにいっていた。

今もし真の実在を理解し、天地人生の真面目《しんめんもく》を知ろうと思うたならば、疑いうるだけ疑って、すべての人工的仮定を去り、疑うにももはや疑いようのない、直接の知識を本《もと》として出立せねばならぬ。（Z127）

このような出立点が、西田にとっては、「純粋経験」だった。『善の研究』の時期では、この「純粋経験」は、「我々の直覚的経験の事実すなわち意識現象についての知識」（Z130）であった。そして、これは、「現前の意識現象とこれを意識するということとはただちに同一であって、その間に主観と客観とを分かつこともできない。事実と認識の間に一毫《いちごう》の間隙がない」（Z130）ものだ。これに対して、「方法的懐疑」を遂行したデカルトは、最後の一点において、西田のたどり着いた地点と袂をわかつ。

西田の最終到達地点は、主観も客観もない「純粋経験」であるのに対し、デカルトのそれは、「我思う」なのだ。どうしても「我」という岩盤が消えることはない。そして、その「我思う」から「我あり」へと移行する。この「移行＝推理」を西田は批判する。

デカートが余は考う故に余在りというのはすでに直接経験の事実ではなく、すでに余ありということを推理している。（Z131）

このような決定的ちがいをデカルトに対して西田は、感じていた。しかし、『善の研究』（一九一一年）から二一年後の「私と汝」（一九三二年）では、つぎのように少しニュアンスの異なった言い方をしている。

デカルトのコギト・エルゴ・スムにも、単なる内部知覚という如きことを離れて自己の内に絶対の他を見、事実が事実自身を限定するという意味がなければならない。（Ⅰ－333）

この時期の西田は、デカルトの「我思う＝我あり」のなかに、「我」ではなく、「絶対的他者」を見ようとしている。西田によれば、「我思う＝我あり」は、一枚岩的なあり方をしているのではなく、「我」と「他者」とが絶対的他者として対峙するという構造をしているのだ。そして、この構造によって、「我」と「他者」（汝）とが表裏一体のものとして、自覚というあり方で同一（矛盾的自己同一）なのである。

西田はつぎのようにいう。

私が私の自己の中に絶対の他を見るということは、逆に私が絶対の他を見ることによって私が私自

身を見るということを意味し、かかる意味において我々の個人的自覚というものが成立するのである。（Ⅰ－334）

さらに西田は、一九四四年に発表した「デカルト哲学について」という論文においても、やはり、方法的懐疑を高く評価している。つぎのようにいう。

哲学の問題は自己自身によってあり、自己自身を限定する真実在の問題であり、その方法は何処《どこ》までも徹底せる懐疑的自覚でなければならない、詳しくいえば絶対の否定的自覚、自覚的分析でなければならない。我々が真に生死を賭《と》し得る実践も、此《こ》こから出て来るのである。私はかかる意味において、デカルトの問題と方法とに同意を表するものである。（Ⅲ－280）

しかし、最終的に「実在を何処までも主語的なるもの、基本的なるものに求めた」（Ⅲ－280）ことによって、西田の結論とは異なるものになった。「コギト・エルゴ・スム」というデカルトが最も確実な基盤と考えたものは、西田によれば、「不徹底」なのだ。

疑うという事実そのものが、自己の存在を証明している。かかる直証の事実から把握せられる実在の原理は、主語的実在の形式ではなくして、矛盾的自己同一の形式でなければならない。スム・コギタンスの自己は、自己矛盾的存在として把握せられるのである。自己は、何処までも自己自身を否定する所にあるのである。しかもそれは単なる否定ではなくして絶対の否定即肯定でなければな

らない。(Ⅲ－284)

すべてを徹底的に疑ったのであれば、自分自身が自己を疑うという構造そのものを最終的なものとしなければならなかったというのだ。悪霊によって、自らの論理までも疑うことが可能なのであれば、その「我を疑う我」という自覚の構造こそ最終地点でなければならないだろう。「我を疑う我」の後者の「我」のみをとりだして、「cogito」という基盤にしてしまったのは、西田によれば、主語的論理の陥穽に陥っているということになる。デカルトについて、西田はつぎのようにいう。

彼は疑い疑った。自己の存在までも疑った。しかし彼の懐疑の刃《やいば》は論理そのものにまで向わなかった。真の自己否定的自覚に達しなかった。(Ⅲ－293)

西田によれば、われわれの「自己」の基底には、自己自身を否定する構造が組みこまれている。個体的な「我」が最も確実な基盤なのではなく、「我を疑う我」という自己否定の構造そのものから出発しなければならない。

デカルトはコーギトー・エルゴー・スムといって、自己から出立した。しかし彼はその前に自己の存在まで疑って見た。而して彼はそこに考えるものが考えられるものであるという主語的実体の矛盾的自己同一的真理を把握したのである。(Ⅲ－288)

西田によれば、デカルトの最終地点である「我思う故に我あり」にたどり着くちょっと前に、悪霊を仮設して「自己の存在」を疑った段階で、「矛盾的自己同一的真理を把握」していたというのだ。「我を疑う我」という二重のあり方が、〈われわれ〉の本当の姿だというのである。

この二重のあり方を、永井均は、じつに明晰につぎのように説明した。

その想定の内部からその想定それ自体を包み込む逆転が生じうる、と解釈すべきだと私は思う。悪霊の欺きにもかかわらず、疑っている私が存在することが確実なのは、私の疑いによって悪霊の欺きが存在させられていることと、悪霊の欺きによって私の疑いが存在させられていることが、もはや区別できなくなって、相互包摂の関係が成立し、それでもなお、疑っている私の存在（疑っているように思うその思いの存在）が確保されるからであろう。この事実は、デカルトの思索を西田のそれに近づける。（『西田幾多郎』角川ソフィア文庫、45—46）

悪霊が、私の疑いの背後にいる。絶対的他者であるこの悪霊こそが、私の疑いを成立させているとすれば、わたし自身が疑うためには、悪霊が必要であり、悪霊もまた、私に疑うという行為をさせることにより、自らの存在をたしかなものとする。つまり、悪霊と私は、「相互包摂の関係」なのだ。しかし、あくまでも悪霊と私とは、お互い絶対的他者同士であり、どこまでも「矛盾的自己同一的」関係なのである。そして、このような関係こそが、われわれの基底にある「論理」なのであり、デカルトの「懐疑の刃」は、この「論理そのものにまで向わなかった」と西田はいうのである。こうした懐疑による自己矛盾的構造（「絶対的否定即肯定」）こそが、コギトの本質であって、デカルトはこの点、不徹底だったと西田はいう。たしかに、この指摘は正鵠《せいこく》を射抜いている。「方法的懐疑」によって、西田の「場所的論理」の構造が、見事に照射されているといえるだろう。

2. 場所的論理と宗教的世界観

西田にとって、宗教とは特別なものであった。それは、『善の研究』から、最後の完成論文「場所的論理と宗教的世界観」まで一貫していた。西田にとって宗教とは、つぎのようなものであった。

我々が、我々の自己の根柢に、深き自己矛盾を意識した時、我々が自己の自己矛盾的存在たることを自覚した時、我々の自己の存在そのものが問題となるのである。人生の悲哀、その自己矛盾ということは、古来言旧《いいふる》された常套語《じょうとうご》である。しかし多くの人は深くこの事実を見詰めていない。何処までもこの事実を見詰めて行く時、我々に宗教の問題というものが起って来なければならないのである（哲学の問題というものも実は此処《ここ》から起るのである）（Ⅲ－323）

われわれが自己矛盾しているということ。この事実を深く見つめることによって、宗教の問題が起こってくると西田はいう。それでは、この「自己矛盾的存在」とは、具体的にどのような事実によって鮮明になるのか。西田はつぎのように断言する。

しかし私は我々の自己存在の根本的な自己矛盾の事実は、死の自覚にあると考えるものである。（Ⅲ－324）

「死の自覚」こそが、「根本的な矛盾の事実」であるという。これは、どういうことだろうか。西田は、「死の自覚」について、つぎのようにいう。

我々の自己は、かかる意味において個物的自己限定の極限と考えられる。しかしかかる立場からも、死の自覚というものは出て来ない。述語面的自己限定として、その極限において自己によって自己があると考えるだけであろう。（Ⅲ－324―325）

私は常に生の側にいる。ウィトゲンシュタインも、『論理哲学論考』でいっていたように（あるいは、誰でも少し考えればわかるように）、私は私の死を経験することはない。私が私である限り、私は死なないのである。「自己がある」（自己が存在している＝自分が生きている）側にしか自己はいないのだから。

西田のいう意味ではないけれども、〈私〉が生の側にいて、〈私〉に死が訪れないという意味では、〈私〉は絶対的場所を形成している。西田の用語でいえば、〈私〉は、つねに「絶対現在」にいて、それはとりもなおさず、〈永遠の今〉にいるということになるだろう。時間は流れていないし死は訪れない。このように生の側にいる〈私〉に死が訪れるためには、その「生の場所」が、絶対的に否定されなければならない。西田はこういう。

自己の永遠の死を自覚するというのは、我々の自己が絶対無限なるもの、即ち絶対者に対する時であろう。絶対否定に面することによって、我々は自己の永遠の死を知るのである。（Ⅲ－325）

もし、絶対的な領域である〈私〉が、完全に否定され、絶対的な無になれば、たしかにそれは、「自己の永遠の死」であろう。それは、べつの「絶対者」によって、〈私〉という場所が、絶対否定されたということになるからだ。しかし、単にそのように〈私〉が否定されてしまうのであれば、それは〈私〉という絶対的場所がただ完全に消滅するだけだ。〈私〉という絶対的場所である者には、死は訪れてはいない。単に相対的に消えるだけだ。絶対者が、それと対立する相対的なものを消滅させただけだからだ。西田がいうわれわれのあり方は、そのような相対的交替（相対的領域が単に消滅する）ではない。あくまでも絶対的領域である〈私〉が、自らの永遠の死を「自覚」しなければならないのである。

「私は絶対に死なない」はずなのに、「絶対否定」によって、「自己の永遠の死を知る」ことこそ「絶対矛盾の事実」なのだ。西田は次のようにいう。

何となれば、自己の永遠の死を知るもののみが、真に自己の個たることを知るものなるが故である。（中略）永遠の否定に面することによって、我々の自己は、真に自己の一度的なることを知るのである。故に我々は自己の永遠の死を知る時、始めて真に自覚するのである。（Ⅲ－325）

何度もいうが、〈私〉は決して死なない。恒に生の側にいるからだ。私が死ぬとき、私はそこに立ちあうことは原理的にできない。しかし、西田は、われわれは、このような単純なあり方をしていないという。われわれは「自己の永遠の死を知る」のであり、そのことによって、われわれは「真に個」として存在している。そうなると、つぎのように考えなければならないだろう。

われわれは絶対の〈私〉において、その絶対の〈私〉は、そのつど絶対的に否定される。絶対の生の領域である〈私〉が、自らその裏面をそのつど見るように、生と死が表裏をなして非連続的に連続していく。だからこそ、絶対現在は、自己の永遠の死を瞬時に「知る」ことができるのであり、常にその表裏は、次々に位相を反転させながら連続していく。

永遠が永遠のままだと無との対立が生まれる。したがって、永遠は非連続的に連続していく必要がある。永遠でありながら、絶対無の深淵を恒常的に飛び越えていかなければならない。そのような非連続の連続というあり方で連続しているからこそ、永遠が離散的に存在し続ける。

自己という絶対の領域は、絶対的に否定され自己の裏面である「自己の永遠の死」を常に見て意識して（というより映して）いるのである。「そこに自己があるということは、絶対矛盾でなければならない」（Ⅲ－325）。

表と裏、永遠の今と永遠の死は、絶対的に矛盾しながら、しかし、表裏をなしているので、絶対的に乖離不可能である。西田はつぎのようにいう。

自己の無を知るということは、単に自己を無と判断することではない。爾《しか》判断するものがなければならない。自己の永遠の死を知るものは、永遠の死を越えたものでなければならない、永遠に生きるものでなければならない。しかも単に死を越えたものは、生きたものでもない。生きるものは、死するものでなければならない。それは実に矛盾である。しかしそこに我々の自己の存在があるのである。（Ⅲ－325—326）

これが、宗教の根源だと西田はいう。

私が宗教の心霊的事実といったものは、此《ここ》にあるのである。而《しか》してそれは哲学から考えられるとか、道徳から要請せられるとかいうのではなくして、かえって前者から後者へである。何となれば、それは我々の自己存在の事実なるが故である。（Ⅲ－326）

絶対無とは、有と対《つい》になっている無ではなく、いわば絶対有無以前（有無の対立以前）であり、有無の対立がおこる以前の矛盾を許容している（対立そのものが成立しない）状態なのだ。われわれと絶対者である神とが対にならずに、内部で「矛盾」という動的状態にある。いわば、我と神という絶対が、表裏をなし、対にならないように関係しあっているのだ。

しかし、この表裏は、無論、相対的に比較しうる同じ平面には決して立ってはいない。「表裏」という相対的言い方をしつつ、表は裏であり、裏は表であり、表裏は同一でありながら同時に、絶対的な〈他〉同士でもある。西田は、「逆対応」という概念について、つぎのように説明している。

相対的なるものが、絶対的なるものに対するということが、死である。我々の自己が神に対する時に、死である。（中略）相対が絶対に対するという時、そこに死がなければならない。それは無となることでなければならない。我々の自己は、唯、死によってのみ、逆対応的に神に接するのである、神に繋がるということができるのである。（Ⅲ－326）

絶対は、比較を絶したあり方をしているのだから、神が絶対であるというとき、その神と比べるものがどこかにあってはならない。他のものがすべて完全な無である時、神は絶対的なあり方ができる。これが、逆対応であって、神と完全な無が対応しているというわけだ。しかし、これでは、この神もまた、たんなる「無」になってしまうだろう。比較を絶してそれのみが絶対的にあるのであれば、それは、それ自身の存在を何に対しても、どこにおいても示すことはできない。これは、無に等しい。

だから、西田は、あらためてこういう。

絶対といえば、いうまでもなく、対を絶したことである。しかし単に対を絶したものは、何物でもない、単なる無に過ぎない。何物も創造せない神は、無力の神である、神ではない。無論、何らかの意味において、対象的にあるものに対するとならば、それは相対である、絶対ではない。しかしまた単に対を絶したものというものも絶対ではない。そこに絶対そのものの自己矛盾があるのである。（Ⅲ－326―327）

絶対が絶対として、比較を絶して「存在」していれば、それは、何ものでもない。ただの無に過ぎない。だからといって、自らの絶対的なあり方を、絶対として示そうとすれば、すぐに相対的位置に転落してしまう。このような絶対のあり方を、西田は、「自己矛盾」と呼ぶ。絶対が真に絶対であるためには、「自己矛盾」している必要があるというわけだ。西田はいう。

如何なる意味において、絶対が真の絶対であるのであるか。絶対は、無に対することによって、真の絶対であるのである。（Ⅲ－327）

先述したように、絶対が絶対であるためには、それだけがあり、他は絶対的に無でなければならない。つまり、

絶対の無に対することによって絶対の有であるのである。（Ⅲ－327）

しかし、そうなると、ただ絶対の有が絶対の無を背景にして存在しているだけとなり、絶対の有そのものも、有とも無ともいえない（比較する対象がないので）ものになってしまう。つまり、すべてが無になってしまう。西田は、こういう。

而して自己の外に対象的に自己に対して立つ何物もなく、絶対無に対するということは、自己が自己矛盾的に自己自身に対するということであり、それは矛盾的自己同一ということでなければならない。（Ⅲ－327）

もし、自己以外に何物もなく、絶対無であるならば、自己そのものも何ものでもない。自己そのものを何ものかであると規定する外部がないからだ。もし、絶対無に囲まれた絶対有的（ともいえない、絶対的なあり方をした）自己が存在しているならば、その自己は、何ものかであるために、自己のなかで、ある差異を生みださなければならないだろう。自己のうちに自己を映すといったような自覚の構造を生みださなければならない。そのような構造がなければ、絶対有であるはずの自己が絶対無に転落してしまう（すべて無になってしまう）からだ。

その構造こそが、「自己が自己矛盾的に自己自身に対する」ということであり、つまりは「矛盾的自己同一」ということになるだろう。絶対が絶対であるためには、「自己矛盾的自己同一」でなければならない。それは、この世界の根柢にある「絶対無の場所」もそうであるし、この世界の時間の進行、つまり「非連続の連続」の中心である「絶対現在」もまた、そうだ。「絶対的なあり方」をしている、この世界の根柢（「場所」）も、流動（「非連続の連続」という時の流れ）も、「矛盾的自己同一」なのだ。西田は、絶対について、つぎのようにまとめている。

自己の外に自己を否定するもの、自己に対立するものがあるかぎり、自己は絶対ではない。絶対は、自己の中に、絶対的自己否定を含むものでなければならない。而して自己の中に絶対的自己否定を含むということは、自己が絶対の無となるということでなければならない。自己が絶対的無とならざるかぎり、自己を否定するものが自己に対して立つ、自己が自己の中に絶対的否定を含むとはいわれない。故に自己が自己矛盾的に自己に対立するということは、無が無自身に対して立つと

いうことである。真の絶対とは、此の如き意味において、絶対矛盾的自己同一的でなければならない。（Ⅲ－327─328）

そして、このようなあり方に深く震撼させられたとき、われわれは自己が「宗教の心霊的事実」（Ⅲ－326）のただなかにいることに気づく。だからこそ、このような「矛盾的自己同一」という概念について、西田は、「我々が神というものを論理的に表現する時、斯《か》くいうのほかにない」（Ⅲ－328）というのだ。西田は、「神」を定義してつぎのようにいう。

神は絶対の自己否定として、逆対応的に自己自身に対し、自己自身の中に絶対的自己否定を含むものなるが故に、自己自身によってあるものであるのであり、絶対の無なるが故に絶対の有であるのである。（Ⅲ－328）

絶対無は絶対有であり、そして、その両極面は、相互に否定しあうことによって、矛盾的自己同一という絶対的なあり方をしているというわけだ。このような有無が互いに否定しあいながら、同時に自己同一であるようなあり方を、西田は、最晩年のこの時期、しばしば大燈国師の言葉で表現している。

私は此《ここ》にも大燈国師の億劫相別、而須臾不離、尽日相対、而刹那不対「億劫《おくごう》相別れて須臾《しゆゆ》も離れず、尽日相対して刹那も対せず」という語を思い起すのである。単に超越的に自己満足的なる神は真の神ではなかろう。一面にまた何処までもケノシス的でもなければならない。何処までも超越的なるとともに何処までも内在的、何処までも内在的なるとともに何処までも超越的なる神こそ、真に弁証法的なる神であろう。真の絶対ということができる。（Ⅲ－329）

隔絶した他者でありながら、しかし、瞬時も離れず、一日相対していながら、刹那も相対していない。まさに、真の絶対が絶対のままで、相対的なあり方を維持しているさまが見事に活写されている。真の絶対（つまり、われわれのあり方）とは、表裏という矛盾した二つの側面が、「表裏一体」でありながら、決して同一平面に並ぶことはないというあり方だといえるだろう。

3．「場所的論理」について

さきにも引用した非常にすぐれた論考である「西田哲学における場所の思想」において、阿部正雄は、「場所的論理」を見事に説明している。阿部のこの論文にそって、西田の「場所的論理」について考えてみたい。阿部は、まずは『善の研究』から話を始めて、西田の哲学の「場所」という概念までの変遷をつぎのように簡潔にまとめる。

『善の研究』において「純粋経験」がそれだとせられた「真実在」は、その後、フィヒテ的な「自覚」ないしは「事行」の中に求められ、主体の根柢に見出される絶対自由の意志が究極の立場と考えられた。しかし、それはフィヒテの場合のように理性的な性格の強いものではなく、むしろ神秘主義的色彩を帯びた直観的なものであった。意志の根柢に考えられたこの直観的なものは、更に思索と探究が重ねられた揚句、働くものの根柢には見るものがある。それは「見るものなくして見るもの」であるという形で、一切の作用を超越した場所の立場に到達する。(『西田幾多郎研究資料集成　第9巻』441)

「真実在」の探究が、「見るものなくして見るもの」である「場所」にたどり着いたというわけだ。われわれの本当のあり方を探った結果として「場所」が現れたというのである。しかし、この「場所」という概念は、主客未分の「純粋経験」や神秘的な「絶対自由の意志」といったものではなく、たしかな論理に基づくものであると阿部はいう。つまり、「場所的論理」という類を見ない論理が、その基底にある。

「見るものなくして見る」という直観の立場は、場所の思想においては、実は超越的述語としての意識面として捉えられ、場所的論理という全く独自な論理によって、その直観主義は論理的な基礎づけが与えられているのである。(同書442)

そして、この論理を手にするために、アリストテレスの「基体」(ヒュポケイメノン)という概念を媒介にしたと阿部はいう。そして、つぎのように問題を提示する。

西田幾多郎が場所的論理に到達したのは、アリストテレスのヒュポケイメノンをいわば媒介としてであった。そしてそのことは、実は「判断」の構造を考えるということと、切りはなせない形でなされたのである。しかし、何故に判断の構造が、真実在の問題との関連の上で取り上げられなければならなかったのか。そして何故に判断の構造を問題にすることを通して、初めて実在の論理としての場所的論理に到りえたのか。（同書442）

「純粋経験」から出発し、「基体」という概念を梃子《てこ》にして、「判断」の構造が重要なものになる西田哲学の推移の必然性は、どのようなものなのか。そして、最終的に「場所的論理」へとどういう経緯でたどり着くのか。これが、阿部の問だ。そもそも、「純粋経験」が真の実在であり、「意識現象が唯一の実在である」という西田にとって、その「意識」とは、どのようなものだったのか。西田のいう「意識」とは、決して対象化可能なものではない。阿部は、西田の「意識」について、つぎのように注意を促す。

「意識現象が唯一の実在である」というと、大変な観念論のように聞こえるかもしれない。しかし、それはわれわれが、日常、意識とか意識現象とかいう時、意識された意識を念頭に思い浮かべ、意識する意識を考えないからである。かりに意識する意識を考えたとしても、それは意識する意識を、それの外から考えているのであって、意識する意識のもとに立っていないのであり、結局意識現象を対象化しているからである。しかし、意識現象を対象化することを一切やめ、意識する意識自体のもとに直ちに立ち帰った時、それは純粋経験に外ならない。（同書443）

西田が意識現象を純粋経験と同じだというとき、対象化できる「意識」ではなく、「意識する意識」を考えているのだと阿部はいう。この「意識する意識」こそ純粋経験そのものであり、「真の実在」なのだ。しかし、この「意識」は、主観の方向へたどった果ての到達点ではない。西田自身が『善の研究』で、純粋経験によって独我論を克服することができたといっていたように、この「意識する意識」は、たんなる「主観」ではない。この「意識する意識」は、決して対象化できないものであり、誰にとっても（どの主観にとっても）手の届かない、いわば〈無〉なのである。西田は、論文「場所」の一ヵ月後に書いた「取残されたる意識の問題」（一九二六年七月）のなかで、つぎのようにいう。

我々が意識として意識するものは、限定せられた無の場所である。しかし限定せられた無の場所も一種の有である、有に対する無もまた一種の有たるを免れない。対立的無の場所として限定せられる限り、意識せられた意識を見るのであるが、対立的無もまた一種の有として、真の無即ち絶対無においてあるということができる。意識する意識というのは絶対無の場所ということができる。
（『続思索と体験『続思索と体験』以後』岩波文庫、一九八〇年、21）

どんな意識だろうが、それを対象化したとたんに、「一種の有」になり、「意識する意識」ではなくなってしまう。どこまでいっても、対象化できない絶対的背後こそ「意識する意識」なのだ。西田のこうした考え方を受け容れるならば、「意識する意識」は、一見、主観の方向の極点であるかのように見えて、実は、どの主観ともかかわらない絶対無的な背後だといえるだろう。阿部は、つぎのようにまとめている。

したがって意識する意識とは最早主観的意識ではなく、本来自己超脱的な脱自的意識であり、純粋経験というのも、この脱自的意識に外ならないのである。（『西田幾多郎研究資料集成　第9巻』443）

さて、このように「意識する意識」が「絶対無の場所」へとつながったにしても、ここからどのようにして「場所的論理」がでてくるのだろうか。いま述べたように、たしかに「絶対無的な背後」へとたどり着いたとしても、そのことによって、主観主義的な傾向がなくなるわけではない。やはりあくまでも「意識」から出発したのだから。

つまり、

絶対意志や主観と概念的知識との関係を明らかにするのでなければ、これらの立場を論理的に基礎づけることはできない。実在の把握についての主観主義の完全な脱却は、実在の十全な論理化のために不可欠なことである。（同書444）

このような問題意識のもとで、西田は、アリストテレスの「ヒュポケイメノン」（基体）という概念に逢着する。「主語となって述語とならないもの」である「基体」と「意識する意識」との関係を、論理的に説明することによって、「真の実在」の論理化を試みたのだ。

阿部はいう。

主体の立場、意識の立場にあくまで立ちながら客体の立場や個物の立場をそのうちにつつみこもうとしたのである。なんとなれば、かくすることによって初めて、主体の方向、意識の方向に免れなかった一種の主観主義を脱却することができるからである。そしてこの主体の方向が客体の方向を媒介し、意識が個物をつつもうとする時「判断」が問題になってきたのである。(同書444)

われわれの「判断」の形式によって、主観的であった意識の場を、述語面と同じものとみなした。つまり、主観と客観との対立の構図を述語と主語との形式に重ねたわけだ。そのように重ねることにより、主観は、包摂判断の包摂する述語となり、実在の構造へと転換された。客観もまた、アリストテレスの「基体」概念により、「主語となって述語とならないもの」という唯一無二の個体を意味することにより、より具体的な個物を表すこととなった。

そもそも「真の個物」とは、どのようなものだろうか。すべての個物は、唯一無二の名づけることのできないものとして存在している。同じ商品としてのコップであっても、存在する場所のちがい、製作された時のちがい、それまでのそのコップの歴史のちがいなどを考えれば、どれほど見た目が同じであっても、まったく異なっているといえるだろう。また、そこに時間の概念を導入すれば、そのつど、変容し続けるコップを〈唯一無二のもの〉としてさえ固定できないだろう。変化し続ける状態そのものとしかいえない。そのようなものが、この世界には満ちみちている。それは、山口瑞鳳のいう「先験的時間」のようなものだ。そうだとすれば、包摂判断のなかの主語である「基体」も、どんな規定も受けつけない無限の変容に過ぎないことになる。つまり、われわれの通常の言語や論理の枠をはずれ、世界を超越してしまう。（「超越的主語面」）

そして、西田は、このような唯一無二ともいえるような変容そのものの全領域を、「絶対無の場所」と名づけたといえるだろう。どこにも定点のない「超越的主語面」をまるごと包摂している（あるいは、「超越的主語面」とまるごと重なっている）「場所」こそ「絶対無」ということになる。だから、当然のことながら、「絶対無の場所」も、「超越的述語面」と呼ばれるのだ。このように考えれば、絶対無の場所が、あらゆる無限の個物を包摂しているというよりも、〈今・ここ〉（「絶対現在」＝「永遠の今」）ですべてが展開していて、〈今・ここ〉そのものが、唯一無二の状態とすらいえない〈絶対無の場所〉ということになるだろう。

阿部は、つぎのようにいう。

ここに至って考察の出発点となった普通の意味での包摂判断そのものを、主語と述語の両方向に超越した。全く新たな場面において、超越的主語としての個物は、超越的述語面としての無の場所に包摂されるのである。正にここにおいて、われわれは初めて個物に直接するのである。西田哲学的にいえば、個物は本来絶対無の場所に「於てあるもの」であり、絶対無の場所においてこそ、個物は外から他の何ものによっても限定されることなく、個物は個物自身を限定するのであり、この個物の自己限定は、そのまま、絶対無の場所の自己限定であり、世界の自己限定であるのである。（同書455）

このように考えれば、西田の「場所的論理」とは、決して対象化できないものの論理であり、論理自身がそこから生成してくるような「絶対的領域」の論理ということになるだろう。このような論理を言語化することができるのだろうか。しかし、西田は、できると思っていた。絶筆「私の論理について」の最後は、つぎのような文章で終わっている。

我々はここにおいて論理とは如何なるものかを考えて見なければならない。論理というのは我々の思惟の方式である。論理とは如何なるものなるかを明にするには我々の思惟の本質からでなければならない。（『続思索と体験『続思索と体験』以後』岩波文庫、304）

最期のさいごまで、「絶対的領域」をも、内在化しようとする西田の苦しい息づかいが伝わってくるようだ。

4．清沢満之と西田

西田の最後の論文である「場所的論理と宗教的世界観」は、浄土真宗の世界観を書こうとしたものである。『西田幾多郎全集　第十巻』の後記でこの論文について小坂国継は、つぎのように書いている。

昭和二十年一月六日付の務台理作宛書簡で「私は生命といふものをかき終り〔…〕今又数学の基礎論を書いてゐますがこれがすんだら一つ浄土真宗の世界観といふものを書いて見たいとも思つてゐます」と語っている。おそらくこれが本論文の最初の構想であったのであろう。「数学の哲学的基礎附け」は一月二十五日に脱稿され、その十日後に「場所的論理と宗教的世界観」が起稿されている。（十－510）

西田の最晩年の宗教論が、禅や仏教一般（華厳や唯識など）ではなく、浄土真宗についてのものだったというのは、とても示唆的だと思う。西田の家が代々浄土真宗であったということ、また、幼児のとき母親に、蓮如の御文を暗唱させられたということなど、真宗にまつわる西田の逸話はおおい。『思索と体験』のなかの「愚禿親鸞《ぐとく》」では、つぎのように書いている。

愚禿の二字は能《よ》く上人の為人《ひととなり》を表すと共に、真宗の教義を標榜し、兼て宗教其者《そのもの》の本質を示すものではなかろうか。（『思索と体験』岩波文庫220）

西田は、宗教の本質と「愚禿」の二字とを等しいものとみていたのだ。あるいは、つぎのようにもいう。

何人であっても赤裸々たる自己の本体に立ち返り、一たび懸崖《けんがい》に手を撒《さっ》して絶後に蘇った者でなければこれを知ることはできぬ、即ち深く愚禿の愚禿たる所以《ゆえん》を味い得たもののみこれを知ることができるのである。上人の愚禿はかくの如き意味の愚禿ではなかろうか。他力といわず、自力といわず、一切の宗教はこの愚禿の二字を味うに外ならぬのである。（同書221）

「一切の宗教」が「愚禿」へとつながっているというのだ。西田の親鸞への思いは、尋常ならざるものがあるといわざるをえない。さて、このように浄土真宗への思いを胸底深くもっていた西田幾多郎（寸心）は、真宗の思想家である清沢満之の影響も受けていた。竹村牧男はつぎのように書く。

実は、寸心は清沢満之《きよざわまんし》に非常に傾倒しています。先ほども少し清沢満之に関することにふれましたが、そういったことも踏まえて、清沢満之を語る人の中に、寸心と清沢満之の関係について、さかんに述べる人がいます。（『〈宗教〉の核心　西田幾多郎と鈴木大拙に学ぶ』116―117）

こう書いて竹村は、西田への清沢の影響を、吉田久一、安富信哉、西村見暁《けんぎょう》、谷川徹三などに依拠しつつ語っていく。そして、つぎのようにいう。

そればかりか、そのことについて司馬遼太郎が「このような西田の文章は、内容のみならず表現までも、清沢のそれに酷似している」と指摘していることを、橋本峰雄が伝えています（橋本峰雄「精神と霊性　仏教近代化の二典型」、日本の名著43『清沢満之　鈴木大拙』、中央公論社、一九七〇年、41）。あるいは時代の共通の文体というものもあるのかもしれないのですが、寸心と満之は文体すら似ている、寸心は満之を尊敬するあまり文体も似たのだという、まさにそういうことをも言われるほどなのです。寸心がいかに清沢満之を尊敬していたか、敬慕の念を抱いていたのか、ということが分かります。(同書118—119)

それでは、どのような点が、浄土真宗、そして清沢満之の影響なのだろうか。西田哲学という視点から、清沢の思想における関連の深いところを少し見てみたい。今村仁司は、清沢の思想の特徴を以下のようにまとめている。

清沢満之の哲学は、理論的な内容に即していえば、主題として有限と無限の関係に尽きる。彼の哲学的言説は、種々の変奏をみせるが、それらはすべて有限と無限の関係の変奏であるといっても言い過ぎではない。有限は無限ではなく、無限はけっして有限ではありえないのだが、にもかかわらず究極的なところでは有限と無限は一致すること、これを理論的な言説で首尾一貫して語ろうとするのが、清沢哲学の中心的課題であろう。

有限と無限とは絶対的に矛盾する、あるいは清沢の言葉でいえば「根本の撞着」である。この矛盾=撞着的関係を、学的に解明することは、ひとり哲学=求道的な課題にとどまらず、絶対的な智慧への通路をみつけだすことでもある。(『清沢満之と哲学』331)

ここで今村がいう「有限と無限とは絶対的に矛盾する」あるいは清沢自身の「根本の撞着」という言葉は、西田の「絶対矛盾的自己同一」を彷彿《ほうふつ》とさせるものだ。西田のこの概念との共通点や、ちがいを探ってみよう。

清沢は、『宗教哲学骸骨』のなかで「有限と無限」「絶対と相対」について、つぎのようにいう。

> したがって宇宙のあらゆる事物は有限である。しかし宇宙全体についてはどうであろうか。それは無限でなくてはならない。というのは、何ものも宇宙を限定するものが宇宙の外部には実在しないからである。（『現代語訳　清沢満之語録』16―17）
>
> 有限であること、あるいは依存は、二つの事物の間の関係である。だから有限的または依存的なものはどれでも相対的なものである。しかし他方で、無限なものまたは独立的なものは他の事物との関係をもたない。したがってそれは絶対的なものである。（同書17）

「宇宙のあらゆる事物は有限である」というのは、この最初の引用の直前にある「どんな物でも、他の物から区別されることで、それが現にあるとおりの物である」（同書16）という部分をうけたものだ。つまり、もしこの宇宙のさまざまな事物が、われわれがいま見ることができるように、個物として存在しているのであれば、その個物の全体は、有限でなければならないというのである。限られた個物が、それぞれ他の個物とのちがいによって、それぞれを規定している。もし、個物の数が無限であれば、一つの個物も、規定できないという考えだ。無限の個物とは比較できないし、無限によって個物である自己を規定することもできないからである。限りなく比較し続けなければならないからだ。

ところが、そのような有限な個物を包摂している宇宙全体は、無限でなければならないという。なぜなら、宇宙全体を規定する「外部」が存在しないからだ。もちろん、清沢のこの考えは、現代の宇宙論とはかけ離れているだろう。純粋に形而上学、あるいは、論理的な考えである。つまり、清沢がいいたいことは、われわれがこの宇宙の内部にいるかぎり、決して、宇宙の外にでることはできないということだ。もし、外にでたと思ったとしても、そこにわれわれがいるのであれば、そこは宇宙だからだ。われわれは、原理的に宇宙のなかにいる。そうだとすれば、宇宙を外側から規定することは決してできないのだから、宇宙は有限ではありえない。つまりは、無限なのである。こうして、有限と無限とが、どうしても調停できないものとなった。

さらに、清沢は、有限と相対、無限と絶対とをむすびつける。清沢の「有限」が、全体のなかでの関係性によって個物として存在することなのだから、相対といいかえることは可能だろう。また、清沢の考える「無限」も、原理的に全体を把握することができないことなのだから、われわれの手の届かない「絶対」という概念といいかえることが可能なのかもしれない。このように「有限」（相対）と「無限」（絶対）とを説明して、さらにこの二つの概念の密接な関係をつぎのように清沢はいう。今度は、『他力門哲学骸骨』である。

有限があれば無限がなくてはならず、無限があれば有限がなくてはならない。これは、相対があれば絶対がなければならず、絶対があれば相対がなければならない、また差別《しゃべつ》があれば平等がなければならず、平等があれば差別がなければならないのと同じである。その他に、依立、自立、部分、全体などについても事情は同じである。（『現代語訳　清沢満之語録』78）

有限と無限、相対と絶対は、かならず、二つ一組で存在する。けっして切りはなすことのできない対《つい》概念だというわけだ。他にも同様の対概念が存在している。ただ、「有限―無限」「相対―絶対」という対概念は、他の対概念とは、根本的に異なる。清沢は、つぎのように補足説明をする。

いずれも、甲があれば非甲がなければならず、非甲があれば甲がなくてはならない論理によって成り立つ。このように、有限と無限の存在は甲と非甲の論理にもとづくとはいえ、通常の甲・非甲の考え方とは同じではないことを知らなければならない。なぜなら、通常の甲・非甲論は、甲と非甲が相依ってひとつの全体をなし、甲はその半分で非甲は他の半分をなすとされるが、有限と無限の関係はそうではない。すなわち、無限はそれ自体で全体をなし、有限はその部分をなすにすぎない。別の言葉でいえば、通常の考え方では甲と非甲は二者同等の資格をもっているが、有限と無限の場合には無限は有限とその資格を異にする。すなわち無限は有限の上位にあるものである。（同書78―79）

ここで、清沢は、無限（絶対）と有限（相対）との関係が、非対称な関係であることを指摘する。西田的な観点からいいかえれば、無限（絶対）と有限（相対）とは、絶対的な（無限の）隔絶があるというわけだ。同じ平面で同等の資格で比べることは〈絶対に〉できない対概念なのである。そこで、清沢は、この非対称の関係を、どのように説明していくのだろうか。まずは、この二つの概念の関係に矛盾をみてとる。

無限と有限が同一体であり、無数の有限が現実に存在するとすれば、考究すべき幾多の問題がある。最初に登場する問題は、根本の撞着〔矛盾〕である。根本の撞着とは何か。多と一の撞着、可分と不可分の撞着などがそうである。（中略）有限と無限は同一体であるというのが、そもそも根本の撞着なのである。絶対と相対、自立と依立についても同様である。

要するに、有限と無限の対立においては、根本の撞着が存在するのだということをはっきりと知らなくてはならない。（同書80―81）

有限（相対）と無限（絶対）が同一のものであるならば、そこには、根本的な矛盾が横たわっている。どうしても調整できない「撞着《どうちゃく》」（矛盾）があるのだ。このように非対称な関係である二つの概念間の矛盾を、どのように解決しようとしたのだろうか。清沢は、「表裏」という比喩を使って、同一でありながら矛盾している、この対概念を説明しようとする。

有限と無限は同一体であり、有限を表とするものは裏に無限性をそなえ、無限を表とするものは裏面に有限性をそなえていて、有限と無限は一体表裏であると説明した。（同書93）

清沢は、「比喩」であると断りながらも（同書91）、同じ平面に載せることのできない非対称な対概念を、「表裏」というイメージによって実に見事に説明していく。西田が、「場所的論理と宗教的世界観」でしばしば引用した大燈国師の言葉のように、決して相まみえることのない「表⇕裏」が、実は、もっとも近接していて同一（「表裏一体」）だという事態こそが、「有限」（相対）と「無限」（絶対）

との関係だということになるだろう。さらに清沢は、この表裏の関係を、動的なものとして説明しようとした。

> すなわち、有限は無限と同一体になる。そしていまや有限を表として、無限を裏とすると、必ず転じて無限を表とし有限を裏とするのでなければならない。またもし無限を表とし有限を裏とするものは、転じて有限を表とし無限を裏とするようにならねばならない。これが正しいとすれば、有限と無限は真実に同一体になるだろうし、転化はその必然的な発動であるといわなくてはならない。（中略）そしてわれわれの活動や言動は、もちろん、宇宙内にある無数の現象と変化は、みなことごとくあの転化の成分にすぎないことを思えば、転化が重大であることは実に言語では表現できないほどであることを推察すべきである。（同書95）

有限と無限が、表裏となっている。そして、この表裏が転換し続けることによって、森羅万象は、変化し進展していく。つまり、この宇宙の創造的進化は、この無限と有限との表裏の転化によっているというわけだ。このような世界のあり方は、西田の「絶対無」という概念とどのようにかかわるのだろうか。考えてみたい。

まず、西田との大きな違いは、西田は、無限（絶対）と有限（相対）を、単純に「表裏」の関係では考えていないということだ。西田の「絶対」というのは、「相対⇔絶対」の対《つい》となるような「絶対」ではない。西田の「絶対」は、〈対を絶したもの〉であって、つまり「相対⇔絶対」をも超えた状態であり、言語化できないものなのだ。したがって、「絶対無」とはいっても、もちろん「無」ではなく、「絶対有無以前」とでもいうべきものである。

したがって、西田の場合は、清沢のいうように「有限」と「無限」の表裏の転化によって世界の生成、進展が展開するのではなく、まったき絶対的領域自体が、「自己限定」というあり方で、「有限」「無限」の対が成立する世界へと現れてくるというものだ。

西田の言葉を聞いてみよう。まずは、西田のいう「絶対」の概念の説明。

如何なる意味において、絶対が真の絶対であるのであるか。絶対は、無に対することによって、真の絶対であるのである。絶対の無に対することによって絶対の有であるのである。而して自己の外に対象的に自己に対して立つ何物もなく、絶対無に対するということは、自己が自己矛盾的に自己自身に対するということであり、それは矛盾的自己同一ということでなければならない。（中略）絶対は、自己の外に自己を否定するもの、自己に対立するものがあるかぎり、自己は絶対ではない。絶対は、自己の中に、絶対的自己否定を含むものでなければならない。而して自己の中に絶対的自己否定を含むということは、自己が絶対の無となるということでなければならない。（中略）故に自己が自己矛盾的に自己に対立するということは、無が無自身に対して立つということである。真の絶対とは、此《かく》の如き意味において、絶対矛盾的自己同一的でなければならない。（「場所的論理と宗教的世界観」Ⅲ－327―328）

ようするに、対を絶した段階では、対となる対象が外側にあってはいけないのだから、自己自身が「絶対矛盾的自己同一」というあり方をせざるをえなくなるというわけだ。つまり、「自己が絶対の無となるということでなければならない」のである。さらに、このような「絶対矛盾的自己同一」が、世界の創造を生みだしていくさまを、西田はつぎのように語る。

絶対矛盾的自己同一として、真にそれ自身によってあり、それ自身によって動く世界は、何処までも自己否定的に、自己表現的に、同時存在的に、空間的なるとともに、否定の否定として自己肯定的に、限定せられたものから限定するものへと、限《かぎり》なく動的に時間的である。時が空間を否定するとともに空間が時を否定し、時と空間との矛盾的自己同一的に、作られたものから作るものへと、無基底的に、何処までも自己自身を形成し行く、創造的世界である。此の如き世界を、私は絶対現在の自己限定の世界という。（Ⅲ―304―305）

「絶対現在」という〈今・ここ〉において「絶対矛盾的自己同一」が、世界を前進させる創造作用として作動しているさまを西田は描く。「絶対現在」が〈永遠の今〉であり、そしてそれが「自己限定」することによって、世界を発動させるというわけである。

こうして見てみると、たしかに清沢満之のいう「根本の撞着《どうちゃく》」と「絶対矛盾的自己同一」とは、かなり近い概念であるとはいえる。しかし、その「撞着」を表裏の転化としてのみ説明する清沢と、「矛盾」の内実を、さらに詳細に解明し、絶対的領域（「絶対無の場所」、「永遠の今」）の「自己限定」として説明する西田とでは、最終的な世界のあり方としての、その創造作用の説明においては、かなり異なったものになっている。

さて、長い旅も終わりに近づいてきた。「純粋経験」から始まった道のりは、最後に「絶対無」にたどり着いた。それでは、「純粋経験」を動かすエネルギーであった「統一的或者」とは、一体何だったのか。あらためて『善の研究』の一節に着目してみよう。

我々の純粋経験は体系的発展であるから、その根柢に働きつつある統一力はただちに概念の一般性そのものでなければならぬ、（中略）すなわち純粋経験の事実とはいわゆる一般なるものが己自身を実現するのである。感覚あるいは連想の如きものにおいてすら、その背後に潜在的統一作用（「統一的或者」と同じ—中村）が働いている。（Z68）

小坂も指摘するように（Z82）、ここには、「一般者の自己限定」つまりは「絶対無の自己限定」の萌芽が、はっきり現れている。「統一的或者」は、やはり「絶対無」から湧出していたのだ。矛盾も何もかも包含する底無き透明な裏面から「統一的或者」が、そして「純粋経験」が現成《げんじょう》してくるのである。

時間の幅のない〈永遠の今〉、鏡越しに「絶対無」が、こちらに姿を見せている。

参考文献その他

西田幾多郎の著作は、以下の版による。本文中、漢数字とアラビア数字を列挙しているものは、『西田幾多郎全集』の巻数と頁数である。また、文庫に入っている論文は、文庫から引用した。
翻訳に関しては、邦訳を利用したが、地の文との兼ね合いなどにより変更した部分もある。訳者の方々に感謝したい。

〈西田幾多郎の文献〉

『善の研究』小坂国継全注釈、講談社学術文庫、二〇〇六年
『西田幾多郎哲学論集Ⅰ　場所・私と汝　他六篇』岩波文庫、一九八七年
『西田幾多郎哲学論集Ⅱ　論理と生命　他四篇』岩波文庫、一九八八年
『西田幾多郎哲学論集Ⅲ　自覚について　他四篇』岩波文庫、一九八九年
『思索と体験』岩波文庫、一九八〇年
『続思索と体験『続思索と体験』以後』岩波文庫、一九八〇年
『西田幾多郎随筆集』上田閑照編、岩波文庫、一九九六年
『西田幾多郎全集』全24巻、岩波書店、二〇〇二―二〇〇九年

〈主要参考文献〉

朝倉友海：『「東アジアに哲学はない」のか』岩波現代全書、二〇一四年
阿部正雄：「創造と縁起（一）」『理想』一九七七年八月号、理想社
「創造と縁起（二）」『理想』一九七七年一〇月号、理想社
「道元の時間・空間論」『道元思想の特徴　講座道元Ⅳ』春秋社、一九八〇年
「西田哲学における場所の思想」『西田幾多郎研究資料集成　第9巻　論文集（二）』クレス出版、二〇一二年
池田善昭：『我心深き底あり』加國尚志共編著、晃洋書房、二〇〇五年
『福岡伸一、西田哲学を読む』福岡伸一共著、明石書店、二〇一七年
石井敏夫：『ベルクソンの記憶力理論』理想社、二〇〇一年
板橋勇仁：『西田哲学の論理と方法―徹底的批評主義とは何か』法政大学出版局、二〇〇四年
『歴史的現実と西田哲学―絶対的論理主義とは何か』法政大学出版局、二〇〇八年
井筒俊彦：『井筒俊彦全集　第九巻　コスモスとアンチコスモス』慶応義塾大学出版会、二〇一五年
『井筒俊彦全集　第十巻　意識の形而上学』慶応義塾大学出版会、二〇一五年
井上克人：『西田幾多郎と明治の精神』関西大学出版部、二〇一一年
『〈時〉と〈鏡〉―超越的覆蔵性の哲学　道元・西田・大拙・ハイデガーの思索をめぐって』関西大学出版部、二〇一五年
今村仁司：『清沢満之と哲学』岩波書店、二〇〇四年
ウィトゲンシュタイン：『ウィトゲンシュタイン全集5』黒崎宏ほか訳、大修館書店、一九七六年
『論理哲学論考』野矢茂樹訳、岩波文庫、二〇〇三年
上田閑照：『西田幾多郎を読む』岩波書店、一九九一年
『場所―二重世界内存在』弘文堂、一九九二年

『西田幾多郎―人間の生涯ということ』岩波書店、一九九五年
『西田哲学への導き―経験と自覚』岩波書店、一九九八年
『上田閑照集　第一巻―第三巻』岩波書店、二〇〇一―二〇〇三年
『西田幾多郎とは誰か』岩波現代文庫、二〇〇二年
『哲学コレクションⅡ　経験と場所』岩波現代文庫、二〇〇七年
『哲学コレクションⅢ　言葉』岩波現代文庫、二〇〇八年
『哲学コレクションⅤ　道程』岩波現代文庫、二〇〇八年
植村恒一郎：「刹那滅と排中律」『思想』二〇〇四年一〇月号、岩波書店
大澤正人：『サクラは何色ですか？』現代書館、二〇〇五年
大橋良介：『西田哲学の世界　あるいは哲学の転回』筑摩書房、一九九五年
『西田幾多郎―本当の日本はこれからと存じます』ミネルヴァ書房、二〇一三年
大森荘蔵：『大森荘蔵著作集　第四巻　物と心』岩波書店、一九九九年
『大森荘蔵著作集　第五巻　流れとよどみ』岩波書店、一九九九年
『物と心』ちくま学芸文庫、二〇一五年
大峯顯：『花月の思想』晃洋書房、一九八九年
岡田勝明：『フィヒテと西田哲学』世界思想社、二〇〇〇年
『悲哀の底―西田幾多郎と共に歩む哲学』晃洋書房、二〇一七年
梯明秀：『梯明秀経済哲学著作集　第五巻　西田・田辺両哲学と私の立場』未来社、一九八七年
氣多雅子：『西田幾多郎『善の研究』』晃洋書房、二〇一一年
清沢満之：『現代語訳　清沢満之語録』今村仁司編訳、岩波現代文庫、二〇〇一年
『清沢満之全集　第一巻　宗教哲学』岩波書店、二〇〇二年
『清沢満之全集　第二巻　他力門哲学』岩波書店、二〇〇二年

『現代語訳　他力門哲学骸骨』藤田正勝訳、法蔵館、二〇〇三年
ジョージ・グリーンスタインほか：『量子論が試されるとき―画期的な実験で基本原理の未解決問題に挑む』森弘之訳、みすず書房、二〇一四年
アーサー・ケストラー：『ホロン革命』田中三彦ほか訳、工作舎、一九八三年
高坂正顕：『西田幾多郎先生の生涯と思想』弘文堂書房、一九四七年
小坂国継：『西田哲学の研究　場所の論理の生成と構造』ミネルヴァ書房、一九九一年
『西田幾多郎　その思想と現代』ミネルヴァ書房、一九九五年
『西田幾多郎の思想』講談社学術文庫、二〇〇二年
『西田哲学を読む1「場所的論理と宗教的世界観」』大東出版社、二〇〇八年
『西洋の哲学・東洋の思想』講談社、二〇〇八年
『西田哲学を読む2「叡智的世界」』大東出版社、二〇〇九年
『西田哲学を読む3「絶対矛盾的自己同一」』大東出版社、二〇〇九年
『西田哲学の基層』岩波現代文庫、二〇一一年
『近代日本哲学のなかの西田哲学』ミネルヴァ書房、二〇一六年
小林敏明：『西田幾多郎　他性の文体』太田出版、一九九七年
『西田幾多郎の憂鬱』岩波現代文庫、二〇一一年
『西田哲学を開く　〈永遠の今〉をめぐって』岩波現代文庫、二〇一三年
下村寅太郎：『下村寅太郎著作集12　西田哲学と日本の思想』みすず書房、一九九〇年
ウラジーミル・ジャンケレヴィッチ：『死』仲澤紀雄訳、みすず書房、一九七八年
末木剛博：『西田幾多郎―その哲学体系（I～IV）』春秋社、一九八三―一九八八年
『東洋の合理思想』法蔵館、二〇〇一年
『日本思想考究―論理と構造』春秋社、二〇一五年

鈴木大拙：『日本的霊性』角川ソフィア文庫、二〇一〇年
鈴木亨：『西田幾多郎の世界』勁草書房、一九八五年
『鈴木亨著作集　第二巻　西田幾多郎の世界』三一書房、一九九六年
高山守：『ヘーゲル哲学と無の論理』東京大学出版会、二〇〇一年
滝沢克己：『西田哲学の根本問題』こぶし書房、二〇〇四年
竹内良知：『西田幾多郎』東京大学出版会、二〇〇七年
竹村牧男：『西田幾多郎と仏教―禅と真宗の根底を究める』大東出版社、二〇〇二年
『西田幾多郎と鈴木大拙―その魂の交流に聴く』大東出版社、二〇〇四年
『〈宗教〉の核心　西田幾多郎と鈴木大拙に学ぶ』春秋社、二〇一二年
高山岩男：『西田哲学とは何か』燈影撰書13、一九八八年
田中久文：『日本の「哲学」を読み解く―「無」の時代を行きぬくために』ちくま新書、二〇〇〇年
谷貞志：『刹那滅の研究』春秋社、二〇〇〇年
田山令史・斎藤慶典（編著）：『連続をめぐる哲学―流れ・瞬間・同一性』ミネルヴァ書房、二〇〇四年
ジャック・デリダ：『声と現象』高橋允昭訳、理想社、一九七〇年
(*La voix et le phénomène*, PUF, 1967)
道元：『正法眼蔵（一）』増谷文雄全訳注、講談社学術文庫、二〇〇四年
永井均：『西田幾多郎』角川ソフィア文庫、二〇一八年
(『西田幾多郎〈絶対無〉とは何か』ＮＨＫ出版、二〇〇六年)
中沢新一：『フィロソフィア・ヤポニカ』講談社学術文庫、二〇一一年
中村昇：『ホワイトヘッドの哲学』講談社選書メチエ、二〇〇七年
「ベルクソンの「純粋持続」と西田の「場所」について」『臨床精神病理』第33巻第3号、日本精神病理・精神療法学会、二〇一二年

『ベルクソン＝時間と空間の哲学』講談社選書メチエ、二〇一四年
「西田幾多郎の時間論（1）」『紀要　哲学』第57号、中央大学文学部、二〇一五年（この論文は、本書のいろいろなところに、加筆修正され組みこまれている）
中村雄二郎：『述語的世界と制度―場所の論理の彼方へ』岩波書店、一九九八年
『西田幾多郎Ⅰ』岩波現代文庫、二〇〇一年
『西田幾多郎Ⅱ』岩波現代文庫、二〇〇一年
西平直：『無心のダイナミズム』岩波現代全書、二〇一四年
西村恵信（訳注）：『無門関』岩波文庫、一九九四年
新田義弘：『現代の問いとしての西田哲学』岩波書店、一九九八年
野矢茂樹：『大森荘蔵―哲学の見本』講談社学術文庫、二〇一五年
花岡永子：『絶対無の哲学―西田哲学研究入門』世界思想社、二〇〇二年
檜垣立哉：『西田幾多郎の生命哲学』講談社学術文庫、二〇一一年
藤田晋吾：『相補性の哲学的考察』多賀出版、一九九一年
藤田正勝：『現代思想としての西田幾多郎』講談社選書メチエ、一九九八年
『西田幾多郎―生きることと哲学』岩波新書、二〇〇七年
『西田幾多郎の思索世界』岩波書店、二〇一一年
『『善の研究』の百年』（編著）京都大学学術出版会、二〇一一年
ヘーゲル：『論理の学Ⅰ　存在論』山口祐弘訳、作品社、二〇一二年
アンリ・ベルクソン：『物質と記憶』合田正人・松本力訳、ちくま学芸文庫、二〇〇七年
『物質と記憶』杉山直樹訳、講談社学術文庫、二〇一九年
（*Matière et mémoire*, Quadrige/PUF, 1985）
『持続と同時性』（『ベルグソン全集　3』所収）花田圭介・加藤精司訳、白水社、一九六五年

(*Durée et Simultanéité*, Quadrige/PUF, 1968)
『創造的進化』真方敬道訳、岩波文庫、一九七九年
『思考と動き』原章二訳、平凡社ライブラリー、二〇一三年
(*La Pensée et le mouvant*, Quadrige/PUF, 1985)
クラウス・ヘルト：『生き生きした現在―時間と自己の現象学』新田義弘ほか訳、北斗出版、一九九七年
(*Lebendige Gegenwart*, Martinus Nijhoff, 1966)
ニールス・ボーア：『ニールス・ボーア論文集〈1〉因果性と相補性』山本義隆編訳、岩波文庫、一九九九年
『原子理論と自然記述』井上健訳、みすず書房、二〇〇八年
D・ボーム：『量子論』高林武彦ほか訳、みすず書房、一九六四年
山口瑞鳳：「飛んでいる矢は止っているか」『思想』一九八八年一〇月号、岩波書店
「刹那滅と縁起生の相違」『思想』一九八九年四月号、岩波書店
「二種類の「零」・「無」と「空」」『思想』一九八九年一一月号、岩波書店
「日本に伝わらなかった中観哲学」『思想』一九九一年四月号、岩波書店
「「縁起生」の復権」『成田山仏教研究所紀要』第14号、一九九一年、成田山新勝寺
「大乗仏教教理の由来」『思想』一九九三年六月号、岩波書店
「インド大乗仏教の真意」『成田山仏教研究所紀要』第19号、一九九六年、成田山新勝寺
「仏教における観念的実在論の排除」『思想』一九九六年七月号、岩波書店
「仏陀の縁起生説」『成田山仏教研究所紀要』第22号、一九九九年、成田山新勝寺
「時間と空間に関する知識と意識」『思想』二〇〇一年四月号、岩波書店
「仏教の哲学と修習」『成田山仏教研究所紀要』第24号、二〇〇一年、成田山新勝寺
「西田哲学「純粋経験」論の幻想」『成田山仏教研究所紀要』第33号、二〇一〇年、成田山新勝寺
『評説　インド仏教哲学史』岩波書店、二〇一〇年

吉田伸夫：『光の場、電子の海』新潮選書、二〇〇八年
『素粒子論はなぜわかりにくいのか』技術評論社、二〇一三年
『量子論はなぜわかりにくいのか』技術評論社、二〇一七年
ギルバート・ライル：『心の概念』坂本百大ほか訳、みすず書房、一九八七年
エマニュエル・レヴィナス：『実存から実存者へ』西谷修訳、講談社学術文庫、一九九六年
（*De l'existence à l'existant*, VRIN, 2013）

〈論文集、雑誌など〉

『日本の名著〈43〉清沢満之・鈴木大拙』橋本峰雄編、中央公論社、一九七〇年
『講座　仏教思想　第一巻「存在論・時間論」』理想社、一九七四年
『道元思想の特徴　講座道元Ⅳ』鏡島元隆・玉城康四郎編、春秋社、一九八〇年
『西田幾多郎とその哲学』天野貞祐ほか著、燈影撰書5、一九八五年
『西田哲学への問い』上田閑照編、岩波書店、一九九〇年
『現代思想　西田幾多郎』一九九三年一月号、青土社
『没後五十年記念論文集　西田哲学』上田閑照編、創文社、一九九四年
『思想　西田幾多郎歿後50年』一九九五年一一月号、岩波書店
『西田哲学を学ぶ人のために』大峯顯編、世界思想社、一九九六年
『場所論の種々相』河波昌編、北樹出版、一九九七年
『日本の哲学　第一号　西田哲学研究の現在』昭和堂、二〇〇〇年
『西田幾多郎』（KAWADE道の手帖）河出書房新社、二〇〇五年
『理想　西田哲学の諸問題』№.６８１、理想社、二〇〇八年

『西田幾多郎の純粋経験』林信弘編著、高菅出版、二〇一一年
『西田幾多郎研究資料集成　第8巻　論文集（一）』小坂国継編、クレス出版、二〇一二年
『西田幾多郎研究資料集成　第9巻　論文集（二）』小坂国継編、クレス出版、二〇一二年
『シリーズ大乗仏教9　認識論と論理学』高崎直道監修、春秋社、二〇一二年

あとがき

本書のそもそもの始まりは、『ホワイトヘッドの哲学』（二〇〇七年）を書き終わった時、講談社の上田哲之さんから、「次は西田でお願いします」といわれた時だから、もう十二年も前の話だ。それもおかしな話で、『ホワイトヘッドの哲学』の最初の打ち合わせの時に（たしか吉祥寺）、初対面の上田さんから「何について書きますか」と尋ねられた。頭のなかで、「ホワイトヘッドか、西田かどっちかだな」となぜか考え、「ホワイトヘッドで書きます」と答えた。

そもそもその頃は、ウィトゲンシュタインの研究者というのが、表向きの顔だったから、この二人の名前がでてくること自体、ちょっと変なのだが、まぁホワイトヘッドは、西洋哲学だからそれほどおかしいわけじゃない。でも、西田幾多郎は、自分でも驚いた。この二者択一のことは、誰にもいわなかった、もちろん上田さんにも。ところが、そのあとで今書いたように、「次は西田でお願いします」と上田さん（おそらく超能力者）にいわれたのだ。どういうことだったのか。今でも不思議である。

大学院に入った時、専門は西洋哲学だった（いまでも、一応）。ただ、あらゆる意味で「閉所恐怖症」なので、修士の二年間、華厳の大家である木村清孝先生による、道元の『正法眼蔵』と空海の『秘蔵宝鑰《ひぞうほうやく》』（後に『十住心論』）の演習にもでていた。実は、この時期、この演習の予習が最も楽しく時間もたっぷり使っていた。一緒に演習に出席していらした、仏教がご専門の米田達也先生や、暗黒舞踏家武内靖彦さんの弟・龍介さんにもいろいろと教えていただいた。

そのご後輩の院生が西田幾多郎の研究発表をしたので、その準備のために、『善の研究』を初めて読み、異様な感動を覚え西田の全集を少しずつ読みはじめた。何を読んでもよく理解できなかった。ところが、二〇〇〇年に田中久文先生の『日本の「哲学」を読み解く――「無」の時代を生きぬくために』（ちくま新書）という名著が刊行され、初めて西田がわかった気になった。田中先生には、しばらくして科研費の研究会でお会いし、多くのことをご教示いただいた。また、日本思想の清水正之先生には、大学院の演習で『善の研究』や「場所」を読んでいただき、少しずつ西田のことも理解できるようになっていった。田中先生と清水先生には、心より感謝している。

とにかく時間がかかった。二〇一六年には、東京自由大学で、折口信夫の研究家である安藤礼二さんと西田哲学について対談をした。とても面白く刺激的だった。でも実は、このタイミングで私の「西田論」（つまり、この本）を出版するつもりだったのだ。それから三年もたってしまった。いろいろ理由はあるだろうが、やはり西田の恐るべき魔力に巻き込まれて、身動きがとれなかったというのが、いちばんの理由だろう。とにかく難解すぎてわからない。

それでも、正面から闇雲に読み進めていった。その際、小坂国継先生、上田閑照先生、阿部正雄先生には、とてもお世話になった。小坂先生の実に丁寧な西田哲学の解説には、いつも舌を巻いた。上田先生の西田の問題を自分のものとして正面から取り組まれる姿勢には、多くを教えられた。また、阿部先生の書かれた論文は、私がどうしてもわからなかった問題を、ピンポイントで教えてくださるようなものがあり、ひじょうに驚いた。阿部先生には、この上なくお世話になったといえる。もちろん、この先生方とは、一面識もないので、勝手に「私淑」したということになるだろう。衷心より謝意を表したい。また、清沢満之の西田に対する影響に目を開かせてくれたブリリアントな日本思想研究家・尾形弘紀先生にもお礼をいいたい。

この本を書いている最中、西田哲学の核心のところと格闘していると、必ずといっていいほど、後期ホワイトヘッドの概念群が割りこんできた。あぁ、ここでホワイトヘッドの用語を使えば、ずいぶんすっきりすると何度も考えたものだ。機会があれば、いずれ、この二人を比較してみたい。

最近忙しくなかなか行けなかったのだが、久しぶりに北鎌倉の東慶寺に行こうと思う。いつものように小林家の墓（小林秀雄）と寸心居士のお墓にお参りしたい。そして西田幾多郎先生にこの本の報告をするつもりだ。

長い間、お待たせした上田哲之さんには、本当に感謝している。いつもながら、見事な手綱捌《たづなさば》きで導いていただいた。実に辛抱強い。「人生の師匠」でもある上田さんには、これからもいろいろご教示いただきたい。

新約聖書の「疲れたもの、重荷を負う者は、誰でもわたしのもとに来なさい。休ませてあげよう」という言葉を読むと、いつもこの人のことを思いだす。小説や評論を読むことしか楽しみのなかった中学・高校時代に唯一生きる力を与えてくださった恩師であり詩人でもある徳重敏寛先生である。中学二年の時に、太宰治について書いた原稿用紙十枚の夏休みの宿題を提出して以来だ。

本書を徳重先生に捧げたい。

二〇一九年九月二七日

中村　昇（なかむら・のぼる）

一九五八年生まれ。一九九四年、中央大学大学院文学研究科博士課程後期満期退学。現在、中央大学教授。専攻は、哲学。

主な著書に、『いかにしてわたしは哲学にのめりこんだのか』（春秋社）、『小林秀雄とウィトゲンシュタイン』（春風社）、『ホワイトヘッドの哲学』（講談社選書メチエ）、『ウィトゲンシュタイン　ネクタイをしない哲学者』（白水社）、『ベルクソン＝時間と空間の哲学』（講談社選書メチエ）、『ウィトゲンシュタイン『哲学探究』入門』（教育評論社）、『落語―哲学』（亜紀書房）など多数。

最近の論文に、「贈与、そして「相関主義の強いモデル」（メイヤスー）としてのウィトゲンシュタイン」（『中央大学文学部紀要　哲学第61号』）、「土方巽試論」（『中央大学人文研紀要　第92号』）など。

西田幾多郎《にしだきたろう》の哲学《てつがく》＝絶対無《ぜったいむ》の場所《ばしょ》とは何《なに》か

二〇一九年一二月一〇日　第一刷発行

著者　中村《なかむら》　昇《のぼる》

発行者　渡瀬昌彦
発行所　株式会社　講談社
東京都文京区音羽二丁目一二—二一　〒一一二—八〇〇一
電話（編集）〇三—三九四五—四九六三
（販売）〇三—五三九五—四四一五
（業務）〇三—五三九五—三六一五

装幀者　奥定泰之
本文データ制作　講談社デジタル製作
本文印刷　信毎書籍印刷　株式会社
カバー・表紙印刷　半七写真印刷工業　株式会社
製本所　大口製本印刷　株式会社

ISBN978-4-06-518278-9　Printed in Japan
N.D.C.100　360p　19cm

講談社選書メチエの再出発に際して

講談社選書メチエの創刊は冷戦終結後まもない一九九四年のことである。長く続いた東西対立の終わりはついに世界に平和をもたらすかに思われたが、その期待はすぐに裏切られた。超大国による新たな戦争、吹き荒れる民族主義の嵐……世界は向かうべき道を見失った。そのような時代の中で、書物のもたらす知識が一人一人の指針となることを願って、本選書は刊行された。

それから二五年、世界はさらに大きく変わった。特に知識をめぐる環境は世界史的な変化をこうむったとすら言える。インターネットによる情報化革命は、知識の徹底的な民主化を推し進めた。誰もがどこでも自由に知識を入手でき、自由に知識を発信できる。それは、冷戦終結後に抱いた期待を裏切られた私たちのもとに差した一条の光明でもあった。

その光明は今も消え去ってはいない。しかし、私たちは同時に、知識の民主化が知識の失墜をも生み出すという逆説を生きている。堅く揺るぎない知識も消費されるだけの不確かな情報に埋もれることを余儀なくされ、不確かな情報が人々の憎悪をかき立てる時代が今、訪れている。

この不確かな時代、不確かさが憎悪を生み出す時代にあって必要なのは、一人一人が堅く揺るぎない知識を得、生きていくための道標を得ることである。

フランス語の「メチエ」という言葉は、人が生きていくために必要とする職、経験によって身につけられる技術を意味する。選書メチエは、読者が磨き上げられた経験のもとに紡ぎ出される思索に触れ、生きるための技術と知識を手に入れる機会を提供することを目指している。万人にそのような機会が提供されたとき初めて、知識は真に民主化され、憎悪を乗り越える平和への道が拓けると私たちは固く信ずる。

この宣言をもって、講談社選書メチエ再出発の辞とするものである。

二〇一九年二月　　野間省伸

講談社選書メチエ　日本史

MÉTIER